Mein neuer Garten

ECON Ratgeber
Natur

Joachim Breschke

Mein neuer Garten

Mehr Freude durch richtiges Planen und Anlegen

ETB
ECON Taschenbuch Verlag

Vom gleichen Autor sind im ECON Taschenbuch Verlag außerdem erschienen:
Gartenrasen und Blumenwiese (ETB 20154)
Rosen im Garten (ETB 20174)

CIP-Kurztitelaufnahme der Deutschen Bibliothek

Breschke, Joachim:
Mein neuer Garten: mehr Freude durch richtiges Planen u. Anlegen /
Joachim Breschke.
Orig.-Ausg. – Düsseldorf: ECON Taschenbuch Verlag, 1987.
(ETB 20252; ECON Ratgeber: Natur)
ISBN 3-612-20252-9

Originalausgabe

Februar 1987
Umschlagentwurf: Ludwig Kaiser
Titelfoto: Photo-Design-Studio Gerhard Burock
Zeichnungen: Wally Löw

Satz: Dörlemann-Satz, Lemförde
Druck und Bindearbeiten: Ebner Ulm
Printed in Germany
ISBN 3-612-20252-9

Inhalt

Der Traum vom eigenen Garten

Es wäre schön, wenn sich alle Wünsche erfüllen, all die Vorbilder gestalten ließen, die jeder in seinem Herzen trägt. Doch im alltäglichen Gartenraum stoßen die Fluchtlinien schnell an enge Grenzen; Sonne und Schatten, die natürliche Neigung des Grundstücks und der liegengebliebene Kelleraushub engen die Planung ein. Das Auto verlangt seinen Platz, die Kinder, Tiere und Haushalt, die trocknende Wäsche und der Küchenzettel. Man möchte nicht gesehen werden, wenn sonntags draußen in der Morgensonne gefrühstückt wird, muß dort vor Straßenlärm, Staub und Wind geschützt sein.

All das kann man im Garten haben, wenn man den Grundsatz beherzigt: Immer eins nach dem anderen und das Wichtigste zuerst. Um trockenen Fußes von der Straße zur Haustür zu kommen, wird als erstes ein Weg angelegt. Damit nicht zu lange Staub und Erde auf den schönen, neuen Teppichboden getragen werden, muß der nackte Boden mit einem Rasenteppich überzogen werden. Eine trittfeste Gründüngung ist die beste Vorbereitung darauf. Die Hecke kann ebensogut an erster Stelle stehen, da eine feste Einfriedung das Grundstück erst zum Garten macht.

Ein Garten wird niemals ganz fertig. Das liegt nicht nur daran, daß die Vorgartenzwerge aus der Baumschule zu haushohen Blaufichten heranwachsen und jedes Frühjahr etwas neu gepflanzt wird. Die Kinder werden größer, sie wachsen aus der Wiege auf die

Wippe, eines Tages wollen sie keine kleinen Brötchen mehr im Sandkasten backen, die Schaukel wird langweilig und ein Goldfischteich interessanter.
Sie wollen eigene kleine Beete bepflanzen, viel gießen und sehen, wie es gedeiht. Bis ihnen die kleine Welt nicht mehr reicht und die große mit dem Moped erkundet werden muß. Die Meerschweinchen, Goldhamster und Schildkröten verschwinden aus dem Garten, ein Hund wird angeschafft. All das wirkt sich auch auf die Pflanzen aus.
Mittelpunkt des Wohnraums im Freien ist naturgemäß der Rasenteppich, der schön aussehen und strapazierfähig sein soll, umgeben von Gehölzen, die wunderbar blühen und zugleich Wind, Lärm, Abgas und Einblicke fernhalten. Manche von ihnen fruchten nur zur Zierde, andere machen sich nützlich als Bienen- und Vogelweide oder liefern Beeren für die Küche.
Seit die natürlichen Aspekte wieder mehr in den Vordergrund getreten sind, läßt man den Rasen gern etwas länger wachsen und greift nicht gleich zum Rasendünger mit Unkrautvernichter, wenn Gänseblümchen und Löwenzahn blühen.
So ändern die Zeiten den Gartenstil. Die Ära des »intelligenten Faulen«, der aus der Hollywoodschaukel neben dem Swimmingpool den ferngesteuerten Rotationsmäher bediente, sind vergangen wie Nierentisch und Peitschenleuchte.
Die Sorge um die eigene Gesundheit machte aus dem Garten zum Angucken den Aktivgarten, in dem man sich anstrengt, Kräuter und ungedüngtes Gemüse zieht, die Früchte mit Blattläusen und Fruchtfliegen teilt, aus Abfällen wirtschaftseigenen Humus bereitet, Regenwürmer züchtet und nach Möglichkeit alles wachsen läßt, was sich ansiedelt.
Diese tiefgreifende Gesinnungsänderung hat sich bis in die Gerichtssäle durchgesetzt. Gab es bisher nach herrschender Meinung den juristischen Zwang, in seinem Garten Ordnung zu halten, die Nachbarn konnten einen dazu zwingen, so sind heute Urteile ergangen, daß einer Wildkräuter wachsen lassen darf, selbst wenn der Garten nach herkömmlichen Auffassungen ein bißchen verwildert aussieht.

Der Zweck gestaltet den Garten

Langsam dringt der neue Zeitgeist hinter die Hecken der Kleingartenanlagen. Die bisher so strengen Verordnungen, was gepflanzt und was vor allen Dingen niemals gepflanzt werden durfte (Rasen!), werden lockerer gehandhabt, jedenfalls in den Uralt-Laubenpiepersiedlungen längs den Bahngleisen in Stadtrandgebieten. Aber: je kleiner die Städte und Gemeinden, um so weniger ist man vom Selbstversorger-Nutzgarten abgekommen. Die Pflanzenwahl wird davon begrenzt, daß bei längeren Anfahrtwegen keine tägliche Pflege möglich ist. Die Pflanzen müssen bei jedem Wetter längere Zeit sich selbst überlassen bleiben. Trotzdem muß zu jeder Zeit ein äußerlich ordentliches Gartenbild geboten werden. Daraus entwickelte sich ein Gartentyp, den man *Wochenend-Kleingarten* nennen könnte.

Er ist so eingerichtet, daß ein Pflegetag in der Woche reicht. Es steht nichts darin, was öfter gewässert, geerntet, hochgebunden, ausgegeizt, durchgeputzt oder gejätet werden muß. Unter einer dichten Bodendecke, als Verdunstungs- und Unkrautschutz, behält eine robuste Pflanzengesellschaft für 3 Ferienwochen ein ansehnliches Bild. Sie wird immer sauber bleiben.

Ein großer Garten, der voll auf Selbstversorgung ausgerichtet ist, dient dem Nebenerwerb, der helfen soll, die Lebenshaltungskosten zu senken. Da die Arbeitszeit in der Kostenrechnung keine Rolle spielt, ist damit bei steigenden Preisen eine spürbare Entlastung des Haushaltsetats zu erreichen. Wie groß die Einsparung wird, hängt von guter Marktkenntnis und genau geplantem Anbau ab; denn in den Haupterntezeiten sind die Preise für Grobgemüse und Massenobst im eigenen Garten nicht zu unterbieten.

Vieles läßt sich allerdings nicht vorausberechnen. Wenn in einem Jahr (1981) nur 52 Millionen Kilo Süßkirschen im Bundesgebiet heranreifen und im nächsten Jahr mehr als 3mal soviel, etwa 180 Millionen Kilo, so sind Preisstürze unvermeidlich. Der Eigenbau lohnt jedoch immer bei arbeitsintensivem Feingemüse, vor allem der Arten, die um so wertvoller sind, je frischer sie auf den Tisch kommen: Salate, Kräuter, Wurzelgemüse, wie Radieschen, Sommerrettich, junge Möhren, Speiserüben und Pastinaken.

Viele der wertvollsten Gemüsearten, aber ebenso Zierpflanzen aus südlichen Breiten, sind ein wärmeres Klima gewöhnt – Tomaten, Gurken, schon die Bohnen wollen mehr Sonne und einen längeren Sommer. Wer würde nicht gern Pfirsiche, Aprikosen, Reneklоden, Walnüsse oder bessere Birnensorten ernten; Brombeeren schmecken erst richtig, wenn sie in Weinklima zur letzten Süße heranreiften.
Umgekehrt verdorrt der bestgepflegte Zierrasen in der prallen Sonne eines Südhangs. Soviel kann man gar nicht sprengen, da gerade in trockenen Jahreszeiten das Leitungswasser knapp wird. Außerdem ist es teuer und sollte im allgemeinen Interesse gespart werden. Die Grundregel für die Pflanzenauswahl im Garten lautet deswegen: Je vollständiger die Standortansprüche einer Pflanze erfüllt sind, um so weniger braucht man für ihre Pflege zu tun, um so besser gedeiht sie von sich aus.
Dazu gibt es einen Umkehrsatz: Pflanzen, die nicht unbedingt in den Garten passen, können besonders viel Freude bereiten, wenn man bereit und in der Lage ist, die Mängel in Klima und Standort auszugleichen. An einer geschützten Südwand gedeihen Mandeln, Kiwis und Feigen, wenn Wind- und leichter Winterschutz über unerfreuliche Zeiten hinweghelfen. Wer das unmöglich scheinende in seinem Garten heranzieht, verdient Bewunderung.
Das sollte indes nicht dazu verführen, alle möglichen sensationellen Gartenknüller teuer einzukaufen. Was dabei herauskommt, ist selten mehr als der Ärger über einen Mißerfolg. Vor allem, wer mit dem Gärtnern anfängt, sollte es darauf lieber nicht ankommen lassen, weil danach häufig die ganze Lust am grünen Spiel verlorengeht. Es ist grundsätzlich immer besser, den Garten so anzulegen, daß die Pflanzen zu Klima und Lage passen.
Das Kleinklima ist mit einfachen Hilfsmitteln leicht aufzubessern. Die Hanglage kann mit Mäuerchen und in terrassenförmigen Beeten stufenweise aufgefangen werden. Die Himmelsrichtung bleibt fest, ebenso wie der Schatten von Nachbarhäusern in geschlossener Lage, Smog, Industriegase, Nebel vom nahen Wasserlauf, zu hohes Grundwasser, Kaltluftstrom und -stau sind nicht zu ändern.
Anders die Beschaffenheit des Bodens. Wo die Krume zu sauer ist,

kann mit gezielter, über Jahre verteilter Aufkalkung eine neutrale Reaktion erreicht werden. Zu kalkreiche Böden, die vom Untergrund her verkalkt werden, sind nicht ganz so einfach zu neutralisieren. Torf allein reicht dafür nicht aus. Wer dort Moorbeetpflanzen ziehen will, müßte schon eine schwere Folie unterlegen, wie man sie für Gartenteiche verwendet, und dann noch aufpassen, daß nicht vom Rand her basisches Bodenwasser in den Wurzelbereich hinübersickert.
Leichte, sandige Böden erhalten mit Lehm und reichlich Torf eine größere, wasserhaltende Kraft, ohne die es keine Fruchtbarkeit gibt. Zu schwere, nasse, lehmige, tonige Böden macht Torf lockerer, durchlässiger, wärmer, humoser. Es gibt andere Bodenverbesserungsmittel, die in der einen oder anderen Richtung wirksam werden. Doch dies betrifft zunächst nur die Oberkrume für Flachwurzler und Kurzkulturen. Für die Dauer und im Untergrund müssen vor der ersten Bepflanzung mit Entwässerung und Durchlüftung grundlegende Verbesserungen erzielt werden.

Der Boden soll feucht, aber nicht naß sein

Ein Blick in den Grundwasserspiegel ist vor dem Anlegen des Gartens anzuraten; denn für die meisten Baumarten darf er weder zu hoch noch zu tief liegen. Eine gelegentliche Überschwemmung stört selbst die Obstbäume nicht, aber auf die Dauer sollte das Grundwasser in schweren Böden nicht höher als 80 cm stehen, die Untergrenze liegt bei 2 m, während in leichten Böden 1,50 m nicht unterschritten werden sollten. Ideal ist auf durchlässigem Untergrund ein Grundwasserstand von 1–1,20 m.
Äpfel, Pflaumen und Zwetschen vertragen und verlangen mehr Nässe, während Birnen und Süßkirschen auf trockeneren Plätzen besser fruchten. Ihnen schadet zu hohe Bodennässe mehr als anderen, da sie sonst zu stark treiben und weniger ausgereift in den Winter gehen.

Sumpfpflanzen

Die meisten Gartenpflanzen wachsen schlecht, wenn der Boden vernäßt ist, nur einige robuste Wasserrandbewohner, wie Ahornarten, Eschen, Felsenbirnen, Lavendelheide, Moorbirken, Heidekraut, Hartriegel, Seidelbast, Moorheide, Spindelstrauch, Scheinbeere, Sanddorn, Hortensien, Stechpalme, Geißblatt, Pappeln, Sumpfeichen, einige Rhododendren, die schwarze Johannisbeere, *Rosa palustris* und *R. rugosa,* Weiden, Holunder, Spiersträucher, Heidelbeeren, Schneeballarten.

Unter den Nadelgehölzen gibt es ebenfalls einige Ausnahmen, die sich in sumpfigem Boden wohl fühlen: Tannen-Arten, die Scheinzypresse (*Chamaecyparis pisifera,* die erbsentragende), Bergwacholder *(Juniperus communis)* ›Montana‹, die Lärche *(Larix laricina),* der »Urweltmammutbaum« *(Metasequoia glyptostroboides),* die Fichtenarten *Picea abies, P. glauca, P. jezoensis, P. mariana,* Sitkafichte *(P. sitchensis),* Berg- und Krummholzkiefern *(Pinus mugo),* der Lebensbaum und die Eibe *(Taxus canadensis).*

Die wiederentdeckte Freude an Wasserflächen im Garten hat nebenher die Gruppe der Sumpfpflanzen zu neuen Ehren gebracht. Sie dienen nicht nur als bequeme Randbepflanzung des Beckens, da es ihnen nichts ausmacht, das Jahr über nasse Füße zu haben – es werden mit ihnen auch spezielle Sumpfbeete angelegt, auf denen Feuchtbiotopgewächse gedeihen.

Aus dieser Fülle sollen einige wenige Beispiele vorgestellt werden: Bis ins flache Wasser wächst eine der schönsten Arten des Froschlöffels *(Alisma plantago-aquatica)* mit 70 cm weißrosa Doldenrispen von Juli bis September. Die trockenen Blütenstände über den dunkelgrünen, runden, nervendurchzogenen Blättern sind danach eine erlesene Gartenzier. Dauerhaft ist auch der Schmuck tiefroter, dicht an dicht sitzender Beeren der Sumpfkalla *(Calla palustris)* nach der Blüte im Juni und Juli.

Unabhängig von Sonne und Schatten ist die Sumpfdotterblume *(Caltha palustris),* von der es weiße und niedrig wachsende Formen gibt, früher und länger blühende, mit gefüllten Blüten von beachtlicher Größe. Strahlend bunte Blüten, in allen Regenbogenfarben von violett und blau bis rosa und weiß, trägt die Japanische Sumpfschwertlilie *(Iris kaempferi)* von Mai bis Juli in voller Sonne.

Seerosen brauchen Platz und Sonne

Sie ist keine Wasserpflanze wie die *Iris laevigata* und muß deshalb ab Herbst trocken stehen. Schwertlilien für Feuchtgebiete bieten weiter die Arten *I. sanguinea, I. pseudacorus* und *I. sibirica.* Ein Blutauge *(Potentilla palustris)* blickt von 40 cm Höhe purpurrot herab, aus den fiedrigen, unterseits bläulichgrünen Blättern. Die Sumpfwolfsmilch *(Euphorbia palustris)* reckt ihre grüngelben Blüten 1 m hoch. Das Sumpfvergißmeinnicht *(Myosotis palustris),* die Gauklerblume *(Mimulus ringens)* und der Ehrenpreis *(Veronica beccabunga)* sind weitere schöne Blumen im Sumpfbeet.

Von den Binsen wählt man lieber die kleinen Blumenbinsen *(Butomus umbellatus)*, die nicht wuchern, sondern mit rosenroten Dolden von Juni bis August über den dreikantigen Blättern knapp meterhoch werden. Die dunkelbraunen Früchte der Meerbinse *(Juncus maritimus)* bleiben 30–100 cm niedrig, nachdem die farblosen Blüten am Ende blattloser Schäfte verblüht sind.

Höher steigen die Simsen *(Scirpus lacustris)* mit schwarzbraunen, endständigen Blütenähren auf runden Halmen, die bei der botanischen Art dunkelgrün, bei den Spielarten gelbgrün bis weißlich längsgestreift sind. Die Unterart *S. ssp. tabernaemontani* ›Zebrinus‹ ist weiß geringelt, wie die Borsten des Stachelschweins, und mit 1,20 m etwas niedriger als die beiden anderen, die es auf 1,50 m bringen.

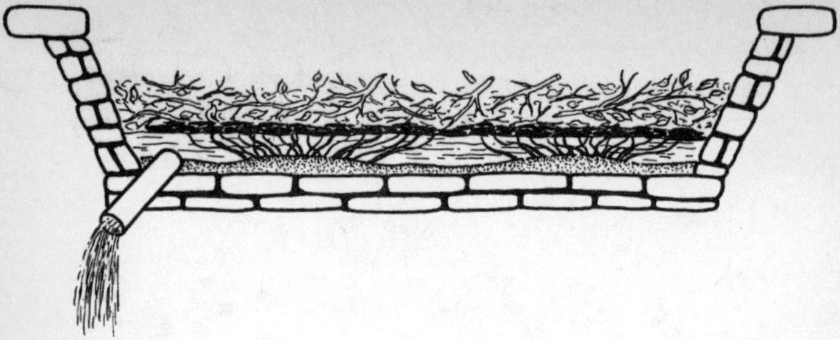

Im Winter werden Wasserpflanzen mit Laub und Reisig abgedeckt, nachdem das Wasser abgeflossen ist . . .

. . ., oder man stellt die Pflanzen im Korb in den Keller.

Zu hoher Grundwasserstand begleitet jedoch nicht nur Bäche und Teiche, die fließenden und stehenden Gewässer in der Ebene, sondern gerade am Hang drückt das unterirdische Wasser stellenweise unwiderstehlich nach der Oberfläche. Häufig merkt man das erst, wenn in den Hang eingeschnitten wird und quer zur Richtung des fließenden Wassers Böschungen angelegt oder Mauern gebaut werden.

Dann muß auf der Hangseite eine Dränage gelegt werden, etwa aus wabenartig durchlöcherten Ziegelsteinen, die lose aufeinander gestapelt werden. An dem unteren Ende verlegt man eins dieser gelben, durchlöcherten Kunststoffrohre, die heute durchweg anstelle der früheren Tonrohre zur Entwässerung verwendet wer-

den. Damit sorgt man für den seitlichen Ablauf der unterirdischen Wasserströme.
Das wenigste aber sind Löcher in der Mauer und eine Sickerrinne an ihrem Fuß. Man kann sie mit Rank- und Hängepflanzen zupflanzen, das sieht sehr schön aus und hindert den Wasserdruck nicht, durch diese Abflüsse zu entweichen.

Dränage

Zu feuchter Boden schadet den meisten Kulturpflanzen im Garten, wenn man sich nicht mit einem der heute so beliebten Feuchtraumbiotope begnügen will. Für die normale Gartennutzung muß Staunässe abgeleitet werden. Das Wort zeigt schon, wie diese übermäßige Vernässung entsteht: Meist gibt es unter der Krume eine undurchlässige Bodenschicht, die nur durchbohrt werden muß, um das gestaute Bodenwasser in durchlässige Schichten abzuleiten.
Dazu kann man sich von einem Landschaftsgärtner oder Garten-Center mit Geräteverleih einen Erdbohrer mieten und im allseitigen Abstand von 3–4 m so tiefe Löcher bohren, bis man auf eine wasserführende Gleitschicht stößt. Trifft der Bohrer auf Steine, braucht man sich über den Abfluß keine Gedanken mehr zu machen. Dann läuft das überflüssige Wasser ab, wenn man die Bohrlöcher mit grobem Kies, Schlacke, Ziegelbruch oder anderem Material auffüllt, bevor sie oberflächlich zugeschüttet werden.
Führt diese Schweizer-Käse-Methode nicht zum Ziel, muß eine Sickergrube gegraben werden. Das ist ein Loch von etwa 2 × 2 m Umfang bis in die wasserführende Unterschicht. Es muß selten tiefer als 2 m ausgehoben werden, falls aber doch, setzt man auf dem Grund der Grube den Erdbohrer an und löchert den Untergrund weiter hinunter.
Das gewaltige Loch wird danach bis etwa 50 cm unter Erdoberfläche mit einer Wagenladung Wackersteinen gefüllt. Darauf folgt eine Lage etwas kleinerer Kiesel, bevor Gartenvlies oder Dachpappe den Abschluß bilden. Damit soll verhindert werden, daß die wieder aufgefüllte Erde allzubald in die Hohlräume einsickert.
Kann diese Bodenwasserentsorgung an die tiefste Stelle des Grundstücks gelegt werden, geht davon ein Sog aus, der kleinere Gärten

ausreichend trockenlegt. Reicht das nach Lage und Größe des Grundstücks jedoch immer noch nicht, werden Entwässerungsgräben gezogen. Sie gehen von der Sickergrube strahlenförmig aus und führen im Fischgrätmuster zu einem Hauptsammler. Es genügt, wenn die äußeren Grabenenden 3–4 m Abstand voneinander einhalten, weil das Wasser immer seinen Weg zu den Rohren findet. Die Sammler münden unterhalb der Abdeckung zwischen den Steinen der Sickergrube.

Im flachen Land werden die Gräben spatenblattbreit und etwa 60 cm tief ausgehoben, die Sohle sauber geglättet, so daß ein Gefälle von 1 cm auf 2 m Grabenlänge entsteht. Das muß nicht schnurgerade verlaufen, es genügt, wenn scharfe Knicke vermieden werden. Auf die Grabensohle füllt man 3 cm hoch feinen Splitt, mittelfeinen Kies oder grobe Schlacke, die den Dränagerohren als Lager dient. Sie werden auf die fein geebnete Unterlage gebettet, ohne sie einzudrücken.

Wer statt der gelben Plastikrohre die früher üblichen Tonröhren verwendet, läßt 1–2 cm Abstand zwischen ihren Enden. Über diese Lücke wird ein Stück Dachpappe oder steife Plastikfolie gelegt. Darüber folgt noch einmal eine handhohe Schicht Kies, Schotter oder Schlacke. Erst danach wird die ausgehobene Erde wieder eingefüllt.

Von dem verbliebenen Aushub behält man etwa 1/3 in Reserve, weil sich die Erde allmählich setzt und von Zeit zu Zeit nachgefüllt werden muß. Schon nach wenigen Wochen wird die Entwässerung spürbar.

Um das Oberflächenwasser am Hang abzuleiten, braucht man keine tief verlegten Dränagerohre. Dafür genügen Sickerrinnen

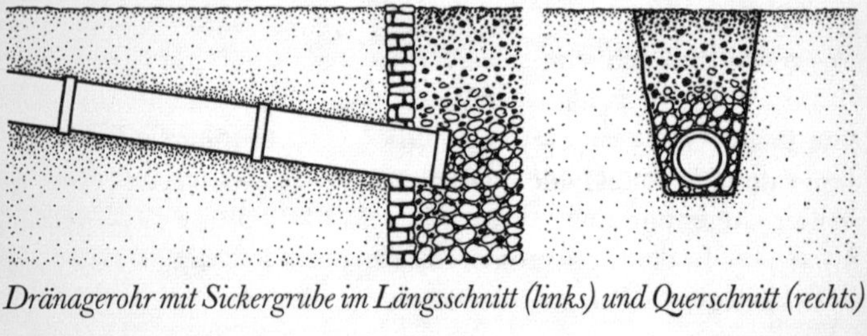

Dränagerohr mit Sickergrube im Längsschnitt (links) und Querschnitt (rechts)

von 20–50 cm Tiefe, die mit Schotter oder anderem durchlässigen Material gefüllt und wieder mit Erde abgedeckt werden. Damit das Wasser nicht senkrecht abwärts stürzt und dabei womöglich Erde herausspült oder gar den Hang abrutschen läßt, läßt man diese Wassergräben grundsätzlich schräg verlaufen. Es gibt mehrere Muster, die sich in der Praxis bewährt haben, unter anderem parallel bis nach unten in den quer zum Hang verlaufenden Abfluß, wie ein Y geformt oder in Bögen, die eine zusätzliche Stütze für den Hang sind.

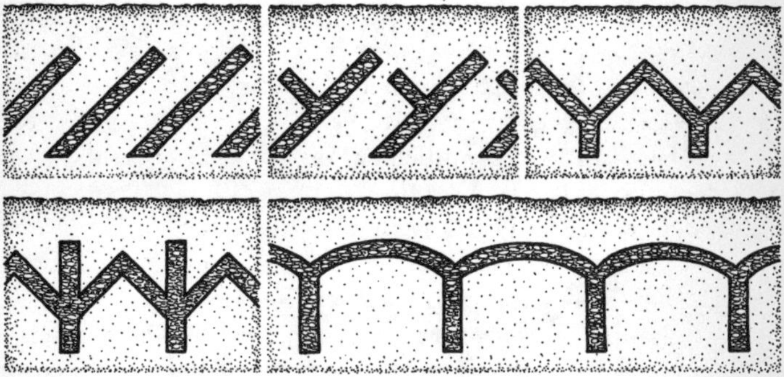

Böschungen werden entwässert, damit sie nicht abrutschen. Gefährlich ist nicht nur das Oberflächenwasser nach starken Regenfällen, sondern der Grundwasserdruck in hängigem Gelände. Die Sickerrinnen werden mit Steinen ausgefüllt und so angelegt, daß sie entsprechend den örtlichen Bodenverhältnissen am besten die darüber lagernden Erdmassen abstützen. Deshalb die variablen Verlegmuster der schematischen Zeichnung.

Eine kleine Sickergrube hält den Sitzplatz im Freien trocken, sie entwässert schneller nach Regenfällen den Sandkasten, läßt die Wasserstelle im Garten nicht so schnell versumpfen und das Brausewasser für Kaltwasserduscher leichter abziehen.
Gartenwege werden ebenfalls dräniert, indem man ihnen am Hang ein leichtes Quergefälle gibt oder auf ebenen Strecken die Mitte des Weges leicht erhöht, damit das Regenwasser auf beiden Seiten abläuft. Ein schmaler Abzugsgraben mit Schotterung beschleunigt das Versickern.

Nur wo es in schweren Böden zu anhaltender Staunässe kommt. wird es nötig sein, an einer oder beiden Seiten des Weges ein Dränagerohr zu verlegen, wie oben beschrieben, das in einen Sammler oder die Sickergrube ableitet.

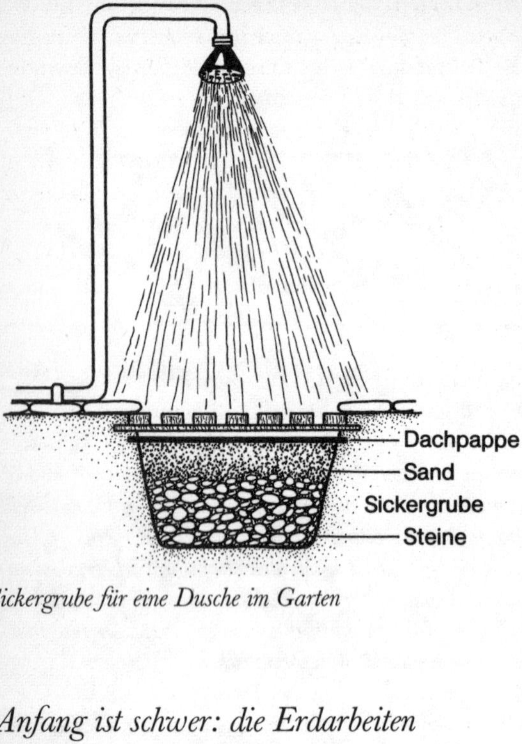

Kleine Sickergrube für eine Dusche im Garten

Aller Anfang ist schwer: die Erdarbeiten

Der Kelleraushub vom Hausbau bietet die Gelegenheit, selbst auf dem ganz flachen Land etwas Bewegung in den Garten zu bringen. Es muß daraus allerdings ein harmonisch wirkendes Auf und Ab geschaffen werden, das so aussieht, als sei der Boden natürlich gewachsen. Ist nicht neu gebaut oder der Aushub teuer abgefahren worden, wird eine flache Bodenbewegung damit erreicht, daß ein Teil der Fläche tiefer gelegt, der Rand oder das hintere Ende mit der daraus gewonnenen Erde angeschüttet wird. Das ist vor allem dort eine beliebte Methode, wo die verbliebene Gartenfläche allzu winzig ist. Sie erscheint danach optisch vergrößert.

Bodenauftrag

Boden aufschütten verlangt keine ungewöhnlichen Fachkenntnisse. Es wird lagenweise so hoch geschichtet, daß die gewünschte Höhe um 10% überhöht ist. Diese Zugabe verschwindet wieder, nachdem der gelockerte Boden sich gesetzt hat. Je sandiger und feinkörniger der Boden ist, um so weniger muß zugegeben werden. Die richtige Höhe wird vorher mit der Wasserwaage ausgemessen und mit Pfählen markiert. Davon brauchen wir um so mehr, je welliger das neue Bodenprofil werden soll. Mit dem bloßen Auge und aus dem Handgelenk läßt sich eine saubere Böschungslinie nicht erzielen. Dazu brauchen wir Latten und Schnüre, um den richtigen Winkel für die Böschung zu bestimmen.

Für einen flachen Auftrag genügt der Rasenmäher, um festzustellen, ob der Übergang zur Ebene flach genug verläuft. Er darf dort nicht leer schlagen und das Gras zu hoch stehenlassen. Der Neigungswinkel richtet sich weiter nach der Festigkeit des aufgeschütteten Bodens: Je fester und bindiger dieser ist, desto steiler kann der Abhang abfallen.

Bindiger Boden sollte ab 75 cm Aufschüttung grundsätzlich in Lagen aufgetragen werden, bei leichten Böden bis 1 m. Ist die Auftraghöhe niedriger, genügt es, in schrägen Lagen seitlich anzuschütten. Um ein Abrutschen zu verhindern, wird der Untergrund mit Stufen haftbarer gemacht. Damit sich der Boden schneller setzt, fährt man mit der Schubkarre möglichst über das frisch aufgeschüttete Land.

Sandige Böden verdichten sich schneller, wenn sie triefend naß eingeschlämmt werden. Für lehmige Böden braucht man eine Walze oder Ramme, die, wie viele Schwergeräte für die Gartengestaltung, beim nächsten Landschaftsgärtner oder Garten-Center gemietet werden kann.

Bis 2 m Höhe und 200 m^3 Bodenmasse können Erdbewegungen auf dem eigenen Grundstück ohne behördliche Genehmigung

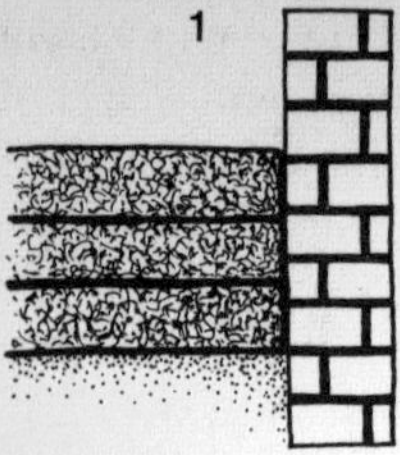

Bodenauftrag
1 – Lageschüttung an einer Mauer
2 – Lageschüttung an einer Böschung
3 – Seitenschüttung einer Böschung

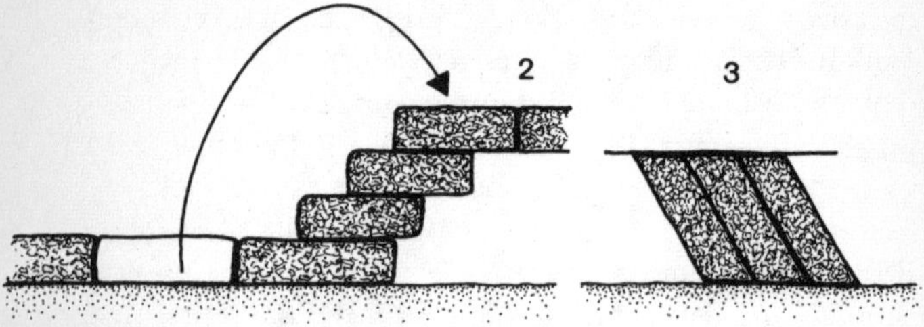

ausgeführt werden. Es sind noch keine baulichen Anlagen im Sinne der Landesbauordnung. Allerdings muß man an den Grundstücksgrenzen aufpassen; denn hier gelten nachbarrechtliche Vorschriften, wenn die Böschung in Lehmboden steiler als 45° abfällt, bei Sand gilt ein erheblich flacherer Neigungswinkel.

Schon das Bürgerliche Gesetzbuch (BGB) bestimmt in § 909: »Ein Grundstück darf nicht in der Weise vertieft werden, daß der Boden des Nachbargrundstücks die erforderliche Stütze verliert, es sei denn, daß für eine genügende anderweitige Befestigung gesorgt ist.«

Es genügt dafür schon, wenn der Grundwasserstand beim Nachbarn so tief absinkt, daß der Boden einfällt. Wird der Boden an der Grundstücksgrenze erhöht, muß mit einer Stützmauer verhindert werden, daß er im Nachbargarten zu stark gepreßt wird.

Bäume

Größere Bäume können ohne weiteres 30–40 cm hoch zugeschüttet werden, wenn der Auftragerde reichlich Sand oder Kies zugefügt wird. Ausgenommen davon sind Birken, Buchen und Nadelbäume, während Ebereschen, Erlen, Eschen und andere bis 1 m

Aufschüttung vertragen, wenn sie Zeit genug haben, im lockeren, luftreichen Boden neue Oberflächenwurzeln zu bilden.
Sind die Höhenunterschiede größer, als die jeweilige Baumart verträgt, schichten wir eine *Trockenmauer* (geschichtete Mauer ohne Mörtel) etwa im halben Radius der Krone im Kreis um den Stamm. Den Innenraum kann man als Sitzgruppe gestalten. Das muß nicht immer abgezirkelt und geschlossen aussehen, viel malerischer ist eine freie Form, die sich dem Böschungsverlauf anpaßt und nach vorn offen ist. Werden große *Formsteine* verwendet, die

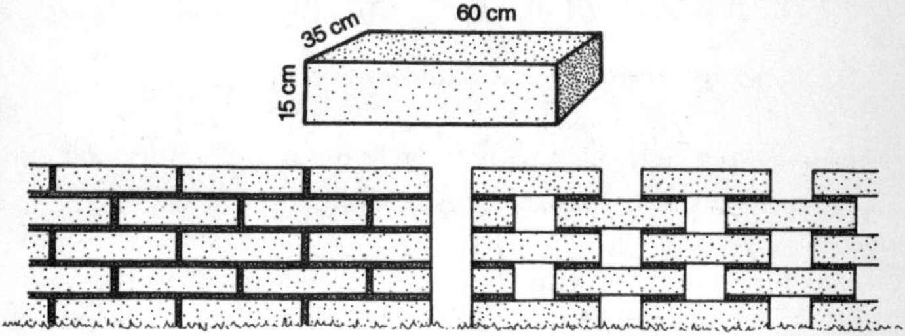

Geschlossener Betonstein – geschlossene und offene Mauer

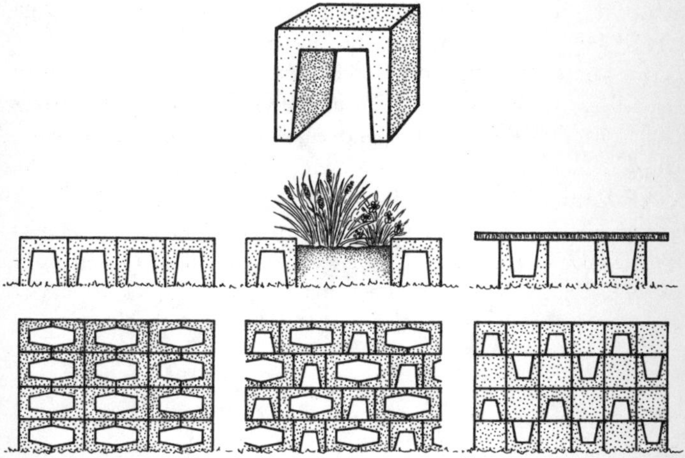
U-Stein-Würfel
Sitzmauer, Pflanztrog, Bank (oben) – verschiedene Mauern (unten)

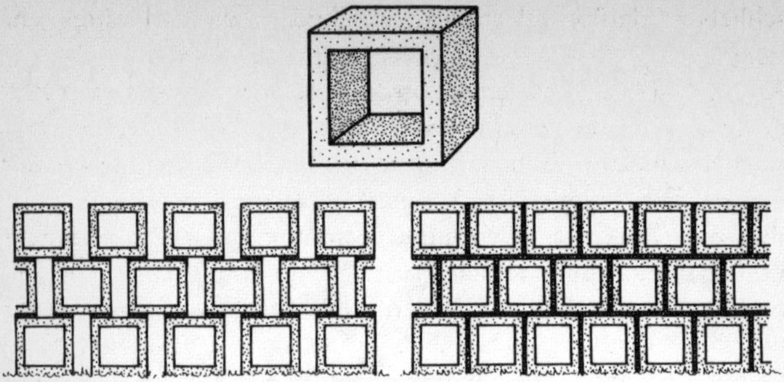

Quadratischer Betonstein und zwei Mauermöglichkeiten

man in lässigen Schwingen aufstellen kann, braucht nur noch ein Lattenrost für die Sitzkissen darauf befestigt werden.

Ist der Garten für solche freien Sitzplätze zu klein, kann der Raum dazwischen mit einem runden Gitterrost abgedeckt werden, auf dem Pflanzschalen und Kübelpflanzen stehen. Den Kreis bis zur *Kronentraufe* (äußerer Rand der Baumkrone) füllt man wie die Sickergrube mit Bruchsteinen, grobem Kies, Schotter oder Bauschutt auf. Dränagerohre werden senkrecht so dazwischen gestellt, daß sie oben niveaugleich mit der Erde abschließen und damit zur Sauerstoffversorgung der Baumwurzeln beitragen. Darauf folgt eine Lage feineres Material, Heu, Stroh, Dachpappe und Gartenvlies, um zu verhindern, daß die Erdschicht, die an-

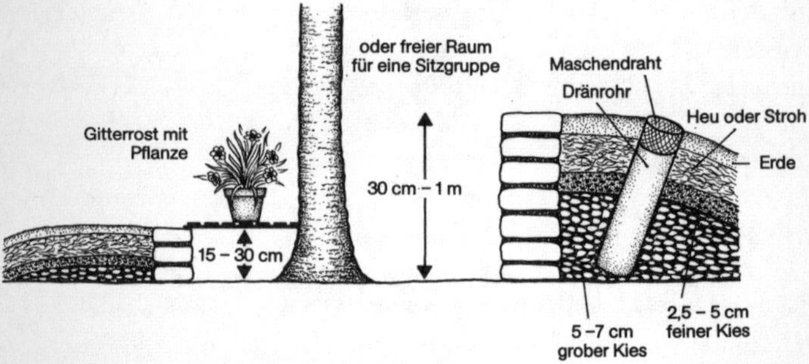

Aufschüttung im Wurzelbereich von Bäumen

schließend darübergelegt wird, zu schnell in die Hohlräume einsickert.
Kleine Gehölze gräbt man vor dem Aufschütten mit möglichst großem Wurzelballen aus und pflanzt sie erhöht neu ein. Dazu stechen wir einen Graben im Abstand von 50–80 cm rund um den Stamm. Bäume bis 20 cm Stammdurchmesser lassen sich, wenn man den Graben am Rand abflacht, aus ihrem alten Pflanzloch mit kräftigen Stangen herausziehen.
Damit die Erde während des Transports nicht aus den Wurzeln bröckelt, bindet man den Ballen mit Sackleinen zusammen. Größere Brocken können mit Brettern zusammengehalten werden. Noch einfacher ist das ganze bei Frost. Der freigelegte Wurzelbereich wird so lange mit Wasser übergossen, bis er zu einem festen Eisklumpen gefroren ist. Der läßt sich problemlos hochschleifen. Im aufgeschütteten Pflanzloch muß mit Stangen von mehreren Seiten für zusätzlichen Halt gesorgt werden. Reichliche Wassergaben, ohne das Pflanzloch in ein Schlammbad zu verwandeln, läßt die gekappten Wurzeln am neuen Platz schneller heimisch werden.

Tiefenlockerung

Der Untergrund wird während der Bauarbeiten, wo Baumaschinen und schwerbeladene Lastwagen gefahren sind, Beton und Steine gestapelt wurden, durch den hohen Druck nicht selten bis in Tiefen von 1/2 m verdichtet. Der Kelleraushub ist meist nichts als toter Lehm, oft mit Steinen oder Bauschutt vermengt. Hier genügt es nicht, oberflächlich zu lockern und darauf den Mutterboden zu verteilen. Was dort gepflanzt wird, wächst zwar zunächst willig ein, und der Rasen grünt. Aber nach wenigen Monaten hört der Spaß auf, alles stockt, wird gelb oder braun. Deshalb muß Bauland tiefer gelockert werden, wenigstens 2 Spatenstich tief.
Diese Methode zu graben wird *Holländern* genannt: Man unterteilt zunächst eine größere Fläche in mehrere Streifen. Der Oberboden des 1. Streifens wird spatentief abgehoben und zur Seite gelegt (1). Nun gräbt man den Unterboden um. Den Oberboden des 2. Streifens hebt man wieder spatentief aus und gibt die Erde auf den Unterboden des 1. Streifens (2). Es wird also jeweils der Oberbo-

den eines Streifens auf den freigelegten und umgegrabenen Unterboden des vorhergehenden aufgetragen (3). Hat man die ganze Fläche auf diese Weise bearbeitet, wird zum Schluß der übriggebliebene Oberboden des 1. Streifens in den letzten geworfen, der ja noch freiliegt (4).

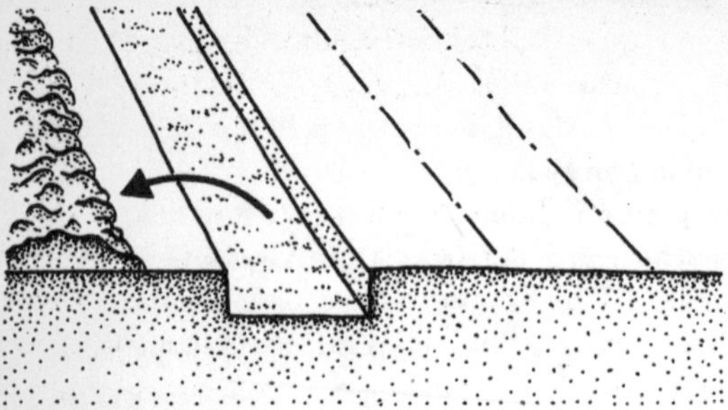

1

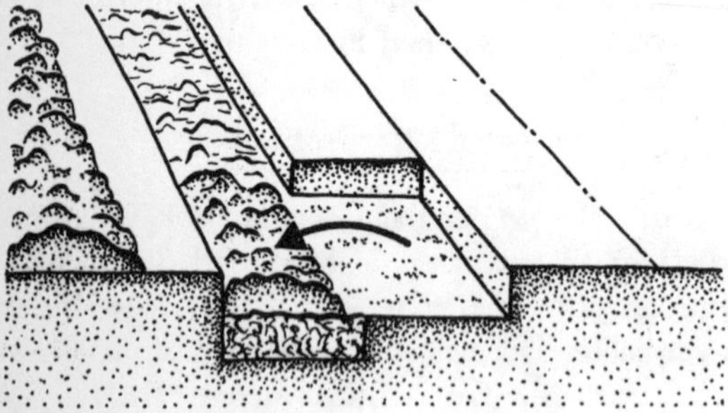

2

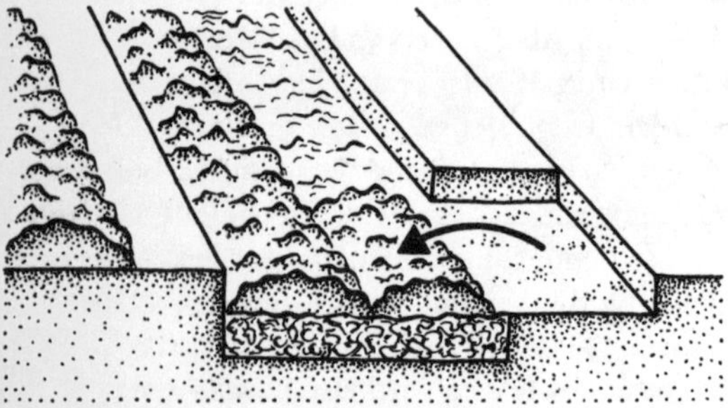

3

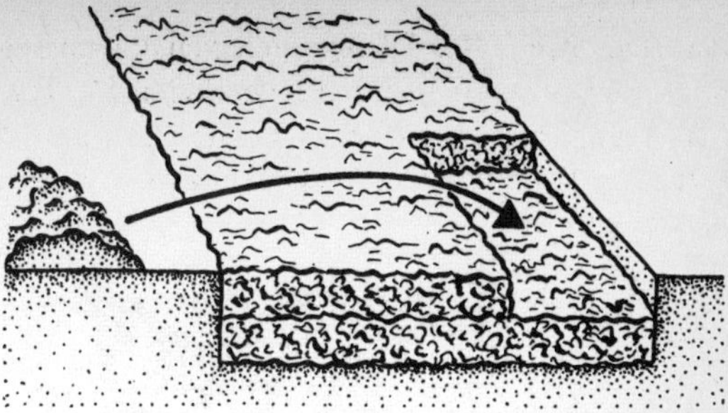

4

Davon gibt es eine Abweichung bei stark verunkrauteter oder völlig lebloser Krume, wenn der Untergrund humos ist. In dem Fall wechselt man die beiden Grabschichten aus, während normalerweise jede Schicht nur in sich gewendet, aber nicht mit einer tieferen vertauscht wird.
In Sonderfällen kann es auch nötig sein, 3 Spatenstiche tief zu graben, zu *rigolen,* wie der Fachmann sagt. Dabei wird zunächst der

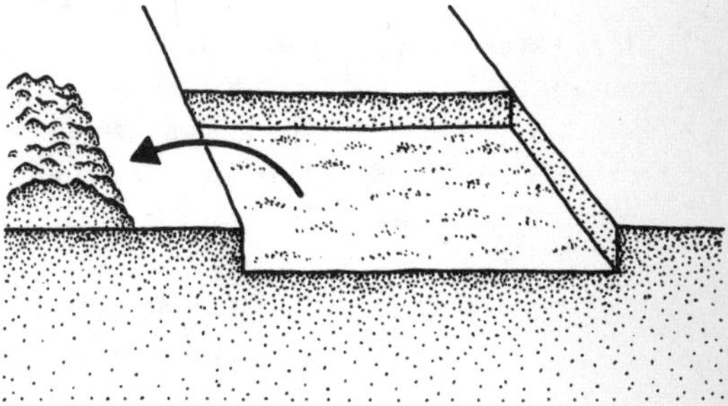

1

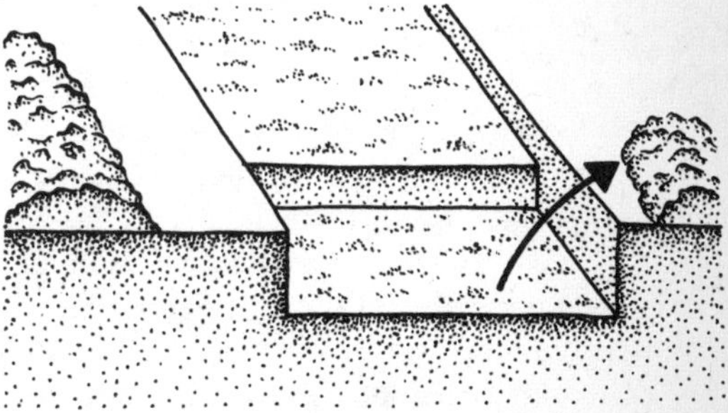

2

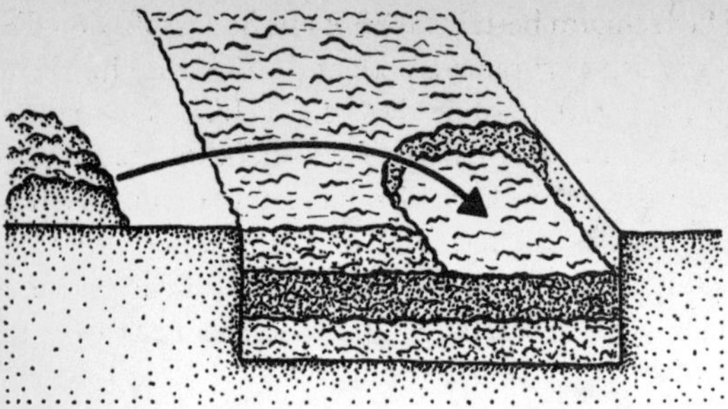

3

Oberboden einen Spatenstich tief ausgehoben und zur Seite gelegt (1). Dasselbe geschieht mit der 2. Schicht. Die nun freiliegende 3. Schicht wird in sich gewendet (2), und anschließend trägt man die 2. und die 1. Schicht wieder auf, aber ohne sie auszutauschen (3).
Solche Lockerungsübungen sind nicht allzu lange wirksam, weil der Boden unter seinem eigenen Gewicht zusammensackt. Vor allem schwere Böden, die naß, kalt und luftdicht sind, müssen gelockert und möglichst dauerhaft gekrümelt werden. Dabei hilft Kalk, der Leimstoffe (Kolloide) ausfällt, die sonst lockere Bodenteilchen miteinander verkleben. Zur dauerhaften Auflockerung dienen weiter Schaumstoffflocken mit hohem Porenvolumen, die kaum verrotten, also lange strukturwirksam sind. Das geschlossenporige *Styromull* aus aufgeschäumtem Polystyrol ist geruchlos, chemisch neutral und pflanzenverträglich. Die federleichten weißen Flocken sind 4–12 mm groß und bestehen zu 98% aus Luft; 1 m^3 davon wiegt 10–15 kg. Auf 100 m^2 bindigem Boden braucht man 2–4 m^3, die beim Tiefgraben gut mit dem Untergrund vermischt werden.
Im Gegensatz zu diesen wasserabweisenden Flocken nimmt das offenporige *Hygromull* bis zum 40fachen seines Gewichts Wasser auf und speichert es für trockene Zeiten. Da zugleich Nährstoffe eingelagert werden, wirkt das Material als Puffer, wenn einmal zu heftig gedüngt wurde. Die Salzkonzentration im Boden wird verdünnt, es entstehen salzfreie Zonen, die von den Pflanzenwurzeln vor allem in der Keimphase bevorzugt werden.

Der Harnstoff-Harzschaum besteht zu 30% aus Stickstoff, den die Pflanzen nach und nach verbrauchen. Dem Boden kann bis 50% Hygromull zugesetzt werden, ohne daß es den Pflanzenwurzeln zuviel wird. Damit verbessern wir leichte Böden, die rasch austrocknen. Wenn von anderen Baustellen billig eine Ladung Lehm zu bekommen ist, hilft das am besten; denn Lehmböden sind von Natur aus fruchtbar. Umgekehrt ist der übriggebliebene Sand vom Neubau oder aus der nächsten Sandgrube ein natürliches Lockerungsmittel für tonige Böden.

Gründüngung

Wer die Zeit und Geduld hat, kann sich den hohen Vorfruchtwert tiefwurzelnder Gründüngungspflanzen zunutze machen. Auf schweren Böden eignen sich Mischungen aus Blauer Lupine, Felderbse, Sommerwicke, Inkarnatklee, Gelbsenf, Phacelia, Sonnenblumen und der Platterbse ›Bodenfreund‹, vor allem in den Sommermonaten. Leichte bis mittlere Böden besät man besser mit Gelber Lupine, Seradella, Weißklee, Rübsen oder Phacelia. Es gibt dafür fertige Saatgutmischungen, die teilweise gegen *Nematoden* (Fadenwürmer) und Bodenmüdigkeit wirksam sind, zugleich prächtig aussehen und trittfest sind. Es gibt also gar keinen Grund, ungeduldig zu sein.

Die Gründüngung mit Schmetterlingsblütlern liefert auf 1 m^2 bis 20 g reinen Stickstoff in pflanzenverfügbarer Form. Aber es gibt natürlich noch einige andere Aspekte. Die Platterbse gedeiht auf allen Böden so trittfest, daß sie zwischen Obstbäume gesät werden kann. Dabei macht es ihr nichts aus, wenn es im Sommer ausnahmsweise einmal richtig trocken wird.

Für mittlere Böden wählt man den Stickstoff sammelnden Inkarnatklee, in feuchten Lagen Ackerbohnen. Wo der Boden nicht zu sauer ist, zieht man Sommerwicken vor, während die Gelbe Lupine niedrige pH-Werte übersteht. Dafür produziert die Blaue Lupine auf schweren Böden die meiste Grünmasse.

Noch mehr schaffen nur die Sonnenblumen mit 650 kg auf 100 m^2 und Ölrettich bis 500 kg, allerdings ohne Stickstoff zu sammeln. Phacelia bringt eine ebenso gewaltige Wurzelmasse in den Boden, während Buchweizen, Inkarnatklee, beide Lupinen und Senf im-

mer noch 400 kg zusammenbringen. Sommerraps, Winterwicken und Weidelgras schaffen 350 kg, Felderbsen und Lihoraps 300 kg, Klee und Sommerwicken jeweils gerade 200 kg auf 100 m^2.
Das Unkraut wird unterschiedlich unterdrückt: Sehr schnell geht das bei Senf und Ölrettich, später wachsen sehr dicht die Platterbse – Felderbsen, Weidelgras, Sommerraps und -wicken mittelmäßig – und ausgesprochen mäßig die Ackerbohne, Alexandringer, Persischer Klee, Phacelia und die Sonnenblume.
Vorsicht ist mit Lupinen in der Nähe von Obstgehölzen angebracht, weil Lupinen unter Kragenfäule leiden, deren Erreger von den Leguminosen (Hülsenfrüchtler) bewirtet werden. Dasselbe gilt für Senf und die anderen Kreuzblütler wie Raps und Ölrettich, wo Kohlhernie vorkommt. Phacelia dagegen ist mit keiner Gemüsekultur verwandt und eignet sich deshalb besonders gut, die Fruchtfolge aufzulockern, besonders da, wo viel Kohl angebaut wird.
Inkarnatklee, Seradella und Ackerbohnen können überwintern, bei anderen Gründüngern liegen die spätesten Saatzeiten fest: bis *Mai* die Blaue Lupine; bis *Juni* Felderbsen und Hülsenfruchtgemenge, alle Klee-Arten, Sonnenblumen und Sommerwicken; bis *August* Buchweizen, Platterbse, Rapsarten, Senf und Weidelgras; Anfang *September* Ölrettich, Phacelia, Winterwicken. Hülsenfrüchte sollen keinesfalls später als vorgeschrieben ausgesät werden, wenn sich die Sache lohnen soll.

Mutterboden

Vor Erdarbeiten muß der Mutterboden geschützt werden – das ist Gesetz für den Gärtner. Es genügt dazu nicht, den obersten Spatenstich auf einen Haufen zu werfen oder gar von einem Bagger zu riesigen Pyramiden türmen zu lassen. Auf diese Weise ist der ursprünglich lebende Boden nach kurzer Zeit vom eigenen Gewicht totgedrückt und durch Sauerstoffmangel erstickt.
Um das Bodenleben zu erhalten, darf die Oberkrume von 30–40 cm Tiefe höchstens in sogenannten *Mieten* aufgehäuft werden, die 3–4 m breit und nicht höher als 1,5 m sind.
Damit während der Bauarbeiten nicht darauf herumgetrampelt oder schweres Baumaterial gelagert wird, sollte ein fester Zaun darum gezogen werden. Wenn es sich einrichten läßt, legt man die

Erdmieten in Nord–Süd-Richtung an, so daß sie von beiden Seiten gleichmäßig viel Sonne bekommen.
Wer den Mutterbodenschutz ernst nimmt, überläßt das nicht der Baufirma, sondern schiebt das kostbare Gut selbst mit der Karre zusammen. Schon dabei können Steine, Wurzeln und andere Fremdkörper ausgesammelt werden. Die Oberfläche der Miete wird flach eingemuldet, um die Erde später bei anhaltender Trokkenheit mit dem Schlauch feuchthalten zu können. Ist die dunkle Humusschicht nicht besonders dick, kann man eine dünne Schicht des darunterliegenden Mineralbodens mit abschälen und gleichmäßig mit dem Mutterboden vermischen.
Die fertigen Mieten werden abgedeckt, häufig mit schwarzer *Mulchfolie,* die verhindern soll, daß die Erde verunkrautet. Das ist wichtig genug, damit dieser Wildwuchs nicht mit der Bodendecke über den ganzen Garten ausgebreitet wird.
Untersuchungen der Bayerischen Landesanstalt für Wein- und Gartenbau in Würzburg-Veitshöchheim ergaben bei der Verwendung von Mulchstoffen für die Bodendecke eine Zeiteinsparung bei der Unkrautbekämpfung von 50% bei Flächen, die vor Versuchsbeginn frei von Unkrautkeimen waren. Gemulchte Flächen wiesen gegenüber unbedeckten, nach längerer Trockenheit, einen um 50% höheren Gehalt an Bodenwasser auf. Die Ausfallquote von Neupflanzungen lag auf gemulchten Flächen ebenfalls um 50% niedriger, und die Wuchsleistung war insgesamt 17% höher.
Torf hat viele unschätzbare Vorzüge im Wurzelbereich der Gartenpflanzen. Er nimmt bis zum 12fachen seines Gewichts an Wasser auf und vergrößert damit die wasserhaltende und Nährstoffe speichernde Kraft des Bodens. Wasser versickert nicht im Untergrund, die Torffasern sind schwer zersetzbar, bleiben dem Boden also lange Jahre erhalten. Sie liefern keine Nährstoffe, aber das ist kein Nachteil; denn gedüngt wird im Garten nur gezielt, wo es zum besseren Wachstum der Pflanzen unentbehrlich ist.
Es ist unter Fachleuten unbestritten, daß Torf aufgrund seiner speziellen physikalischen Eigenschaften besonders gut für die Bodenverbesserung geeignet ist. Torf lockert den Boden, erhöht die Speicherfähigkeit für Wasser und Nährstoffe und trägt zur Humusversorgung bei. Nur so kann die Pflanze alle Nährstoffe und

Regenwasser aufnehmen und sich gesund entwickeln. Torfkultursubstrate sind besonders für den Garten bei Aussaat und Anzucht von Pflanzen absolut unentbehrlich.

Es wird kein Quadratmeter erhaltenswertes Moor beseitigt, wenn wie bisher in vernünftiger Weise Torf im Garten verwendet wird. Alle Flächen, die jetzt noch abgetorft werden dürfen, sind seit Jahrzehnten entwässert, häufig sogar schon lange in landwirtschaftlicher Nutzung als Viehweiden. Neue Genehmigungen für wertvolle Biotope werden nicht erteilt.

Nach Meinung der Naturschützer sollen im Gartenbau statt Torf andere Bodenverbesserer in ausreichenden Mengen zur Verfügung gestellt werden. Sie behaupten sogar, daß diese weitaus besser für den Boden, für die Anzucht von Zierpflanzen und was es da sonst so alles gibt, sind. An 1. Stelle steht bei den Ersatzstoffen ein Rindenprodukt, das den Torf nicht nur ersetzen, sondern sogar besser sein soll. Nach zahlreichen Untersuchungen von Experten kann Torf weder qualitativ noch quantitativ ersetzt werden; denn es ist bekannt, daß Rindenhumus über eine geringe Wasserhaltekraft verfügt – abgesehen von der vermoderten Waldluft, die er verbreitet.

Ein weiterer Grund ist, daß die anfallende Rinde zum großen Teil als Energieträger in den Sägewerken selbst verbraucht wird. Von der verbleibenden 1 Million m^3 Rinde, werden rund 50 % im Garten und Landschaftsbau verwendet, so daß immer noch 0,5 Millionen m^3 zur Herstellung von Rindenhumus und Rindenkultursubstrat für den privaten Gebrauch verbleiben.

Es ist deshalb durchaus zu rechtfertigen und sinnvoll, die Mutterbodenmieten zu ihrem Schutz, und um den Humusgehalt zu vergrößern, mit Floratorf abzudecken. Daß dabei nicht übertrieben wird, dafür sorgen schon die gesalzenen und gepfefferten Preise. Billiger ist allemal eine Einsaat von Gründüngungspflanzen, wie Bitterlupine, Bokharaklee, Seradella oder Zottelwicke, die das Unkraut nicht aufkommen lassen. Zugleich wird die Oberfläche beschattet, also die Verdunstung herabgesetzt und *Schattengare* (die Fruchtbarkeit des Bodens) erhalten.

Die Wurzeln der Schmetterlingsblütler sammeln zusammen mit *Knöllchenbakterien* ein wenig Stickstoff an, die Wurzeln der anderen verbessern den Humusgehalt mit ihrer Biomasse. Diese Abdekkung ist dann vorzuziehen, wenn die Miete länger liegen muß. Dauert es länger als 1 Jahr, muß 1mal jährlich wie bei Kompost umgestochen werden, damit die unteren Lagen trotz allem nicht totgedrückt werden.

Guter Boden muß immer verbessert werden

Wie kostbar fruchtbarer Boden ist, zeigt eine Zahl: Nur der 20millionste Teil der Erdmasse ist fähig, Pflanzen zu tragen. Der Rest ist Wasser und Gestein, das von Temperaturwechsel, Druck und Sprengwirkung in immer kleinere Krümel zerpulvert wird. Das sind die festen Bestandteile der Bodendecke aus anorganischem, mineralischem Ursprung.

Die große Überraschung zeigt sich bei der Prozentzahl der einzelnen Elemente, aus denen die feste Erdrinde besteht: Knapp die Hälfte besteht aus Sauerstoff! Mehr als 1/4 ist Silizium. Verglichen damit sind die Mengen, die der Pflanzenernährung dienen, verschwindend gering: an 1. Stelle Kalk mit 3,4 %, Magnesium 2,9 %, Kali 2,4 %, Phosphor 0,1 %, Stickstoff, der Motor des Pflanzenwachstums, nur mit 0,03 %. Das hört sich wenig an, läppert sich aber zusammen: Liegen in 30 cm Krumentiefe 2,4 % Kali, so sind das pro Hektar 112 Tonnen, wenn der Boden ein mittleres spezifisches Gewicht von 2,3 hat.

Wichtiger als die Elemente selbst sind ihre Zwischenräume, die Poren, wie der Gärtner sagt. Die gibt es selbst im harten Urgestein, etwa Granit mit 0,2–0,5 %. In diese feinsten Risse dringt Wasser ein – gefriert, dehnt sich dabei aus und sprengt den Stein. Glühende Sonnenhitze dehnt die Oberfläche aus, während im Innern der Felsen noch der nächtliche Frost sitzt. Diese Spannungen reißen tiefe Kerben. Einige Mineralien lösen sich in Wasser auf, andere verbinden sich mit Sauerstoff und werden zu Säuren.

Die Verwitterung hat eine einzige wundersame Wirkung: die Vermehrung der Oberfläche. Auch das wird mit wenigen Zahlen anschaulich: Ein Würfel von 1 cm Kantenlänge hat 6 cm^2 Oberfläche. Zerlegt man ihn in 1000 Millimeter-Würfel, so werden daraus

6 m^2 und bei 1 Million kleiner Würfel bereits 6000 m^2. In dieser mikroskopischen Größenordnung gewinnen die an sich neutralen Bestandteile ungeahnte Kräfte der Anziehung (physikalisch) und der Bindung (chemisch), die zusammen mit den organischen Bodenbestandteilen aus der Verwesung pflanzlicher und tierischer Körper den Wurzeln ein warmes, weiches und nahrhaftes Bett bieten.

Humus

Gewiß wachsen Pflanzen auch in reinem Sand, Kunststoff oder Wasser, wenn sie mit einer Nährlösung der richtigen Konzentration gefüttert werden. Aber in der freien Natur macht nur Humus den Boden fruchtbar. Darin sind enthalten die Nichthuminstoffe des Nährhumus, die Hemicellulosen und Kohlenhydrate, die rasch zerfallen und Mikroben ernähren. Das ergibt die Saugfähigkeit der Ton-Humus-Komplexe samt allen organischen Säuren, die als Nährstoffträger dienen und einen geregelten Luft-, Gas- und Wasserhaushalt, der das tierische und damit auch pflanzliche Bodenleben ermöglicht.
In der Gartenpraxis unterscheiden wir 3 Stufen von Humusarten, *Mull, Moder* und *Rohhumus.* Praktisch heißt das: Nährhumus besteht aus frischen organischen Substanzen, die gerade biochemisch umgewandelt werden. Daran beteiligt sind, weil sie davon leben, die Regen-und sonstigen Würmer, viele andere Bodentierchen bis hinunter zu den Bakterien und Pilzen. Dauerhumus sind die fertigen Umwandlungsprodukte, die nicht mehr als Nahrung dienen und die sich deshalb wesentlich langsamer zersetzen.
Für die Gartenarbeit ist wichtig, wie der Humusgehalt im Boden vergrößert werden kann. Die Hauptarbeit wird von luftliebenden Lebewesen geleistet, die vom Kohlenstoff der organischen Masse leben. Sie brauchen dazu aufnehmbaren Stickstoff, um ihr körpereigenes Eiweiß aufzubauen, außerdem Luft und Feuchtigkeit. Das muß also in gleichmäßiger, feiner Verteilung vorhanden sein, damit sie ihre zersetzende sowie aufbauende Tätigkeit beginnen können.

Lehm

Der reine Humus ist als Boden zu locker, die mineralischen Bestandteile sind das Skelett des Bodens. Es sind Quarzkörnchen, die sich im Durchmesser unterscheiden. Bis 2 mm heißen sie *Feinerde*, darüber *Kies* oder *Grant*. Die abschlämmbaren Teile, die im Wasser schweben, nennt man *Ton*, alle anderen *Sand*. Nach dem Mengenverhältnis dieser Bodenminerale haben die Böden ihren Namen:

Bodenart	Tonanteil in %
Sandboden	bis 5
lehmiger Sandboden	5–20
sandiger Lehmboden	20–30
Lehmboden	30–40
schwerer Lehmboden	40–50
Tonboden	50–75

Die besten Böden bestehen aus einer guten Mischung von Humus und Mineralien; denn der Sand allein hält keine Nährstoffe und Wasser fest. Er ist meist trocken und erwärmt sich deshalb schnell. Immer wieder müssen Mengen von organischem Dünger zugeführt werden, damit wenigstens die Frühkulturen einigermaßen darin zurechtkommen. Wenn Lehmanteile die Bindekraft und Wasserhaltung erhöhen, haben wir die fruchtbarsten Böden dieser Erde. Denken wir an den wertvollen *Lößlehm*.

Ist genug Kalk vorhanden, krümelt er ausreichend, sonst muß mehr gegraben und gelockert werden. Wasser, Luft und Nährstoffe sind für die Wurzeln in idealer Weise gespeichert.

Tonboden dagegen ist naß und kalt, weil zu bindig. Einige wenige Koniferen, Rosen und andere Gehölze gedeihen darin ohne dauernde Lockerung und Humuszufuhr. Da sich das Wasser zu lange hält, reifen die überwinternden Gewächse nicht rechtzeitig aus und erfrieren oft. Daneben gibt es *Mergelböden* mit 10–30 % Kalkgehalt, die sehr porös und nährstoffarm sind, weil sie jeden Dünger schnell zersetzen. Da wachsen nur sehr anspruchslose und kalkliebende Pflanzen. Richtige *Kalkböden* mit über 30% Ca (Kalzium) sind nur noch als Dünger verwendbar.

Nährstoffe

Die Pflanzen sind als einziger Organismus auf dieser Erde darauf eingerichtet, aus *anorganischen* Stoffen (Verbindungen ohne Kohlenstoff) lebendige, also *organische* Substanz zu erzeugen. Die Pflanze ist darauf angewiesen, daß die organischen Stoffe durch Bodenbakterien in anorganische Elemente zerlegt werden, bevor sie sie aufnehmen kann. Erst in dieser mineralisierten Form können die Nährstoffe durch die Zellwände passieren. Welche sind das?

Wir unterscheiden ein bißchen grob die Hauptnährstoffe (diese werden in größeren Mengen gebraucht) von den Mikro- oder Spurennährstoffen.

An 1. Stelle steht unbestritten der *Stickstoff* (N), der das rein triebhafte Wachstum fördert. Deshalb dürfen die Höchstwerte nach Art und Intensität der Kultur nicht über 20–50 g Reinnährstoff pro Jahr liegen, verteilt auf mehrere Gaben. Bis 30 g/m^2 können in fruchtbaren Böden aus der humosen Oberkrume umgewandelt werden, bis zu 25 g bringen es die *Knöllchenbakterien* der Schmetterlingsblütler, 2 g kommen aus Niederschlägen bei Gewittern.

Phosphor (P) und *Kali, Kalk* und *Magnesium* (Mg) sind die weiteren Kernnährstoffe, die dem Boden zugefügt werden müssen, wenn sie nicht von Natur aus vorhanden sind. Das Mindeste sind 3–5 g Phosphor je Quadratmeter und 10–40 g Kali jährlich, je nachdem, wie intensiv die gärtnerische Nutzung ist.

Magnesium gehört noch nicht lange zu dieser Gruppe, nur die vielfältigen Mangelschäden haben dazu geführt, daß in Volldüngern ein 2%iger Zusatz üblich geworden ist. Magnesierte Mehrnährstoffdünger sollten nur im Wechsel mit den üblichen Dreikomponenten-Düngern eingesetzt werden, weil es stellenweise schon wieder eine Überfütterung an Mg gibt.

Volldünger sind meist aus rein technischen Gründen kalkfrei, obwohl dieser Pflanzennährstoff im Boden eine doppelte Funktion hat. Er bestimmt den pH-Wert, das ist eine Meßzahl für den Kalkgehalt, und bestimmt, wie alle anderen Elemente aufgenommen werden, die Krümelstruktur des Bodens und manche andere entscheidende Eigenschaft. Daneben aber wird leicht vergessen, daß jährlich bis 20 g/m^2 von den Pflanzen aufgenommen werden. Die Spurenelemente sind *Eisen* (Fe), *Mangan* (Mn), *Kupfer* (Cu), *Zink* (Zn) und *Bor* (B). Sie sind nicht weniger wichtig im pflanzlichen Körper, denn selbst wenn sie nur in verschwindend geringen Mengen aufgenommen werden, führt ihr Mangel zu Schäden. Hier gilt wie überall das Minimumgesetz, das besagt, der jeweils in geringster Menge vorhandene Wachstumsfaktor bestimmt die Fruchtbarkeit.

Mangelschäden treten in humosen Böden jedoch selten auf, weil die ganze Umwelt metallhaltig genug ist. Erst bei jahrelanger, einseitiger Ausnützung des Bodens kann es ausnahmsweise auch einmal nötig werden, einzelne Spurennährstoffe gezielt nachzudüngen.

Auf Probe: die Nährstoffe

Ob der Boden fruchtbar ist, sieht man ohne jede Analyse, solange er brachliegt, an den Wildkräutern, die dort wachsen. Die Gärtner nennen sie *Leitpflanzen*. Wachsen massenhaft und immer wieder von neuem Brennesseln, Ehrenpreis und Vogelmiere, kann man froh sein. Dann ist der Boden humos, nährstoffreich und weder zu trocken noch zu naß. Der neue Gartenbesitzer kann auch froh sein, wenn er Kettenlabkraut, Kreuzkraut und Schwarzen Nachtschatten vorfindet. Dort ist der Boden fruchtbar.

Überwiegen dagegen Ackerminze, Breitwegerich, Mastkraut und Pfefferknöterich, so muß das bedenklich stimmen; denn darunter ist der Boden mit großer Wahrscheinlichkeit verdichtet, das heißt lehmig, kalt, naß. Noch schlimmer sieht es unter der Erde aus, wenn sich Blutweiderich, Niederliegendes Johanniskraut und Knotenbinse angesiedelt haben. Dort steht das Wasser.

Es gibt noch eine Reihe anderer Leitpflanzen, die auf einzelne Bestandteile des Bodens hinweisen. Erdrauch, Huflattich, Knollige Platterbse, Pfeilkresse und wilder Rittersporn zeigen an, daß es sich um einen kalkreichen Boden handelt. Ackerknäuel, Kleiner Ampfer, Hasenklee und Wildes Stiefmütterchen sind Bodenstands-

anzeiger für einen Kalkwert von 4,5–5,5 pH. Ohne eine gründliche Aufkalkung wachsen hier bestenfalls Azaleen, Felsenbirne, Rosmarinheide, Sauerdorn, alle Birken, der Liebesperlenstrauch, Besenheide, Kamelien, Hartriegel, Cotoneaster, Geißklee, Erica-Arten, Scheinbeere, Ginster, Zaubernuß, Hortensie, Stechpalme, Geißblatt, alle Magnolien, Pieris, Pappeln, Fingerkraut, Rhododendren, *Rosa rugosa,* Holunder, Schneeball und die Weigelien-Hybride ›Eva Rathke‹ und *W. middendorffiana.*
Wo diese Ziergehölze in einem Garten wie wild wachsen, kann man sicher sein, daß der Boden zu sauer ist. Das sieht der gestandene Gartenmann mit einem Blick, doch wer seinen ersten Garten neu anlegt und die Kräuter so genau nicht kennt, ist auf eine Bodenprobe angewiesen. Es gibt heute eine ganze Reihe von Proben-Analyse-Sets, mit denen man selbst experimentieren kann. Im Prinzip werden bei allen die Lösungen des Bodenwassers mit bestimmten Chemikalien eingefärbt und mit Farbkarten verglichen. Das gibt zwar halbwegs genaue Resultate, aber mit denen steht man dann da und fragt sich was nun?
Besser ist eine Bodenanalyse, die für Neuanlagen präzise Düngemengen vorschlägt. Es werden nicht nur der Allgemeinzustand des Bodens beurteilt und die Gehalte an Kali, Kalk, Phosphorsäure und Humus als normal, mittel oder unzureichend eingestuft. Die gefundenen Meßwerte werden den Wunschwerten in Lehm oder Sand bei den Hauptnährstoffen gegenübergestellt. Danach gibt es Anleitungen bis hin zu den Mengen je Quadratmeter, die mit Einzel-, Misch-, Spezial- und organisch-mineralischen Handelsdüngern gegeben werden.
Von den Untersuchungsstellen für Bodenproben werden dagegen nur die Nährstoffgehalte in Milligramm je 1 kg Boden festgestellt. Danach muß man die Düngermenge selbst berechnen, damit die »Grenzwerte der Versorgungsstufe« festgestellt werden können. Die sind von der Technischen Hochschule Hannover errechnet worden und liegen im oberen Bereich, der für den Obstbau nötig ist, bei:

Nährstoff	Bodenart	in 100 g Boden
Phosphor	alle Böden	21–30 mg
Kali	Sandboden	16 mg
	Lehm- und Lößboden	21–30 mg
	Tonboden	31–40 mg
Magnesium	Sandboden	über 10 mg
	schwerer Boden	über 15 mg

Stickstoff taucht in dieser und anderen Tabellen nicht auf, weil er in der Pflanzenernährung eine Sonderrolle spielt. Er ist leicht löslich und fließt rasch mit jedem längeren Landregen ins Grundwasser ab. Deshalb wird immer nur jeweils soviel ausgestreut, wie die nächstfolgende Kultur zum Triebwachstum braucht. Das ist auch darum so wichtig, weil jede kleine Überdüngung das Pflanzenwachstum beeinträchtigt, Geschmack und Haltbarkeit des Ernteguts mindert und sogar die Abwehrkräfte gegen Schädlinge und Krankheiten schwächt.

Aus den Milligrammzahlen der Analysewerte und der gewünschten Versorgungsstufe muß die Düngermenge ausgerechnet werden. Dazu multipliziert man beim Phosphor den Unterschied mit 30 und bei Kali mit 15. Wie aus dem Reinnährstoffbedarf auf einen Handelsdünger umgerechnet wird, liegt auf der Hand. Von einem 10%igen Dünger muß die 10fache Menge gestreut werden, von einem 20%igen die 5fache. Die Nährstoffmenge wird einfach so oft malgenommen, daß 100 herauskommt oder nahe hundert.

Bei den schwer löslichen, langsam oder gar nicht im Boden beweglichen Phosphorsäuredüngern ist eine größere Menge auf einmal nicht so heikel. Mit dem Kali muß man vorsichtiger sein; denn zu hohe Mengen auf einmal machen das Magnesium für Pflanzen unerreichbar. Eine grundlegende Aufdüngung muß also über mehrere Jahre verteilt werden. Außerdem haben Bodenproben aus Nutzgärten in den letzten Jahren zum Teil alarmierende Ergebnisse gebracht: Sie waren hochprozentig überdüngt, teilweise so ausgiebig, daß die Böden kurz vor dem Umkippen standen. Nicht etwa nur, weil zuviel Mineraldünger gestreut wurden, sondern

auch bei rein alternativ, ausschließlich mit organischen Düngern versorgten Gärten.
Jeden Herbst wird gekalkt, weil im Laufe des Jahres 2–5 kg Reinkalk auf 100 m^2 von den Pflanzen verzehrt oder ausgewaschen werden. Der große Unterschied kommt dadurch zustande, daß leichte Böden nicht über 6 pH vertragen, sonst wird Eisen und Kupfer unaufnehmbar, sie werden trocken und hitzig. Lehm- und Tonböden halten ohne weiteres bis 7,5 pH aus. Um einen leichten Boden um 1 pH aufzukalken, braucht man 220 g kohlensauren Kalk auf 1 m^2, für mittlere Böden die doppelte Menge, für schwere die 3fache. Zur normalen Erhaltungskalkung genügen auf sandigen und humosen Böden alle 3 Jahre 15–25 kg Hüttenkalk auf 100 m^2, auf bindigen Böden 30–50 kg.
Wie aber stellen wir fest, ob dem Boden Kalk fehlt oder nicht? Einfach, aber ungenau ist die Salzsäureprobe. Dazu nimmt man eine Erdprobe, wie es anschließend beschrieben wird, füllt sie in ein Glas und überschüttet sie mit 15%iger Salzsäure aus der Drogerie. Braust es stark, ist der Boden ausreichend mit kohlensaurem Kalk versorgt. Bleibt das Brausen aus, muß gekalkt werden. Wer aber kann richtig einstufen, ob es nur schwach oder stark braust?
Genauer und zum Ausrechnen der Düngemenge sicherer ist ein kleines Hobby-Pehameter. Davon gibt es eine ganze Reihe brauchbarer Modelle, die alle nach dem Prinzip arbeiten, daß eine Bodenlösung mit einer Farbskala verglichen wird, von der ein annähernd richtiger pH-Wert abzulesen ist. Mit Lackmuspapier, das sich zwischen rot und blau verfärbt, kann man ebenfalls etwas anfangen.
Dazu muß man wissen, was die Buchstaben pH ausdrücken. Es geht hier nicht um die exakte Definition, sondern ihre praktische Bedeutung. Als Neutralpunkt gilt 7 pH, für den Garten sind auch 7,4 pH noch neutral, darüber ist der Boden alkalisch. Unter dem Mittelwert gilt ein Boden bis 6,4 pH als schwach sauer, bis 5,4 pH als sauer, bis 4,5 pH stark und bis 4,0 pH als sehr stark sauer. Für Rasenflächen genügen beispielsweise 5,5 pH, während für die meisten Gartenpflanzen neutrale Werte erreicht werden müssen.

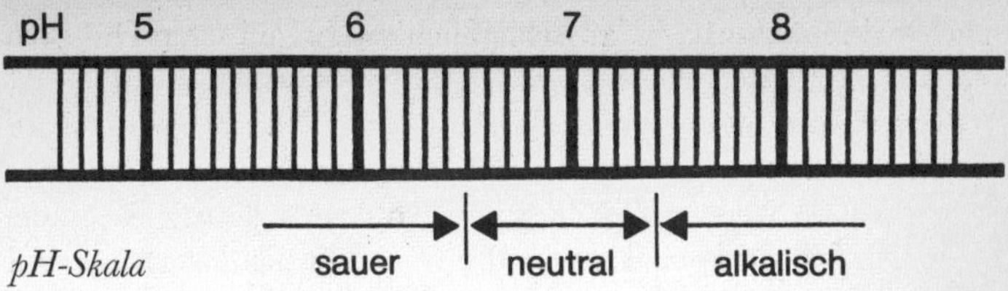

pH-Skala

Daraus geht hervor, daß es wenig Sinn hat, aus dem ganzen Garten eine durchschnittliche Bodenprobe zu mischen. Besser entnimmt man getrennt von der Fläche, auf der Rasen angelegt werden soll, eine Probe wie für den Nutzgarten. Jede Bodenprobe ergibt einen Querschnitt der Bodenstruktur aus den oberen 25–30 cm Krume.

Über die Fläche werden gleichmäßig verteilt bis zu 10 spatenstichtiefe Löcher gegraben. Auf der glatten Seite schabt man mit einem Suppenlöffel von unten nach oben, so daß sich darauf eine gleichmäßige Mischung aus der ganzen Tiefe ergibt. Auf diese Weise sammelt man von jeder gesondert zu untersuchenden Probe etwa 1 kg ein, mischt das ganze gründlich durch und füllt es in einen Plastikbeutel, der an eine Untersuchungsstelle für Bodenproben eingesandt wird.

Eine Bodenprobe ganz anderer Art zeigt, welche Bodenart im Garten ansteht. Dazu nehmen wir eine Handvoll leicht angefeuchteten Boden und formen einen kleinen Erdball daraus. Bleiben die Krümel körnig und fallen locker auseinander, haben wir lehmigen Sand in der Hand. Angenehmer für die meisten Kulturpflanzen ist ein mittlerer oder leichter Lehm, der sich formen läßt, ohne in der Hand kleben zu bleiben. Ein etwas kleinerer Brocken zeigt den Lehmgehalt an, wenn man ihn zwischen den Fingern reibt.

Wiederaufarbeitung im Kompostsilo

Um den Boden zu verbessern, werden heute verstärkt organische Bodenhilfsstoffe eingesetzt, die langsam verrotten und dabei geringe Mengen von Nährstoffen freisetzen. Damit wollte man sich vor Überdüngung mit Nitraten schützen, aber die ammoniakreichen Fäkalien im Kleintier- und Geflügeldünger haben trotzdem zu hohen Werten geführt. Am *mastigen* (übertrieben groß, wie gemästet) Zustand der Blätter und Triebe sieht man, wie davon das Triebwachstum unkontrollierbar angeheizt wird.

Kompost ist harmloser und hygienisch einwandfrei, wenn er in einem Kompostsilo heiß rottet und die Abfälle nicht wie früher auf flache, breite Mieten geworfen werden. Das ist außerdem eine Platzfrage. Für Opas Komposthaufen brauchte es die doppelte Sohlenbreite von rund 2 m und je 100 m^2 Gartenfläche (nach Seifert) 3–4 m Mietenlänge, außerdem einen Platz zum Arbeiten, Umsetzen und Aussieben. Ringsherum sollte eine dichte, immergrüne Hecke angelegt werden, denn frisch ausgeschüttete Abfälle sehen unschön aus, außerdem liegen Kompostmieten besser im Schatten.

Hinzu kommt, daß der alte Komposthaufen lange liegt, selbst wenn man nicht die 3–4 Jahre abwartet, bis die Masse nach mehrmaligem Umsetzen vererdet ist. In den ausgedehnten Liege-

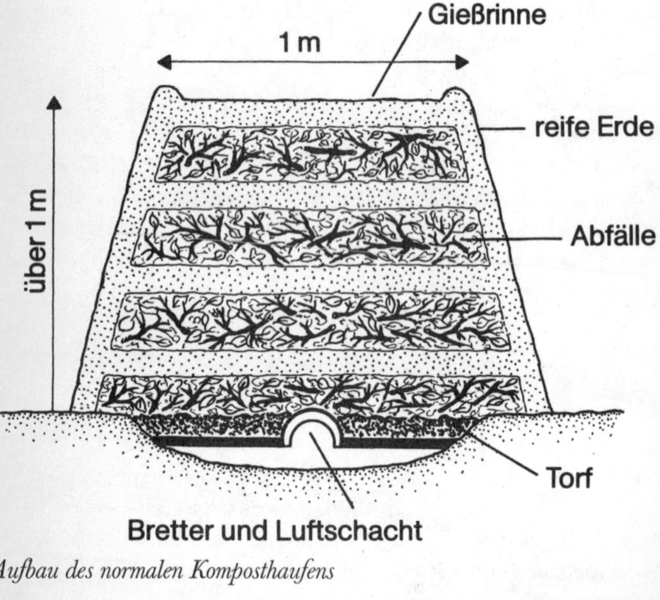

Aufbau des normalen Komposthaufens

zeiten sammelt sich eine Menge organisches Material an, das bei jedem Arbeitsgang enorm anstrengt. Ist der Kompost dann fertig, sind es gleichzeitig erhebliche Massen, die auf einmal gar nicht verbraucht werden können. Sie werden irgendwo abgelegt, ohne wirklich zu nützen, und verlieren dabei recht bald ihren eigentlichen Gartenwert.

Der Kompostsilo

Kompostsilos brauchen wenig mehr Platz als die Mülltonne. Sie stinken nicht, ziehen keine Fliegen, Ratten oder Mäuse an, weil diese durch die Metallwände ferngehalten werden. Sie können in Hausnähe aufgestellt werden, so daß die Hausfrau nicht weit zu laufen hat, wenn sie Frischabfälle gleich dort einfüllen will. Das spart den 2. Mülleimer in der Küche. Obwohl die Behälter klein

Kompostsilo mit Bretterwänden

sind, nehmen sie doch bis zu 3 m^3 Abfälle im Monat auf, weil die Seitenwandteile bis 1,5 m hochziehbar sind.
An einem sonnigen Stehplatz verläuft die Heißrotte derart rapide, daß schon nach wenigen Wochen die Seitenwände abgezogen werden können. Der Würfel Rohkompost steht frei, kann von jeder Seite aus mit der Schlaghacke heruntergezogen werden, wobei letzte Grobteile zerkleinert werden. Auf wenigen Quadratmetern liegt das angerottete Material unter einer Schwarzfolie. Nach 6–8 Wochen ist der Rohkompost verwertbar.
Neu auf dem Gartenmarkt ist ein Kompostsilo, das Sonnenwärme sammelt und im feuchtwarmen Luftpolster schon nach wenigen Wochen gut angerotteten Frischkompost entläßt.
Ein Stahlmantel von 80 × 80 cm Grundfläche und 73 cm Höhe, mit Schiebedeckel und Zentrumsbelüftung, wird durch einen Gittereinsatz von einer gelochten Luftröhre mit Sauerstoff versorgt, so daß die luftliebenden Rottebakterien ein ideales Arbeitsklima vorfinden. Dazu kommt die gesammelte Sonne unter dem Deckel, die ein feuchtwarmes Luftpolster um das gärende Material legt, in dem sich die Bodenbakterien ideal entwickeln und der Kompost fäulnis- und geruchsfrei reift.
Der Außenmantel schützt vor ausdörrenden Winden, vernässendem Regen und Sonne. So ist bereits nach wenigen Wochen ein biologisch einwandfreier Rohkompost entstanden, ohne die Masse einmal umzusetzen.
Welche Abfälle sind für diesen Zweck zu gebrauchen? Uneingeschränkt alle Küchen- und Gartenabfälle, Pappe und Papier (außer Kunstdruck), zerkleinerte Knochen und alles, was durch den Shredder gelaufen ist, sowie Kleintiermist, Stroh, Kartoffelkraut und dergleichen.
Nicht in den Kompostbehälter gehören Metall, Glas, Plastik und Fäkalien. Draußen bleiben müssen außerdem alle kranken Pflanzenteile, soweit sich die Schaderreger im Boden verbreiten könnten, wie Kohlhernie und welkekranke Gurken oder Tomaten. Das bedeutet aber nicht, daß krankes Herbstlaub nicht kompostiert werden dürfte. Hier ist die warme Rotte bis 80° C eine Art biologischer Pflanzenschutz. Das gilt auch für die Samen und Wurzeln von Unkräutern.

Wichtig ist, daß die einzelnen Bestandteile gründlich gemischt kompostiert werden. Rasenschnitt ist ein gutes Beispiel dafür. Für sich allein verrottet er überhaupt nicht, aber zwischen grobes Material gelegt, findet man nichts Besseres.
Auch hier gibt es eine Ausnahme, das Herbstlaub. Daraus läßt sich ein besonders wertvoller Kompost gewinnen, wenn es in Lagen von 20 cm aufgestapelt, gut angefeuchtet und mit jeweils 150 g Kalkstickstoff auf 1 m^2 bestreut wird. Darauf folgt eine Lage Torf und wieder Laub bis 150 cm Stapelhöhe. Innerhalb weniger Wochen entwickeln sich darunter stallmistähnliche Humusformen. Für Lauberde setzt man den Haufen im Frühjahr einmal um und wartet 2 Monate länger.
Nur wenn es für den Komposter zuviel wird, läßt man massenhaft auf einmal anfallendes Herbstlaub zwischen Gehölzen und Stauden als Winterschutz liegen.

Zerhacker

Dasselbe gilt für sperrige Abfälle, wie dicht lagernden Heckenschnitt von Nadelgehölzen und Winterschnittholz. Für diesen Zweck werden seit Jahren verbesserte Zerkleinerungsmaschinen angeboten, die einen zum Kompostieren idealen Rohstoff herstellen. Sie häckseln Zweige bis Daumenstärke, verholzte Staudentriebe bis zu Sonnenblumen- und Bärenklaustämmen, Spankörbe und Bananenkartons, gerodete Erdbeerpflanzen, und die übriggebliebenen alten Kartoffeln zu Mus. Nur den Rohkompost sollte man anschließend nicht noch einmal durchdrehen wollen, damit verstopft man das Schlagwerk hoffnungslos.
Solche Häckselmaschinen für den Kompost gibt es schon lange. Die alten Geräte waren jedoch zu teuer und reparaturanfällig, zu schwer und platzraubend. Ihre Leistung von etwa $^1/_4$ m^3 pro Stunde war zu gering und nur mit 2 Personen zu schaffen. Der Lärm war ungeheuerlich und die Schlagwerke bei Zweigen von mehr als 12 mm Durchmesser zu schnell verstopft.
Daran hat sich eine Menge geändert, heute gibt es Kraftpakete, mit Messer- und Schlagwerken, die selbst für den Profibetrieb auf Friedhöfen voll ausreichen. Sie sind zum Teil fahrbar wie eine Schubkarre, man kann also dort zerkleinern, wo der Abfall anfällt.

Es gibt Elektro-Typen mit robusten, langlebigen, durchzugsstarken 380-Volt-Motoren von 3 kW (= 4 PS) Leistung. Den Anschluß für 5polige Euro-Stecker mit Motorschutzschalter gegen Überlastung kann man nach draußen verlegen. Drehstrom mit 3 Phasen liegt in jedem Keller. Der Vier-Takt-Benziner hat eine Leistung von 3,5 kW bei 3600 Umdrehungen in der Minute, während die Elektrogeräte nur mit 2800 laufen.

Das zeigt, man sollte im Umgang mit dem Gerät Vorsicht walten lassen: feste Handschuhe und eine Schutzbrille tragen. Kinder dürfen nicht in die Nähe kommen, wenn das Gehackte herausgeschleudert wird, noch gar selbst damit arbeiten. Bevor eine Verstopfung kuriert wird, muß der Netzstecker aus dem Anschluß und beim Benziner am besten die Zündkerze raus. Mit der Arbeit darf nicht wieder begonnen werden, bevor Einfüll- und Auswurftrichter fest verschraubt sind.

Papier und Pappe sind in den letzten Jahren zum Problem im Hausmüll geworden. Eine Zeitlang wurde es gesammelt, aber inzwischen haben die Altpapierberge den Markt verstopft, und die Behörden haben ihre ohnehin immer überfüllten Papiersammelcontainer schleunigst wieder zurückgezogen. Doch Altpapier ist im Garten ein wertvoller Rohstoff, wenn er richtig kompostiert wird. Am besten verrotten die feinen Papiere aus der Küche, wie Servietten, Pergamentpapier, feines Packpapier von Lebensmitteln sowie Wellpappe. Zeitungspapier sollte man dagegen nur in dünnen Lagen endlagern.

Anfangs setzt man nicht mehr als 10–20 % Papier zu, später dürfen es bis 50 % werden. Diese Komposte sind salzfrei und von idealem pH-Wert zwischen 6,7 und 7,0. Wird das Papier vorher mehrere Tage in Wasser gelegt, kann es kompakt kompostiert werden. Nach 1, 2 Monaten ist die Masse so mürbe geworden, daß sie beim scheibenweisen Herunterziehen mit der Schlaghacke in kleine Schnipsel zerfällt, die zwischen dem übrigen Rohkompost binnen 4 Wochen spurlos verschwunden sind.

Zusätze

Papier und Pappe ist kalireich (0,5%), aber phosphatarm (0,1%) und stickstofffrei. Mikroben aber brauchen 1 Teil Stickstoff (N) auf 30 Teile Kohlenstoff (C), um daraus ihr körpereigenes Eiweiß aufzubauen. Diesen entnehmen die Rottebakterien aus der organischen Masse, bevor sie sich an ihre nutzbringende Arbeit machen. Das ist ohne weiteres möglich, wenn das Verhältnis von Kohlenstoff zu Stickstoff (das CN-Verhältnis) gut ist wie bei den normalen Gartenabfällen, wo auf 1 Teil N 7 Teile C kommen, bei Humus und Mistkompost 10, Rasenschnitt 12 und bei Küchenabfällen 23. Aber schon beim Laub mit einem CN-Wert von 50 muß Stickstoff zugefügt werden, wieviel mehr erst bei Papier, das ähnlich wie Stroh zusammengesetzt ist und einen CN-Wert von 125 hat. Der Zerfall geht nur zügig voran, wenn wir je 10 kg Abfall 1–1,5 kg Peru-Guano oder 0,5 kg NP-Dünger mit 20% Stickstoff (N) und Phosphoranteil (P) (daher NP-Dünger) zusetzen.

Zum Rottestart gibt es eine ganze Reihe von Fördermitteln auf dem Markt, die »biologisch aktiv« sind, also alle möglichen gedörrten Bodentierchen mitbringen. Sie brauchen nur die feuchte Wärme im rottenden Mulm, schon beleben sie sich und vermehren sich in aller Eile und zu großen Mengen. Dabei helfen alle möglichen Schnellstarter, Bio-Schnell-Komposter und Humofix.

Pflanzensäfte fördern die Humusbildung, so Ackerschachtelhalm, Baldrian, Beinwell und Brennessel, Hirtentäschel, Kamille und Löwenzahn. *Meeresalgen* bringen Spurenelemente, Wuchsstoffe und Alginsäuren. *Gesteinsmehle* versteifen den Aufbau stabiler Ton-Humus-Komplexe. *Knochenmehl, Blutmehl, Hornspäne* und *-mehl* führen langfristig wirksame Nährstoffe zu. Wenn man recht überlegt, braucht man zum selben Zweck nur eine Schaufel guten Altkompost über jeder dickeren Lage des neu angesetzten Kompostes. Das wirkt mindestens ebenso durchgreifend wie irgendein »Schnell-Komposter«, von dem 1 kg in jeweils 1 m³ untergebuttert werden soll.

Die Tonminerale *Illit* oder *Montmorillonit,* im Handel vereinfacht als *Bentonit* bezeichnet, machen den Humus dauerhafter, da die schichtweise gebauten, zerreibbaren Minerale im Wasser aufquellen. Sie halten eine gleichmäßige Feuchtigkeit fest, die für alle Bodenorga-

nismen Lebenselement ist. Neue Mineralerden bestehen aus 70% reinen *Zeolithen* (Silikatminerale), die zusammen mit anderen Mineralen *Balkanin* heißen. Sie sind feldspatähnlich, nadelförmig oder wie dünne Täfelchen, zwischen denen lange Haarröhrchen verlaufen. Sie füllen sich mit Wasser und Nährstoffen, so daß dem Boden wertvolle Salze erhalten bleiben.
Meeresalgen werden häufig zugesetzt, weil sie außer zahlreichen Spurenelementen auch Wuchsstoffe und Alginsäuren anbieten. Algenkalk in einer Menge von 4–6 kg auf 1 m^3 Kompost verbessert den pH-Wert. Im übrigen sollte im Komposter Kalk vorsichtig zugegeben werden, und wenn, dann als AZ-Kalk, der *Azotobacter* (stickstoffbindende Bakteriengattung) enthält.
Das ist ebenso der Fall in einem Bodenverbesserungsmittel auf Torfbasis. Florahum ist ein Gemenge stark und schwach zersetzter *Sphagnumtorfe* (Moostorf) mit besonders hohem Gehalt an organischer Substanz, angereichert mit Nährstoffen.
In der Kompostmiete war der Standardzusatz Kalk, um die entstehende Faulsäure zu binden. Im Silo fault nichts, da überflüssige Nässe abtropft. Der pH-Wert bleibt deshalb im gartengünstigen Bereich, ohne daß Kalk die natürliche Feuchte ablöscht. Wird dennoch Kalk gegeben, kann das die nützliche Bodenfauna stören, deren natürliches Milieu eher leicht säuerlich ist.
Kalkstickstoff dagegen hat eine reinigende Wirkung, weil bei der mehrstufigen Umsetzung in Kalk und Stickstoff eine kurze, keimtötende *Cyanamidphase* (Cyanide sind Salze der Blausäure, die auch im Pflanzenschutz Verwendung finden) durchlaufen wird. In dieser werden keimende Unkrautsamen ebenso abgetötet wie bestimmte Bodenschädlinge und Krankheitserreger. Bei den nützlichen *Springschwänzen* (Collembolen, artenreiche Ur-Insekten) hat sich dagegen nach einer solchen Kur eine deutlich verstärkte Population ergeben. Kalkstickstoff ist unverzichtbar, wo Kohlhernie aufgetreten ist, selbst wenn dies schon vor Jahren war. Die Dauersporen verseuchen den Boden lange.
Blut-, Horn- und Knochenmehldünger werden als hervorragende »Aktivierungsmittel« für die Kompostbereitung angepriesen. Sie zersetzen sich langsam, wobei durchaus beachtliche Mengen an Stickstoff frei werden, bei normalem Hornmehl bis 10%, in ge-

dämpftem Hornmehl sogar 13–14%, Horngrieß 13% und Hornspäne bis 14% garantierter Mindestgehalt. Knochenmehl kommt nur auf 1% Stickstoff, aber bis 30% Phosphorsäure. Wichtiger ist, daß sie sich um so langsamer zersetzen, je gröber die Teile sind. So haben die Bodenmikroben lange etwas zu verzehren und es tritt keine Überdüngungsgefahr auf.
Torf ist ein geradezu idealer Kompostierzusatz, um die zu feuchte Dichte von Gemüse- und Obstabfällen sowie Rasenschnitt aufzulockern und überflüssige Feuchtigkeit aufzusaugen. Der hohe Luftanteil sichert immer eine fäulnisfreie, luftige (aerobe) Rotte. Darüber hinaus bleiben die schwer verrottenden Fasern lange im Humus erhalten. Das ist in wissenschaftlichen Versuchsanordnungen seit Jahrzehnten nachgewiesen worden. Es gibt kein geeigneteres Bodenverbesserungsmittel als Torf im Kompost. Rindenhumus hat nicht annähernd so einmalige Wirkungen.

Regenwürmer

Die wirksamsten Kompostierhilfen sind Regenwürmer, da sie die frische, organische Masse ohne lange Rotte *humifizieren*. Als wahre Allesfresser ernähren sie sich von Küchen- und Gartenabfällen, Papier, Wellpappe, Kaffeesatz, Kleintiermist, Torf, Laub, Heu und Nadeln von Koniferen. Einen verwöhnten Magen haben sie also nicht. Aus den Abfällen machen sie einen Kot, der 5mal mehr pflanzenverfügbaren Stickstoff enthält als normale Gartenerde, 7mal soviel Phosphate, 11mal soviel Kali, jeweils in löslicher Form, 2mal soviel Magnesium sowie große Mengen einzelner Spurenelemente.
Mit enormer Muskelkraft, die das 50- bis 60fache seines Eigengewichts bewegt, frißt der Regenwurm sich durch alle verwesenden Abfälle und nimmt mineralische Bodenbestandteile auf. Im Kropf- und Kaumagen wird das ganze vom Ringmuskel kräftig geknetet und als stabile Bodenkrümel wieder ausgeschieden. In Versuchen haben regenwurmbesetzte Parzellen den 2fachen Ertrag von Vergleichsflächen erreicht, wenn eine jährliche Kotproduktion von 5–8 kg auf 1 m^2 erreicht wurde.
Diese fruchtbare Hinterlassenschaft hat schon Charles Darwin so beschäftigt, daß er den Regenwurm als das »wichtigste Thier auf

Erden« bezeichnet und ein Buch von 184 Seiten darüber geschrieben hat. Es ist 1983 vom März Verlag, Berlin und Schlechtenwegen, mit dem Titel »Die Bildung der Ackererde durch die Thätigkeit der Würmer« neu herausgebracht worden.
Man muß gar kein biologisch-dynamisch bewegter Alternativer sein, um sich solche Würmer in den Garten zu wünschen; denn mit der Düngemittellieferung ist ihre Tätigkeit noch längst nicht beendet. Sie lockern den Boden auf, und das nicht bloß einen Spatenstich tief, sondern bestimmte Arten wandern bis 2 m ins Erdreich hinab durch Sand und schieren Lehm als Pioniere für tiefreichendes Wurzelwerk. Dabei vermischen sie die mehr und weniger belebten Zonen und bilden dauerhaft verklebte Krümel.
Ein denkwürdiger Prozeß hat gezeigt, daß selbst Stadtverwaltungen den einheimischen Mistwurm als Müllschlucker in ihre Dienste gestellt haben. So hat die Stadt Köln von einer Rentnerkommune im Bergischen Land 1 Million Regenwürmer geborgt, um sie 8 Monate lang bei der Beseitigung der 10 Kubikmeter Sommer- und Herbstabfall des Kölner Volksgartens helfen zu lassen. Anschließend wollte das Gartenamt diese modernen Heinzelmännchen überall dort einsetzen, wo organischer Abfall aus den Grünanlagen bisher auf die Kippe gefahren werden mußte. Aber – als man die Dividende einer reichen Vermehrungsrate einstreichen wollte, war kein Schwanz mehr zu finden.
Inzwischen weiß man, daß keineswegs alle Mistwürmer *(Eisenia foetida)* in der freien Gartenerde ausgesetzt werden können. In der bekannten Kompostanlage Blaubeurens hat sich der amerikanische *Tennessee-Wiggler* unseren deutschstämmigen Eisenia-Arten als in vieler Hinsicht überlegen erwiesen. Dr. Spohn und F. Kneer haben ihn als überaus anpassungsfähig beurteilt, so daß man ihn zur Kompostierung tierischer Dünger ebenso einsetzen kann wie zur Vererdung rein pflanzlicher Abfälle. Und – er wandert erfreulicherweise nicht so leicht aus, sondern geht bei Futtermangel tiefer und lockert den Boden in unteren Schichten auf.
Aber nicht nur die Auswahl des richtigen Wunderwurms von einem seriösen Lieferanten sichert den Regenwurmbestand des Gartens, man muß sie auch artgerecht behandeln. Da in normalen Abfällen keine Regenwurmbrut enthalten ist, wird in den Kompo-

ster jeweils ein ausreichender Zuchtansatz zugegeben. Bei der Rotte darf es ihnen nicht zu warm werden, weil sie durch den Sickerrost nicht in den kühleren Untergrund abwandern können. Am wohlsten fühlen sie sich bei 12–16° C, ab 26° C gehen sie ein. Im Sommer heißt es also gut aufpassen, notfalls schattieren und so beschichten, daß die Rottetemperatur nicht in die roten Zahlen gerät.

Um Regenwürmer regelrecht zu züchten, nehmen wir jungen Kompost von 2–3 Monaten Rottezeit aus dem Silo und stapeln ihn schattig und kühl etwa 50 cm hoch. Unter einer lichtdurchlässigen Folie bleibt er schön feucht, notfalls wird nachgegossen. Als Lockstoffe werden Basalt-, Horn- und Blutmehl oder Baldrianblütenextrakt zugefügt, so daß der Komposthaufen schon nach wenigen Wochen von Regenwürmern wimmelt.

Erheblich besser wird die Vermehrungsrate, wenn Obstkisten mit Wellpappe ausgelegt und 5–10 cm hoch mit Zweimonatskompost aufgefüllt werden, der mit Regenwurmbrut geimpft ist. Darauf folgt eine Lage durchfeuchtete Wellpappe, wieder Kompost und Wellpappe im steten Wechsel. Sie werden im Schatten gestapelt und mit Folie abgedeckt, um die Verdunstung herabzusetzen.

Nach 4 Wochen können wir das 1. Mal ausleeren und die großen Regenwürmer herausnehmen. Die halbverrottete Wellpappe, an der die Würmer wie Trauben hängen, ist voll besetzt mit Regenwurmeiern. Sie wird zum Impfen der nächsten Kistengarnitur verwendet.

Als Aufzuchtbehälter für Regenwürmer sind Kompostsilos sicher vor Kröten, Maulwürfen, Wühlmäusen und Vögeln, die alle einen fetten Wurm zu schätzen wissen. Es braucht keine Dränage angelegt zu werden, wie unter Kisten, die auf dem Boden oder in einer Grube stehen. Wenn es zu stark regnet oder gegossen wurde, läuft das Wasser durch den Sickerrost ab.

Entnommen wird der Wurmkompost bei Regen oder gegen Abend und auf dem Land verteilt, ohne sofort unterzugraben. Das läßt den Regenwürmern Zeit, sich im Boden zu verkriechen. Obstbaumscheiben werden mit dem Kompost dick abgedeckt, ebenso die Beerenobstreihen, wo sie als Bodendecke liegenbleiben.

Soll der Kompost für eine Topfkultur regenwurmfrei sein, stellt man die Kästen in die Sonne, so daß der Besatz sich nach unten verkriecht. Oben kann die wurmfreie Erde entnommen werden. Sind dennoch Regenwürmer in Pflanzgefäßen störend geworden, stellt man diese für einige Stunden in Wasser. Das treibt sie heraus.

Ganz ohne Dünger wächst die Pflanze nicht

Kompost, Stallmist, Kleintier- und Geflügeldünger werden heute wieder verstärkt im Garten eingesetzt. In den Fachhandelregalen wimmelt es mittlerweile von natürlichen Düngemitteln, aus dem Meer die Algen und kohlensaurer Kalk, vom Feld die Wild- und Heilkräuter, teils gemischt als Blattdünger und Pflegemittel, Brennesselsaft, Ackerschachtelhalm, Kräuterjauche, Löwenzahn, alles das soll Wachstum und Gesundheit fördern, indem es auf Boden und Pflanze gespritzt wird. Ganz sicher ist das bei Abfällen wie Rizinusschrot mit 5–7 % Stickstoff, 2,5 % Phosphat und 1,5 % Kali. *Trester* (die ausgepreßten Reste von der Obstsaftbereitung) enthalten zwar weniger Nährstoffe, aber der Humusgehalt steigt und das brachte die besten Versuchsergebnisse neben halbverrottetem Schafmist und *Oscorna* (Mischdünger aus geschrotetem Horn). Schließlich sind die Horn- und Knochenmehle verschiedenster Körnung auch nichts anderes als Abfälle von der Knopf- und Kamm-Herstellung.

Der Gemüsegarten

Solange die Gemüsepflanzen jung sind, haben sie noch wenig Hunger. Dann aber steigt der Nährstoffbedarf rasch an und sinkt bei beginnender Reifezeit wieder ab. Wurzelgemüse braucht am meisten, solange der Rübenkörper gebildet wird, Kopfkohl, sobald er einen dicken Kopf bekommt und Fruchtgemüse, wenn die Früchte anfangen, sich zu entwickeln. Da die schnell löslichen, deshalb leicht aufnehmbaren Mineraldünger nur kurz durch den Wurzelbereich laufen, muß man alle Düngergaben zu Einzelkulturen so einrichten, daß sie jeweils zur Zeit des Hauptbedarfs vorhanden sind.

Phosphorsäure bewegt sich dagegen schwerfällig im Boden, so daß die volle Phosphatdüngung vor Beginn der Kultur gestreut werden kann. Kali ist etwas beweglicher. So hat in Versuchen eine Kopfdüngung mit Kali den Sellerie-Ertrag beträchtlich erhöht. Bei allen anderen Gemüsearten ist es besser, Kali und Phosphat zusammen als Grunddüngung vor Beginn der Kultur mit der Oberkrume zu vermischen. Dafür dienen die PK-Dünger ohne Stickstoff.

Beim Stickstoff ist es besser, die Gesamtdüngermenge in mehrere Gaben aufzuteilen in Grund- und Kopfdüngung (weil sie »auf den Kopf« der wachsenden Pflanzen gestreut wird). Wie das den Ertrag steigert, haben Versuche in Limburgerhof nachgewiesen: Dieselbe Menge Stickstoff brachte in 1 Gabe 216 Doppelzentner Sellerie pro Hektar, verteilt auf 3 Gaben 298 dz/ha. Die Kopfdüngung mit Stickstoff steigert nicht nur den Ertrag, sondern verbessert entscheidend die Qualität des Gemüses und verfrüht den Erntetermin, was besonders bei Frühkulturen sehr angenehm ist.

Allgemein wird deshalb empfohlen, allen länger auf dem Beet bleibenden Kulturen 3 Stickstoffgaben zuzuteilen, 1/3 vor der Aussaat oder Pflanzung, die beiden anderen Drittel im Abstand von 4 Wochen mit einsetzender Fruchtbildung und Hauptfruchtbildung. Gleichzeitig wird kräftig gewässert, damit die Nährstoffe schnell aufgenommen werden können.

Die Nährstoffmengen für Stickstoff schwanken stark, zwischen 40 g für 10 m^2 bei Kurzkulturen, während massenwüchsige Arten bis 300 g auf derselben Fläche brauchen.

Bei Phosphor und Kali sind die Mengenunterschiede nicht so groß: Kohlarten 100–120 g P und 240–350 g Kali, den meisten anderen genügen 60–80 g P und 120–200 g Kali.

Hier noch einige Stickstoffwerte (jeweils für 10 m^2), weil sie am wichtigsten für die ausgewogene Düngung sind: Kohlarten 150–250 g, ebenso Sellerie und Tomaten, nur 80–120 g bei Kohlrabi, Grünkohl, Porree, roten Rüben, Schwarzwurzeln, Möhren, Chinakohl, Endivien, Petersilie, Spinat; Bohnen und Kopfsalat vertragen nur 40–80 g und Erbsen 30–40 g.

Es ist gleichgültig, zu welcher Jahreszeit die Grunddünger Phosphorsäure und Kali ausgebracht werden. Anders beim Stickstoff, von dem 2/3 der Gesamtjahresgabe außerhalb der Wachstumszeit zu streuen sind, damit Fruchtfarbe und -qualität sowie der rechtzeitige Triebabschluß nicht beeinträchtigt werden. Volldünger im Hausgarten wird man deshalb entweder im späten Herbst oder in den Monaten Februar und März so verteilen, daß die gelösten Nährstoffe bei Triebbeginn im Wurzelbereich aufnehmbar sind. Das 3. Drittel gibt es als Termindüngung zwischen Ende Mai und Anfang Juni, damit die Blütenknospenanlagen für das nächste Jahr gefördert werden. Das ist wichtig, wenn der Fruchtansatz eine reiche Ernte verspricht und die Sorten ihrer Veranlagung nach zum wechselnden, »alternierenden« Tragen neigen. Wenn alle Kräfte in die heranwachsenden Früchtchen gesteckt werden, ist natürlich nichts für die nächste Generation übrig.

Am wichtigsten ist jedoch die jeweils richtige Menge für jede Obstart. Birnen brauchen mehr Stickstoff als Äpfel, bei diesen richtet es sich nach Bodenart, Tragbarkeit und Unterlage. Schwachwachsende Unterlagen verlangen weitaus höhere Mengen als beispielsweise ein Sämling oder Typ XI (bestimmte Unterlage aus East Malling). Schattenmorellen brauchen weniger Stickstoff, wenn sie kräftig ausgelichtet werden; das regt den Neutrieb genug an. Eine Junganlage hat geringere Nährstoffwünsche als volltragende. Bei Äpfeln auf Sämling setzt der Vollertrag mit 10 Jahren ein, für eine 3jährige Anlage rechnet man 30 %, für eine 8jährige 80 % der vollen Düngergabe. Große Bäume brauchen mehr als kleine.

So viele und große Unterschiede können hier nicht ausgerechnet werden, deshalb gibt es nur Faustzahlen mit mittleren Werten. Auf 100 m² stehen etwa 1 oder 2 Hochstämme, 4 Buschbäume, 10 Spindelbüsche oder 25 Beerensträucher.

Unter normalen Verhältnissen bekommen sie als Jahresgabe (in Grasland 1/4 mehr): Äpfel 5,6 kg eines 14 %igen Volldüngers*,

* Um 1 kg Rein-Stickstoff zu geben, braucht man 7 kg eines 14 % enthaltenden Volldüngers, 8 kg bei 12 %, 10 kg bei 10 %, 12 kg bei 8 %.

Birne 7 kg, Süßkirsche 4,9 kg, Sauerkirsche und Pfirsich 8,4 kg, Pflaume 7 kg, rote Johannisbeere 5,6 kg, schwarze Johannisbeere 7,7 kg (Termindüngung im Herbst), Stachel- und Himbeere 5,6 kg, Brombeere und Erdbeere 7 kg.

Im Wechsel zu einfachen Volldüngern sollte man jedes 2. Jahr einen mit Spurennährstoffen angereicherten Dünger einsetzen, weil sich im Obstbau durch ständigen Entzug über lange Zeiträume am ehesten Mangelerscheinungen bemerkbar machen. Die Düngemittel werden über den ganzen Standraum verteilt, da die Wurzelkrone den Umfang der Laubkrone weit überragt.

In winzigen Mengen sind Eisen, Kupfer, Zink, Mangan, Magnesium und Bor für Obstgehölze von größter Bedeutung. Sie sind wirksamer als die Hauptnährstoffe; denn ein bißchen zu wenig, aber auch ein bißchen zuviel läßt die Pflanzen kränkeln. Diese Elemente steuern die wichtigsten Stoffwechsel- und Wachstumsvorgänge.

Eisenmangel erkennt man an gestauchtem Wuchs, die Triebe sterben zurück, so daß die Bäume in schweren Fällen gelb aussehen. Junge Blätter an den Enden der Triebe werden zuerst gelb, während die Adern grün bleiben. Abhilfe schaffen Eisenchelate, die gespritzt werden, um akuten Mangel zu beheben. Grasmulch hilft langfristig.

Birnen leiden stark unter *Kupfermangel,* der die Blätter an den Triebspitzen ab Juni deformiert und absterben läßt. Spritzungen mit Kupferkalkbrühe reichen in leichten Fällen, sonst muß Kupfersulfat gedüngt werden.

Zinkmangel schwächt den Trieb und bildet Rosetten (dichter Zweigquirl), vor allem auf der Sonnenseite der Bäume, an den Spitzen langer Äste aus dem vorigen Jahr. Spritzungen nach der Blüte mit 5% Zinksulfat oder 1% Zinksulfat mit 0,5% Kalk helfen dem häufig sehr rasch auftretenden Mangel ab, Düngung ist dagegen gewöhnlich unwirksam.

Manganmangel tritt bei hohen pH-Werten zwischen 6,5 und 8,0 auf mit kleinen, unregelmäßigen, grünlichgelben Verfärbungen auf älteren Blättern, während die Spitzenblätter meist grün bleiben. Auf Schattenblättern sind die Flecken dichter und können zusammenfließen. Spritzungen mit 0,2- bis 0,5%igem Mangansulfat nach der Blüte helfen auf schweren Böden, während Mangandünger nur auf leichten Böden wirken.

Magnesiummangel entsteht häufiger auf leichten Böden bei nassem Wetter. Typisch dafür ist, daß die Basisblätter langer Triebe in der 2. Sommerhälfte abfallen, zwischen den Blattadern sterben einzelne Stellen ab. Die Früchte bleiben klein und reifen nicht richtig aus. Im Notfall hilft eine Blattspritzung von 2 % Magnesiumsulfat nach der Blüte.

Im Garten hilft ein Volldünger mit Zusätzen von Spurenelementen im regelmäßigen Wechsel mit normalem Volldünger, den Mangelschäden vorzubeugen. Akute Mangelzustände müssen mit Blattspritzungen behoben werden, weil die Aufnahme über die Wurzeln oft vom Bodenzustand blockiert wird. Die Bäume nehmen die Nährstoffe bis zu einem gewissen Grad über das Blatt und Holz auf. Für das kahle Holz braucht man allerdings höhere Konzentrationen.

Fast alle wichtigen Spurenelemente werden im Boden festgehalten, wenn die Reaktion des Bodenwassers zu sauer wird. So kommt es, daß die Pflanzen unter Mangel leiden, obwohl den Wurzeln genügend Nährstoffe zur Verfügung stehen.

Der Ziergarten

Gartenbesitzer, die ihren Rasen lieben, düngen ihn nicht mit schnell löslichen Einzelnährstoffen. Selbst alte Rasenhasen streuen nicht wie der Landmann mit ausholender Gebärde das Düngerkorn übers Land.

Deshalb wurden die modernen Vorratsdünger in speziellen Mischungen für den Rasen entwickelt. Der Stickstoff ist entweder in Plastikhüllen dosiert, die sich bei Feuchtigkeit vollsaugen und platzen, oder organisch gebunden wie im *Floranid* mit 28 % Stickstoff, 1/10 davon in schnell verfügbarer Form (Nitrat), der Rest in Kunststoff, der mild und lange wirkt.

Die Nährstoffe werden vom Wetter gesteuert; je wärmer und feuchter es ist, um so reichlicher fließen sie. Man braucht nur einmal im Frühjahr 8–12 kg auf 100 m^2 ausstreuen. Damit die Fläche bis in den Herbst grün bleibt, legt man nach dem Urlaub noch einmal 5 kg nach.

Floranid ist ein echter Volldünger, der neben dem Stickstoff 10 % chlorfreies Kali, 5 % Phosphor, 1 % Magnesium und die Spurenelemente Mangan, Kupfer und Zink enthält. Dieser vielen Vorteile wegen wendet man ihn nicht nur auf dem Rasen, sondern auch bei den meisten anderen Zierpflanzen an. Selbst für die Topfkultur ist er geeignet, und zwar mit 10–15 kg bei Stauden und Rosen, 5–8 kg bei Einjahrsblumen, 5–8 g in jeden Liter Substrat für Blumenkästen, 1,5–6 g in Töpfe, je nach Wüchsigkeit der Blumen.
Die mineralischen Volldünger für den Ziergarten sind von vielen Herstellern spezialisiert worden, so gibt es neben dem Mischdünger für Blumen und Ziergewächse einen nur für Rosen, einen für Rhododendren, andere Erikazeen und immergrüne Gehölze. Ein Tannendünger ist selbstverständlich auch für Fichten und andere Koniferen verträglich (und wer seine Möhren damit düngt, bekommt dennoch keinen Fichtennadelduft auf den Teller).
Für die Kübelpflanzen gibt es Spezialdünger, die dauerwirksam sind und vor dem Pflanzen unter die Erde gemischt werden. Ein flüssiger Blatt- und Bodendünger schien unentbehrlich, da sich die meisten Volldünger nicht rückstandsfrei auflösen. Es gibt Blumenzwiebeldünger und Herbstdünger für den Rasen.
Was hat es damit auf sich? Ausgenommen Moorbeetpflanzen, ist es eine Frage der Dosis und dem Verhältnis der Nährstoffe zueinander. Blühdünger führen weniger Stickstoff, mehr Phosphor und Kali, bei Blattdünger ist dies umgekehrt. Das ließe sich auch abstufen, indem die Menge an Stickstoff mit der Briefwaage fein dosiert wird. Praktisch jedoch führen solche Versuche immer wieder zu Mißerfolgen, die Spezialdünger für Einzelkulturen haben längst bewiesen, daß sie praxisnah und narrensicher, mithin eine Arbeitshilfe im Ziergarten sind. Rhododendren, Azaleen und andere im sauren Boden wachsende Gehölze brauchen etwa 4,5 pH und sind deshalb auf säurebildenden Spezialdünger angewiesen, noch besser den Spezialtorf *Rhodohum* als Pflanzlochbeigabe und alljährliche Bodendecke im Wurzelbereich.

Handelsdünger

Dünger im Sinne des Gesetzes sind Stoffe, die den Pflanzen zugeführt werden, damit sie besser wachsen und fruchten, ausgenommen Wasser und andere Hilfsstoffe, die den Boden verbessern. Seit 1918 ist der Handel mit Düngemitteln säuberlich geordnet, so daß heute nur noch solche verkauft werden dürfen, die einem zugelassenen Typ entsprechen. Vorher muß nachgewiesen sein, daß sie unbedenklich und wirksam sind.

Die großen Gruppen beginnen mit den mineralischen *Einzelnährstoffdüngern,* also Stickstoff, Phosphor, Kali, Kalk und Magnesium in insgesamt 72 Typen je nach Herstellung und Zusammensetzung.

Im Garten sind heute die *Mehrnährstoffdünger* oder *Volldünger* häufiger, in denen entweder Stickstoff mit mehreren oder jeweils einem anderen Hauptnährstoff gemeinsam enthalten ist oder nur Phosphat und Kali. Davon gibt es insgesamt 15 Typen, noch 2 weniger bei den organischen und organisch-mineralischen Düngemitteln. Das sind die aufbereiteten und vermengten tierischen oder pflanzlichen Restprodukte, also Blutmehl, Hornmehl, -grieß, -späne, Guano aus Fischabfällen oder dem Kot von Seevögeln. Damit in einer Gruppe stehen die Mischdünger aus Siedlungsabfällen, Torf, Schlempe (alkoholfreier Rückstand bei der Branntweinherstellung) und der Zugabe eines synthetisch hergestellten Harnstoffs. Dieselbe Menge Typen führt unterschiedliche Zugaben von Spurennährstoffen, wie Bor, Eisen, Kupfer, Mangan, Molybdän und Zink, sie sind in weicherdigem Rohphosphat, Kupferschlacke, Thomasmehl, Hüttenkalk und kohlensaurem Kalk aus Meeresalgen enthalten. Die Mini-Mengen sind nicht immer einheitlich, so daß man gut daran tut, in der praktischen Anwendung den Düngertyp regelmäßig zu wechseln.

Als Bodenimpfmittel sind 2 Arten von Bakterienzellen zugelassen, für Schmetterlingsblütler die *Knöllchenbakterien,* für alle anderen die *Azotobacter,* jeweils mit 1 Million wirksamen Keimen pro Gramm. Beide sind Stickstoffsammler, die den Boden fruchtbar machen. Kultursubstrate (lockeres, steriles Pflanzenmaterial), sind keine Düngemittel, selbst wenn ihnen Nährstoffe zugesetzt sind, ebensowenig die Nährlösungen für die Hydrokultur.

Ausgenommen von der gesetzlichen Regelung für Düngemittel sind die biologischen Stimulantien wie Brennesselsud sowie alle Stoffe, die auf dem Kompost helfen, organische Abfallstoffe zu verrotten. Auf zugesicherte Werteigenschaften kann man sich aber nur verlassen, soweit sie vom neuen in ganz Europa einheitlichen Düngemittelrecht erfaßt sind.

Wer zu viel gräbt, fällt selbst hinein

Müssen wir tatsächlich immer wieder umgraben, bevor das Land bestellt wird? Im Herbst soll der Boden mit Spaten oder Grabegabel gelockert, gemischt und gewendet, von Unkrautwurzeln, Steinen, größeren Bodenschädlingen und dergleichen befreit werden. Im nächsten Frühjahr werden die groben, vom Frost gelockerten Schollen glattgeharkt.

Nur wo der Boden feucht ist, sollte im Frühjahr gegraben werden, in Extremfällen sogar ein 2. Mal, damit sich die überflüssige Winterfeuchtigkeit verzieht. Zwischen den Folge- und Nebenkulturen wird oberflächlich gehackt.

Die rein mechanische Bodenlockerung ist ein flüchtiger Zustand. Das Porenvolumen im eigentlichen Sinne vergrößert sich dadurch nicht, auch wenn die Schollen zunächst etwas loser aufeinanderliegen. Das dauernde Graben führt dazu, daß der krümelbildende Humus schneller mineralisiert wird, wodurch sich der Boden um so schneller wieder verdichtet.

Im Garten kommt hinzu, daß kaum offener Boden daliegt, den man in einem Stück graben könnte. Viele Gehölze wurzeln so flach, daß eine Bodenbearbeitung die Wurzeln stört. Die für Wasser und Nährstoffe aufnahmefähigen Saugwurzeln liegen dicht unter der Erdoberfläche. Zwischen Obstgehölzen, Ziersträuchern und in der Staudenrabatte wird deshalb nicht gegraben.

Dazu hat man Versuche gemacht, bei denen über viele Jahre hinweg gepflügte und nicht gepflügte Kulturen verglichen wurden. Das nicht gepflügte Land brachte in keinem Fall schlechtere Ernten.

Die offenen Flächen gräbt man 1mal im Herbst und immer nur

dann, wenn der Boden nicht zu naß ist. Wer nach langem Herbstregen auf das Grabeland geht, kann die Bodengare für das nächste Jahr kaputtmachen. Gräbt man immer nur einen Spatenstich tief, bildet sich darunter im Laufe der Zeit eine feste Sohle, die für tiefgehende Wurzeln undurchdringlich wird. Besser ist es, abwechselnd mal tiefer, mal flacher zu graben.

Gegraben wird auch auf kleinen Flächen immer in geraden Reihen, Stich neben Stich. Die 1. Reihe sticht man ab und wirft die Schollen weit über das Land. Die Schollen der 1. Furche, nicht zu dick abgestochen, legt man umgewendet sauber nebeneinander etwas erhöht ab. Eine sichtbare Furche erleichtert die saubere Arbeit. Mit unterschiedlich schrägem Abstich erreicht man die jeweils gewünschte Furchentiefe.

Wo sich eine Grabensohle gebildet hat oder um noch tiefer zu kommen als die mittleren 25 cm, lockert man den Boden unterhalb der Furche mit einem der anschließend vorgestellten Lockerungsgeräte. Dies ist eine milde Form des Holländerns (s. S. 25 f.).

Erntereste, Gründüngungspflanzen, Stallmist, Rohkompost und andere humusbildende Stoffe werden, ebenso wie schwer im Boden bewegliche Düngemittel (z. B. Thomasphosphat) sowie die Kalkgabe, vor dem Graben ausgestreut, damit sie sich gleichmäßig in der ganzen Oberkrume verteilen.

Was untergegraben werden soll, darf keinesfalls auf die Sohle getrampelt und zu tief unten begraben werden. Lieber soll das Land etwas unordentlich aussehen, so daß hier und da etwas herausguckt.

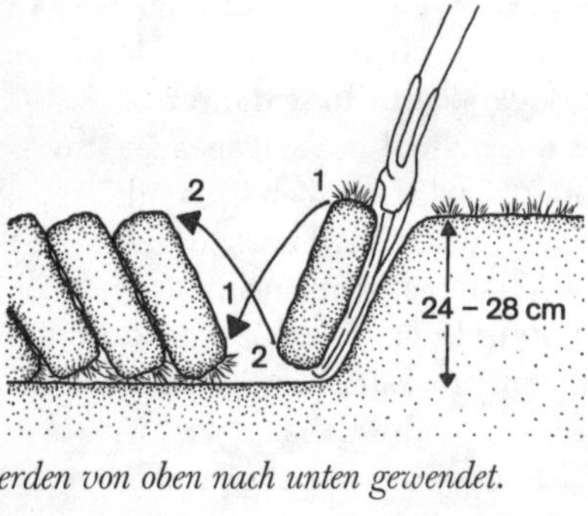

Die Schollen werden von oben nach unten gewendet.

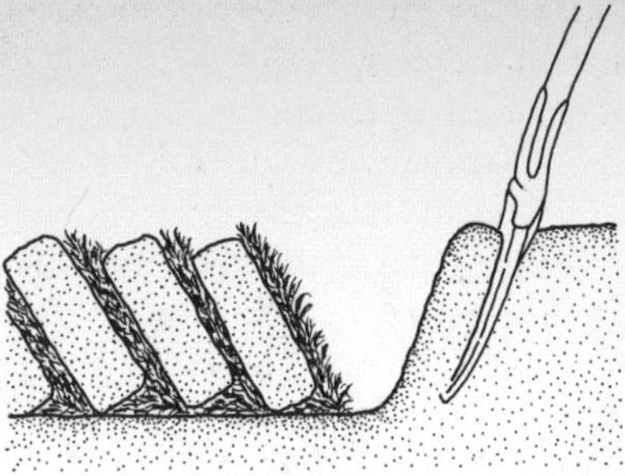

Richtig

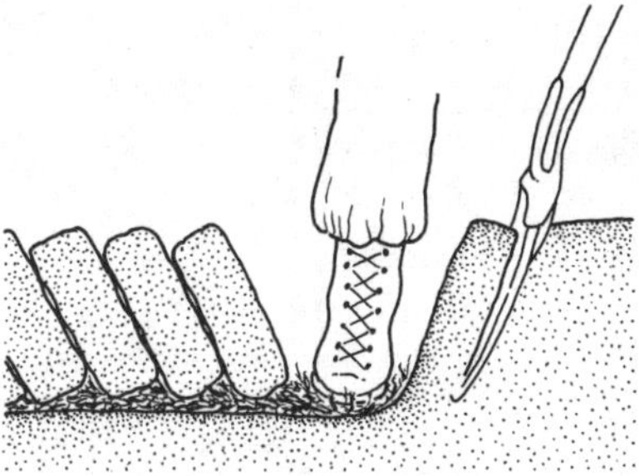

Falsch – der Mist darf nicht in die Furche getreten werden.

Die Schollen bleiben über Winter grob liegen, damit sie durchfrieren und vom Frost gelockert (gegart) werden. Die so entstehende Gare macht den Boden für die Frühjahrsbestellung richtig mürbe.

Geräte zur Bodenpflege

Gegraben wird mit dem *Normspaten* von 2 kg Gewicht. Der Spaten muß deshalb aus bestem Stahl gefertigt sein und ohne zu wackeln an einem Stiel sitzen, der nicht fasert und sich bei Feuchtigkeit nicht verzieht. Der Abknickwinkel zwischen Stiel und Blatt ist genau berechnet und darf sich während der Arbeit nicht verändern.

Ein idealer Spaten ist *doppelkonisch,* das heißt, er verjüngt sich von beiden Seiten nach unten. Das spart viel Kraft beim Einstechen. Außerdem haben solche Spaten einen massiven Düllenhals, das

Blatt ist auf Vorder- wie Hinterseite vollständig glatt, so daß sich keine Erde festsetzen kann. Der Übergang zum Blatt ist überdies verstärkt und demzufolge bei vernünftiger Handhabung praktisch unzerbrechlich und nicht zu verbiegen. Solch ein Grabegerät schärft sich bei der Arbeit selbst, bleibt glatt und weist selbst nassen Boden ab. Anhaftende Erde macht sonst das Graben zur Schwerarbeit.

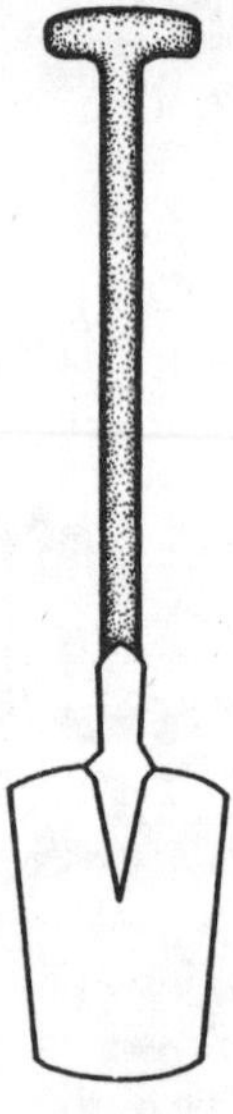

Der ideale Spaten

Für Frauenhände ist ein *Brittaspaten* geeignet. Er unterscheidet sich vom Idealspaten nur im Gewicht. In allen Fällen wird man den T-Griff bevorzugen, die Länge des Stiels wählt man nach der Körpergröße aus. Wer ganz besonders anspruchsvoll ist, kann auch einen Spaten aus Nirostastahl bekommen. Die sind zwar rund 3mal so teuer wie ein guter Qualitätsspaten, rosten aber nicht. Das kann man billiger auch dadurch verhindern, wenn der Spaten nach jeder Benutzung und vor dem Winter gründlich gereinigt und mit einem Öllappen abgerieben wird. Eine kleine Mühe, die Geld spart und die Arbeit erleichtert.
Es sind speziell für den Garten Sonderformen von Grabegeräten

entwickelt worden, halb Spaten, halb Gabel, die man einstechen kann, ohne allzu viele Wurzeln abzustechen. Die Spatengabel hat unten Zinken und im oberen Drittel ein Blatt, so daß die Schollen nicht so leicht zerfallen wie auf der Grabegabel (siehe Titelbild). Sie dringt mit ihren 4 Zinken mühelos in schwierige Böden ein, holt Steine, Unkrautwurzeln und andere Fremdkörper aus dem Boden. Beim Umpflanzen läßt sie den Wurzelballen unversehrter als der Spaten. Der Stiel ist länger als die üblichen 82 cm, weil man sie im Herbst auch zum Aufgabeln verwenden möchte. Wie an allen Grabegeräten ist der T-Griff weniger strapaziös als ein D- oder gar ein Knopf-Griff.

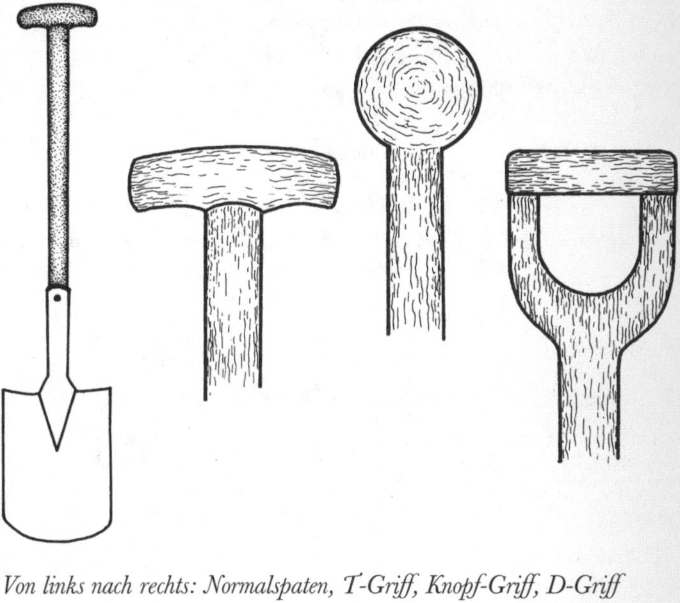

Von links nach rechts: Normalspaten, T-Griff, Knopf-Griff, D-Griff

Mit der Harke wird die grobe Scholle geglättet und alles aus der Erde herausgeholt, was auf dem Pflanzbeet oder Saatbeet stört. Sie ist Krümel- und Reinigungsgerät in einem. Mit 60–100 cm Arbeitsbreite und 2 m Stiellänge ist raumgreifendes Arbeiten möglich. Auf die schweren Eisenrechen sind neue elastische Kunststoffgeräte gefolgt, die sich zum Teil mit Federstahl- oder Kunststoffzinken verstellen lassen und Kleinrechen bis hinunter zu 12 cm Arbeitsbreite und einem Holzstiel bis 1 m Länge.

Gegraben und geharkt, verdichtet sich die Krume schnell, besonders nach starken, lange anhaltenden Regenfällen. Zugleich sprießt das Unkraut. Gegen beides hilft ein dicht besetztes Sortiment von Lockerungsgeräten, die der Gärtner *Kultivatoren* nennt. Es sind hakenförmige Gebilde mit Gänsefußscharen oder Zwergpflugscharen, einzeln oder im verstellbaren Mehrfachverband, der sich jeweils der Reihenentfernung im Gemüsebeet anpassen läßt. Feststehende, scharfe sogenannte *Grubber* wie der Sauzahn reißen schwere Böden ohne Umbruch nach einer Vorkultur auf.

Zu diesen steinzeitlichen Aufreißgeräten gesellen sich zahlreiche Krümler und Lüfter mit geschliffenen Pendelmessern, die in einem Arbeitsgang gekörnten Dünger, losen Torf oder Samenkörner in Breitsaat untermischen, und beiläufig wird gejätet.

Die Grubber lockern mit spitzen Zinken wurzelschonend harte, steinreiche Böden; *Krümmer* mit Lanzenzinken gehen leicht durch mittelschwere Böden.

Mit kurzem Stiel kommen hinzu die *Hand-, Klein-* und *Kleinjätegrubber, Krallen* und *Kleinkremmer, Hacken* und Häckchen, einfache und Doppelhacken mit breitem oder spitzem Blatt, 2 oder 3 Zinken, 7 oder 8 cm Arbeitsbreite, grün-rot lackiert oder versilbert, oder rostfrei galvanisiert.

Nicht genug damit: *Pendelhacken* wurden weiter entwickelt zu *Pendeljätern,* beidseits angeschärft, oder zu Fräsen mit Zahnradansätzen, die das Gehackte nebenher zerkrümeln. Der einfache *Bügeljäter* zum Ziehen, nicht zum Schuffeln, hat dennoch auswechselbare, rostfreie Edelstahlmesser mit Arbeitsbreiten zwischen 12 und 17 cm. Schuffeln dagegen sind allseitig scharf geschliffen zum Stoßen und Ziehen in Breiten von 12–20 cm. Universal ist die Anwendungsbreite eines 3 cm schmalen Jäters, den man verwenden kann zum Jäten, Säubern, Lockern, Lüften wie zum Ausheben von Pflanzlöchern; es fehlt nur noch, daß der Griff die Hitparade hören läßt.

Nichts gegen kultivierte Hackgeräte; denn Hacken ist besser als Gießen. Regenwasser sickert in gelockerten Boden leichter ein

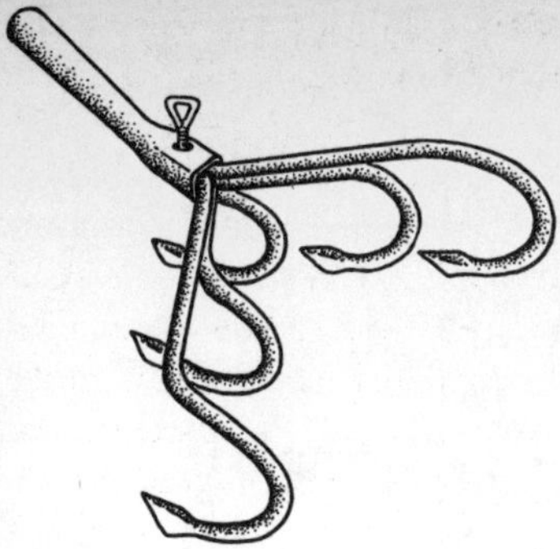

Grubber mit Jätemesser

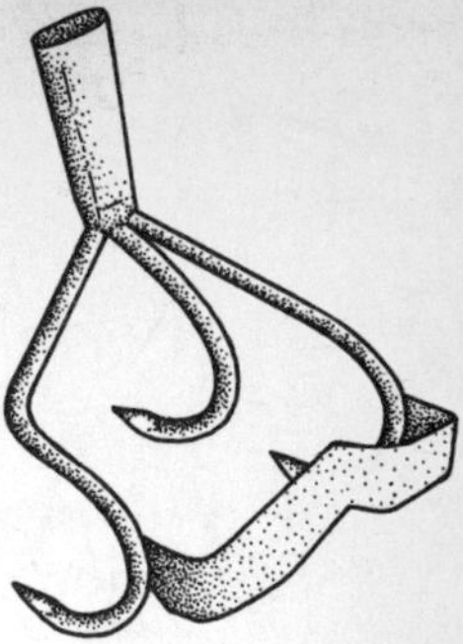

Kultivator

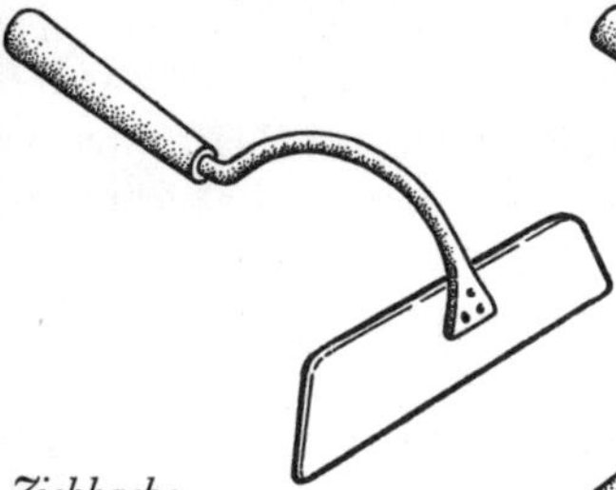

Ziehhacke

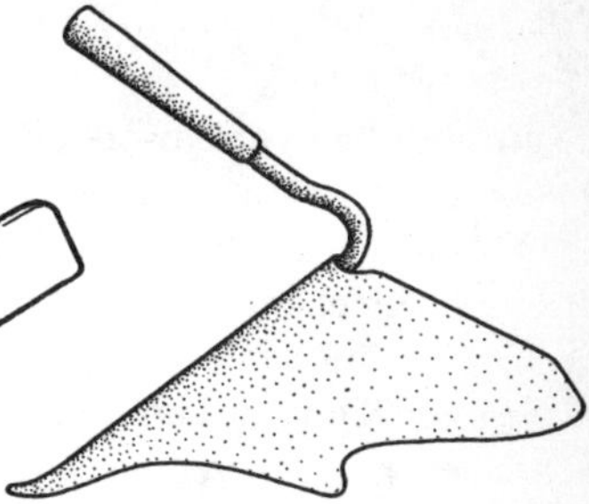

Häufler

Unkrautstecher

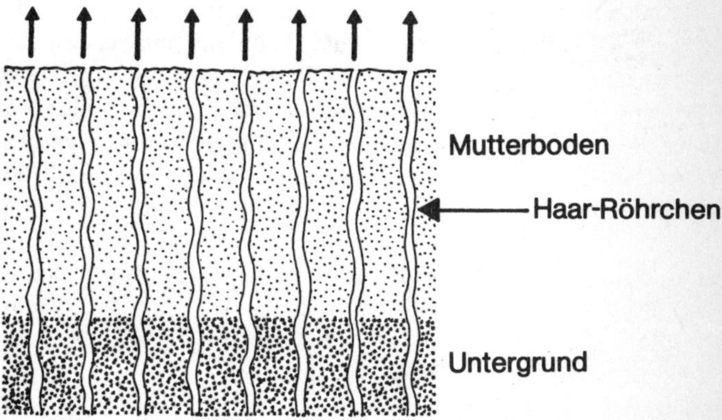

Aus dem ungehackten Boden verdunstet das Wasser ungehindert.

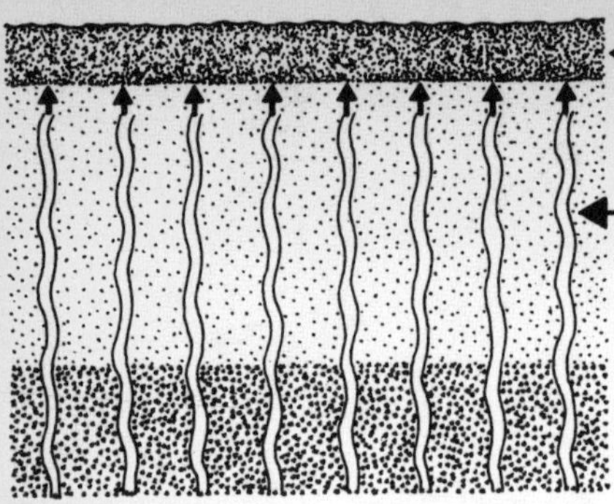

Wenn der Boden gehackt wurde, verringert sich die oberflächliche Verdunstung des Bodens.

und die Verdunstung ist erschwert. Sind die feinen Haarröhrchen zwischen den Bodenkrümeln unterbrochen, saugen sie nicht fortgesetzt Tiefenwasser an die Oberfläche, wo es verdampft. Die lockeren Grobkrümel auf der Oberfläche wirken ähnlich wie die Bodendecke beschattend.

In einem weiteren Sinn gehören zur Bodenpflege auch die *Distelstecher* zum Ausheben tiefwurzelnder Unkräuter und der *Unkrautkuli* mit dünn und scharf geschliffener Wellenschneide aus Stahl mit Seitenschutz, der die Pflanzen ringsherum schont. Der robuste Unkrautstecher mit durchgehendem Metallgriff und Hohlschneide ist mehr ein Pflanzgerät; denn man kann mit ihm ebensogut einpflanzen.

Nur zum Pflanzen dienen die zahlreichen Kleingeräte in den phantasievollen Varianten bis hin zum Gartenzwergformat, um die Erde im Blumentopf, Steingarten und Trogbeet umzugraben.

Gemüse und Obst

Eigenes Obst und Gemüse – lohnt das wirklich? Diese Frage wird heute wieder klipp und klar mit Ja beantwortet, besonders natürlich bei Feingemüse, frischen Salaten, Küchen- und Heilkräutern sowie arbeitsintensiven Kleinkulturen, die wegen der hohen Lohnkosten vom Markt verschwunden sind. So sagt das Bundessortenamt: »Pflück- und Schnittsalat haben für den Erwerbsanbau keine Bedeutung mehr« und »wegen der arbeitsaufwendigen Ernte ist der Anbau von Schwarzwurzeln so minimal geworden, daß er in der Statistik nicht mehr ausgewiesen wird.«

Beerenobstarten wie Himbeeren waren so problematisch, daß im privaten Garten bis 80% des inländischen Gesamtverbrauchs herangewachsen ist. Ähnlich bei Brombeeren aus anderen Gründen. Erdbeeren sind Jahrzehnte so auf Schau gezüchtet worden, daß selbst Prof. von Sengbusch, der große Erdbeerzüchter sagte, »schmecken tun sie nicht mehr«. Im eigenen Garten hat man die letzte Chance, Obst und Gemüse aromatisch und knackfrisch unmittelbar vor der Zubereitung zu holen.

Werden die Kulturen richtig geplant, so daß die täglich anfallende Erntemenge in der Küche verwertet werden kann, ohne daß konserviert und gelagert werden muß, lohnt sich die Sache erst richtig. Dazu gehört: Je nach Standort und Wetterlage müssen die richtigen Arten und Sorten ausgewählt werden, zum richtigen Zeitpunkt in der passenden Menge gesät oder gepflanzt und mit

minimalem Aufwand an Dünge- und Pflanzenschutzmitteln aus organischer Herkunft gepflegt werden.
Einige Faustzahlen helfen bei der Planung: Kinder sollen täglich 100 g Obst und ebensoviel Gemüse essen, Jugendliche und Erwachsene die doppelte Menge. Dabei berechnet man für 100 g geputztes Gemüse 125 g ungeputztes, bei Obst im Schnitt sogar 160 g. Hinzu kommen Lagerverluste von 10%. Das gibt im Laufe eines Jahres insgesamt 110 kg Rohware pro Person, bei Obst zuzüglich 20 kg Zitrusfrüchte, so daß man mit 2 Zentnern auskommt. Davon werden 3/4 frisch oder als Kompott und 1/4 als Gelee oder Marmelade verzehrt. An Obstsäften rechnet man zur Gesundheit 125 g.
Der Jahresbedarf für Gemüse pro Person beträgt:
12 kg Möhren, 8 kg Kopfsalat, 7,3 kg Zwiebeln, 7 kg Bohnen, 6 kg Erbsen, 5,5 kg Spinat, 4,7 kg Grünkohl, 4,2 kg Blumenkohl, 3,6 kg Kohlrabi, 3,2 kg Gurken, 2,6 kg Wirsing und Feldsalat, 2,4 kg Tomaten, 2,3 kg rote Bete, 2 kg Rosenkohl, 1,7 kg Endivien, 1,5 kg Radieschen und Rettiche, 1,3 kg dicke Bohnen.
Beim Obst weichen die Zahlen nicht so weit ab. Zu einem Jahresverbrauch von 63 kg Kern- und 23 kg Steinobst kommen rund 25 kg Beerenobst, davon 6 kg Erdbeeren. Rhabarber wird hier traditionsgemäß zugezählt mit 7,3 kg Rohware, obwohl er natürlich keine Obstart ist, sondern ein Stielgemüse.
Die Kilo müssen nun in Quadratmeter umgerechnet werden, die in der Mischkultur doppelt und 3fach genutzt werden. Für eine erwachsene Person brauchen wir demnach rund 55 m^2 Gemüseanbaufläche und 32 m^2 Beerenobst und Rhabarber. Baumobst erscheint in dieser Rechnung nicht, weil es entweder über anderen Kulturen steht oder als Spalier an der Wand oder auf dem Rasen, im Ziergarten. Für die vierköpfige Familie nimmt man den Bedarf an mit 5 m^2 Äpfeln, 3 m^2 Birnen, 2 m^2 Pflaumen, 2 m^2 Sauerkirschen, 1 m^2 Quitte.
Planung sind Zahlen: Nach den mittleren Erträgen ergeben sich für einige Hauptgemüsearten folgende Anbauflächen pro Person: 12 m^2 Möhren, 4 m^2 Kopfsalat, 2 m^2 Steckzwiebeln, 7 m^2 Buschbohnen, 6 m^2 Erbsen, 2,7 m^2 Spinat, 2,4 m^2 Grünkohl, 2,5 m^2 Rosenkohl, 1,8 m^2 Kohlrabi und Feldsalat, 1,4 m^2 Blumenkohl,

1,3 m² Gurken, 1 m² Tomaten, 1 m² Radieschen, 1 m² Rettiche, 1 m² dicke Bohnen, 1 m² Endivien, 0,7 m² rote Rüben und 0,5 m² früher Wirsing.

Vor- und Nachkultur

Auf den schmalen Gemüsebeeten des modernen Wohngartens ist die alte Dreifelderwirtschaft von der Mischkultur mit gezielter Fruchtfolge abgelöst worden. Es geht heute nicht mehr um die Nährstoffansprüche. Die neuen Spezialdünger mit Spurenelementen lassen keine Kultur hungern.
Viel wichtiger ist die Bodenmüdigkeit, eine komplexe Erscheinung, die in der Praxis bedeutet, daß artverwandte Gemüse, bis auf wenige Ausnahmen, nicht nacheinander angebaut werden dürfen. Wichtig ist weiter, zu vermeiden, daß sich Bodenschädlinge und -krankheiten ansammeln wie *Gemüsefliegen, Welke* oder *Kohlhernie*. Manche Gemüse wachsen neben-, andere nacheinander besser, ohne daß man bisher genau wüßte, warum.
Mit Fruchtwechsel sind dagegen bei Versuchen in Weihenstephan erhebliche Ertragszuwächse erzielt worden, bei Petersilie bis 30%, roten Rüben und Zwiebeln bis 20%, Buschbohnen und Tomaten um 18%. Nur Porree macht eine Ausnahme, weil er als Vorfrucht so ertragreich ist, daß man ihn auch mehrmals nach sich selbst anbauen kann.
Für Nachfrüchte von langer Kulturdauer ist eine vorausgegangene Gründüngung besonders nützlich. In 5jährigen Versuchen in Hanninghof ergaben sich Mehrerträge, die im Mittel eine 16%ige Verzinsung des eingesetzten Kapitals erzielten.
Beim Vorfruchtwert hat das Wurzelgewicht hohe Bedeutung. Wurzeln lockern den Boden, erschließen Nährstoffe und stellen eine Humusquelle dar. Wie unterschiedlich die Wurzelgewichte einiger Gemüsearten sind, zeigt die folgende Messung (Weihenstephan): Porree 11,69 kg Trockengewicht auf 100 m², Bodenzustand hinterher sehr gut; Sellerie 12,24 kg, Boden gut; Zwiebeln 9,12 kg, Boden mittel; Stabtomaten 7,76 kg, Boden mittel; Wurzelpetersilie 1,73 kg, Bodenzustand anschließend schlecht.

Mit Mineraldüngung kann man die Wurzelmasse steigern; auch der Anteil der Ernterückstände über der Erde wird dadurch vergrößert, so daß der Humusgehalt im Boden steigt. Ernte- und Pflegemaßnahmen haben einen Einfluß, weil häufiges Betreten das Land nachteilig verändert.
So hat die Tomate zwar einen guten biologischen Vorfruchtwert, aber weil sie häufig ausgegeizt werden muß, ist der Boden zwischen den Pflanzreihen festgetreten. Deshalb legt man auf die Arbeitsgassen Stroh oder ein Brett, das den Druck auffängt. Zusätzliche Wassergaben gleichen den größeren Entzug aus, den hohen Nährstoffhunger einer Kultur stillt man mit einer entsprechenden Volldüngung. Die Mineraldüngung hat im Hinblick auf die Erntemenge den höchsten Wirkungsgrad.
Nach den bisherigen Erfahrungen kann man den Vorfruchtwert der einzelnen Gemüsearten in etwa folgende Reihen stellen: Sehr hohen Vorfruchtwert haben Porree, Sellerie, Kleegrasgemisch, Kopfsalat; mittleren Vorfruchtwert Tomaten, Blumenkohl, Kohlrabi, Möhre, Gurke, Zwiebel, Erbse, Buschbohne; schlechten Vorfruchtwert Wurzelpetersilie und rote Rüben.
Ob auch die Wurzelausscheidungen einen Einfluß auf die nachfolgende Kultur haben, konnte im Freiland bislang noch nicht nachgewiesen werden, wohl aber in Gefäßversuchen. Bei der Aufstellung des Anbauplans wird man sich also um eine möglichst sinnvolle Fruchtfolge bemühen.
Das Nachbauverbot aus verwandtschaftlichen und anderen Gründen gilt nicht für Bohnen, Salat, Schwarzwurzeln und Tomaten nach sich selbst; 3 Jahre Pause braucht der Boden nach Erbsen und Gurken. Unbedingt zu vermeiden ist nach Anbau von: Erbsen nach Porree und Zwiebeln, Kohlrabi nach Kreuzblütlern, Möhren nach Sellerie, Porree nach Zwiebeln, Rettich nach Kreuzblütlern, roten Beten nach Mangold und Spinat, Sellerie nach Möhren und Petersilie, Spinat nach Mangold und roten Beten, Tomaten nach Kartoffeln und Zwiebeln nach Porree.
Von anderen Vorfrüchten geht eine ertragssteigernde Wirkung aus. Deshalb empfiehlt sich der Anbau von: Bohnen nach Kohlarten, Kohlarten nach Hack- und Hülsenfrüchten, Möhren nach Hack- und Hülsenfrüchten, Kohlarten und Tomaten, Rosenkohl

nach Erbsen und Kartoffeln, roten Beten nach Kohlrabi und Salat, Sellerie nach Blumenkohl und Spinat, Spinat nach Bohnen, Erbsen und Kartoffeln, Zwiebeln nach Gurken, Kohlarten und Möhren. Hohe Humusgaben lindern die Folgen von Kulturen mit geringem Vorfruchtwert, vor allem Torf erhält die lebendige Gare eines fruchtbaren Bodens.

Wo sich *Nematoden* (Fadenwürmer) massenhaft vermehrt haben, hilft eine Bodenkur mit Korbblütlern tropischer Herkunft wie 1jährige *Tagetes, Calendula, Rudbeckia, Coreopsis* und anderen in einer Mischung von 50 g Samen ausgestreut auf 50 m², entweder Mitte April oder nach einer vollen Vorkultur auf die abgeräumten Beete um Mitte Juni/Juli. Die tödliche Wirkung bis 95 % auf im Boden lebende *Älchenarten* (eine Gruppe der Fadenwürmer) ist nachgewiesen.

Fehlt Kalk im Boden, wachsen Wurzeln und Blätter schwächer und bleiben anfälliger. Zu den Gemüsearten, die besonders kalkbedürftig sind, zählen Spargel, Porree, rote Bete, Sellerie, Zwiebeln, Kohl und Möhren. Geringer sind die Kalkwünsche von Gurken, Kopfsalat, Rhabarber, Tomaten, Bohnen, Kartoffeln und Erbsen. Wird erst im Frühjahr gekalkt, sind rote Bete, Gurken und Möhren empfindlich gegen Branntkalk.

Die meisten Kohlarten – ausgenommen Grünkohl, Gurken, Tomaten, Porree und Sellerie – sollen als Starkzehrer 100 g/m² Volldünger und 2 Kopfdüngungen erhalten. Zu den Schwachzehrern mit 30 g/m² gehören vor allem die Erbsen, Bohnen, einige Wurzelgemüse, Kurzkulturen, Küchenkräuter und Jungpflanzenanzuchten. Alles andere wird zu den Mittelzehrern gerechnet, die je nach Wüchsigkeit als Gruppe I als Grunddüngung 50 g/m² mit 2 zusätzlichen Kopfdüngungen bekommen oder als Gruppe II nur die Grunddüngung bekommen.

Wo Stalldünger untergegraben wird, können Starkzehrer angebaut werden, Wurzelgemüse und Hülsenfrüchte nicht. Fruchtgemüse setzen nach einer Stalldüngung spärlicher an, Zwiebeln leiden vermehrt unter der *Zwiebelfliege* und Möhren unter *Möhrenfliegen*. Im Hausgarten wird man den hygienischen, milden Humusvolldünger zu allen Kulturen geben.

Gut gemischt wächst alles besser

Kluge Gärtner nutzen aus, daß sich Pflanzen gegenseitig beeinflussen. So dürfen Winterrettiche und Gurken nicht auf einem Beet stehen, eine Beetbreite Abstand brauchen sie mindestens. Tomaten vertreiben den *Kohlweißling*, Lauch, Zwiebeln und Kresse die *Möhrenfliege*, Möhren die *Zwiebelfliege* und *Lauchmotte*.

Erbsen und Bohnen gedeihen gern neben Salat und Spinat. Tomaten fördern Sellerie, Buschbohnen, Möhren und Blumenkohl, Salat und Porree, das geht hin und her. Gegenseitig fördern sich Gurken und Hülsenfrüchte, Tomaten und Petersilie, Kohlrabi und rote Rüben.

Vermieden werden Zusammenstellungen, die sich schädigen: Gurken nicht neben Radieschen und Tomaten, Nachtschattengewächse nicht mit Erbsen, Hülsenfrüchte nicht mit Zwiebelgewächsen, Zwiebelgewächse nicht neben Knollengemüsen, diese nicht mit Kartoffeln, Sellerie nicht mit Petersilie und Kopfsalat, der nicht zu Rhabarber, Kopfsalat niemals mit Petersilie auf ein Beet.

Mischkulturen haben viele Vorteile: Das Land wird besser ausgenutzt, der Schädlings- und Krankheitsbefall wird geringer, und schließlich wachsen eine Reihe von Gemüsearten besser, wenn sie mit bestimmten anderen Arten zusammen stehen. (Ausführliche Informationen zum Thema Mischkultur finden Sie in »Mischkultur im Ökogarten« von Ina Jung – ETB 20164.)

Die 3fache Ernte vom selben Beet läßt sich erzielen, wenn vom zeitigen Frühjahr an, sobald der Boden bestellbar geworden ist, die ersten witterungsharten Saaten ausgebracht werden. Zu den frühesten Aussaaten gehören die Möhren. Der Reihenabstand wird etwas größer gewählt, damit in der 1. Aprilwoche Frühkohlrabi zwischengepflanzt werden kann.

Damit alle Zwischen- und Folgekulturen genug Platz haben, wird je nach der geplanten Zusammenstellung der Reihenabstand etwas größer gewählt. Zum Beispiel teilt man ein Beet von 1 m Breite so ein, daß zuerst 4 Reihen Möhren gesät werden. Sind die äußeren Saatreihen dicht an der Beetkante, bleibt zwischen den inneren Reihen ein Abstand von etwa 30 cm. Platz genug, um Frühkohlrabi ungehindert wachsen zu lassen. Dafür wählt man Sorten von

kurzer Entwicklungsdauer und guter Kältebeständigkeit sowie geringer Laubmasse. Danach folgt Porree, der etwas dichter in der Reihe gepflanzt wird, 15 cm genügen.
Porree bildet die schönsten und schwersten Schäfte, wenn er tief gepflanzt wird. Deshalb steckt man die Setzlinge 9–10 cm tiefer als sie vorher auf dem Anzuchtbeet gestanden haben. Noch tieferes Pflanzen bringt keine besseren Qualitäten, da die Pfeifen zu dünn bleiben.
Die Möhren werden von der Sommermitte an bis zum Herbst laufend abgeerntet, sobald sie die richtige Größe erreicht haben. Der Porree bleibt solange unberührt daneben stehen. Ist die letzte Möhre gezogen, sät man an ihre Stelle noch eine Spätfrucht wie Spinat, Feldsalat oder Endivien. Dabei richtet man sich nach dem vorhandenen Platz sowie der zu erwartenden Ausdehnung der Zwischenkultur.

Das Saatgut

Eine für jeden Garten, jeden Zweck und Geschmack gleicherweise ideale Gemüsesorte gibt es nicht, kann es auch gar nicht geben. Die Züchtung der Gemüsesorten hat zwar zahllose hervorragende Neuheiten entwickelt, aber je weiter die Qualitätssteigerung fortschreitet, um so spezieller müssen zwangsläufig die Eigenschaften der Pflanzen werden.
Eignet sich beispielsweise eine Erbsensorte besonders gut für die Naßkonservierung, so muß sie andere Eigenschaften besitzen als solche für die Tiefkühlung oder den Frischgenuß. Hinzu kommen die Unterschiede in Geschmack, Erntezeit und schließlich auch alle den Anbau betreffenden Merkmale, wie Ansprüche an Boden, Klima und Pflege sowie Anfälligkeit gegen Schädlinge und Krankheiten. Man kann also nicht sagen: Die Sorte ist gut und die nicht, sondern immer nur Empfehlungen für den Einzelfall aussprechen.
Für den Gartenbesitzer wäre das ein weites, unübersehbares Feld, wenn nicht alljährlich am 1. April die neue Sortenliste veröffentlicht würde. Da nur noch solche Sorten gehandelt werden, die in

der jeweiligen neuesten Liste aufgeführt sind, hat jeder Käufer die lückenlose Übersicht. In der dazu erscheinenden »Beschreibenden Sortenliste« (Verlag Alfred Strothe, Hannover) kann er sich dann im einzelnen über die Eigenschaften der zugelassenen Sorten unterrichten.

Der Inhalt umfaßt folgende Gemüsearten: Speisemöhren, Radies, Rettich, rote Rüben, Schwarzwurzeln, Knollensellerie und Wurzelpetersilie; Busch-, Stangen- und Puffbohnen, Grünpflückerbsen; Gurken und Tomaten; Porree und Zwiebeln; Feld-, Kopf-, Pflück- und Schnittsalat, Schnittpetersilie, Spinat sowie Winterendivien; Blumen-, Grün-, Rosen-, Weiß-, Rot-, Wirsingkohl und Kohlrabi.

Damit der Leser auf einen Blick übersehen kann, welche Sorten für ihn in Frage kommen, ist den Beschreibungen aller wesentlichen Kennzeichen jeder einzelnen Sorte eine kurzgefaßte Tabelle vorangestellt. Hat er danach seine Vorwahl getroffen, kann er sich ganz auf die einzelnen Nummern konzentrieren.

Da erfährt er auch kritische Beobachtungen aus der Praxis, obwohl der Anbau- und Marktwert einer Gemüsesorte bei der Eintragung in die Liste nicht geprüft werden kann. Diese Ergänzungen sind das Ergebnis langjähriger Prüfungen, die von den verschiedensten Instituten und Behörden in allen Bundesländern durchgeführt wurden. Nur auf diese Weise läßt sich der je nach Klima und Boden oft recht unterschiedliche Anbauwert beurteilen.

So kann man denn bei einer Wachsbohne lesen, daß sie nicht mehr den heutigen Qualitätsansprüchen genügt und im Anbau zurückgegangen ist. Wer würde sie danach in seinen Garten säen? Der Gartenbesitzer ist zwar nicht auf den Ertrag angewiesen, wohl aber auf die Freude über den schönen Erfolg. Und den hat er selbst in der Hand, wenn er jetzt die richtigen Sorten wählt.

Schon öfter enttäuschten Gartenfreunden ist es nicht zu verdenken, wenn sie vor Neuheiten zunächst ein gesundes Mißtrauen bewahren, daß sie Pillensamen nicht leicht schlucken, daß sie Samenteppich-Händlern nicht die blumenreichen Anpreisungen abnehmen, daß sie sich nicht ohne weiteres mit Saatbändern einfangen lassen.

Dennoch kann jeder Samenkäufer sicher sein, daß die neuen Sorten besser sind als die alten. Das ist nicht selbstverständlich, läßt sich aber beweisen. Züchten heißt nämlich nicht nur kreuzen, sondern vielmehr noch auslesen und prüfen. Nur solche Verbesserungen, die nicht noch schlechte Eigenschaften nach sich ziehen, etwa wässrigen Geschmack für enorme Fruchtgröße, bestehen alle Reifeprüfungen, die vor der Zulassung zum Handel abgelegt werden müssen. Das Saatgutgesetz ist streng geworden, hier gibt es keine Lücken mehr.

Pillensaatgut ist in eine Hüllmasse eingebettet. Aber das Ausgangssaatgut für ein derart veredeltes Produkt ist erlesen und extra aufbereitet. Bewährte und anbausichere Pillensamen gibt es beispielsweise von Möhren, Kohlarten, Pastinaken, Porree, roten Rüben, Kopfsalat, Winterendivien, Zwiebeln.

Zur Jungpflanzenanzucht im zeitigen Frühjahr sind dazu Potpills, auf deutsch Topfpillen, von Freiland- und Kurztagssalaten, Kohlrabi und anderen Kohlarten sowie von Porree entwickelt worden. Für den Gartenbesitzer ist dabei von Bedeutung, daß er gleich auf Endabstand legen kann und deshalb nicht vereinzeln muß. Trotzdem kann er sicher sein, daß keine Lücken entstehen. Jungpflanzen behindern sich im Gedränge gegenseitig, wachsen schwächer und lockern sich etwas beim Verziehen. Pillen in Portionen für den geringen Gartenbedarf sind reich sortiert erhältlich.

Der größte Vorteil der Saatbänder ist ihre überragende Saatgutqualität. Sie werden von amtlichen Prüfstellen laufend auf ihre Keimfähigkeit untersucht. Das leicht zersetzliche Spezialpapier bietet eine gewisse Sicherheit bei den langen Trockenzeiten in jedem Frühjahr. Es soll sich vor der Aussaat voll Wasser saugen. Auf diese Weise beschleunigt sich das Tempo der Keimung und verkürzt die empfindlichste Zeit.

Schnellkeimer läßt man 1 Tag, andere, wie Zwiebeln und Möhren, 1 Tag länger satt durchfeuchtet in Zeitungspapier eingewickelt liegen. Wickelt man diese Saatbänder dann in der Rille ab, sind die fadenfeinen Trieb- und Wurzelspitzen schneller als alle anderen aus der Gefahrenzone von Keimlings- und Auflaufkrankheiten herausgewachsen. Keimschnelligkeit hat immer etwas mit Sicherheit zu tun.

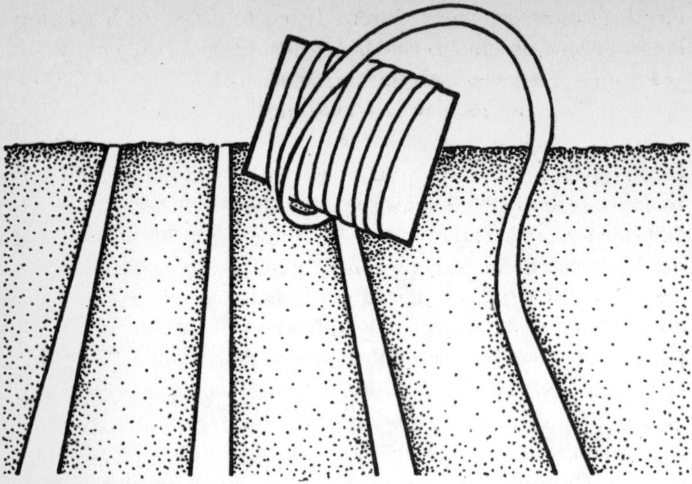

Saatbänder sind in vieler Hinsicht vorteilhaft.

Keimprobe

Saatgut keimt nie hundertprozentig. Damit die Mühe und die Kosten der Aussaat nicht vertan sind, empfiehlt sich, die Keimkraft zu prüfen, nicht nur bei Saatgutresten vom vergangenen Jahr. Das macht man am besten, bevor die neuen Sämereien bestellt werden, damit das Ergebnis der Probe bereits berücksichtigt werden kann. Was nicht neu gekauft werden muß, wird je nach dem Prozentsatz gekeimter Samen mehr oder weniger dicht ausgesät.

Saatgut verliert mit zunehmendem Alter an Keimkraft. Deshalb sollte man nach Möglichkeit nur frisches Saatgut verwenden. Die Samen der verschiedenen Gemüsearten sind unterschiedlich lange gebrauchsfähig, so Schwarzwurzeln und Porree 1–2 Jahre, Zwiebeln 2, Petersilie und Möhren 2–3, Tomaten, Sellerie, Kopf- und Feldsalat 3–4, Mangold, Spinat, Neuseeländer Spinat, rote Rüben, Kopfkohl, Blumenkohl, Kohlrabi, Rosen- und Grünkohl 4–5, Erbsen, Rettich und Radies 4–6, Busch- und Stangenbohnen 5–6, Gurken 6–7 Jahre.

Für Feinsämereien, wie Möhren, Zwiebeln, Gurken, Kohlarten, Petersilie, genügt eine flache, wasserdichte Schale. Auf den Boden der Schale kommt eine doppelte Lage Löschpapier, eine dünne Sandschicht – ein sauberes, passend zugeschnittenes Leinenläppchen tut denselben Dienst.
Die Samenkörner werden auf dieser Unterlage ausgelegt, und zwar von jeder Sorte eine nicht zu kleine Anzahl, praktischerweise 100 Körner, um leichter rechnen zu können. Ein Bleistiftstrich auf der Unterlage trennt die verschiedenen Pflanzenarten voneinander, da selbst alte Gärtner Mühe haben, alle Kulturpflanzen an ihren Samen zu erkennen.
Die ausgelegten Körner werden mit einer 2. Lage Löschpapier abgedeckt und das Ganze angefeuchtet. Die Samen dürfen nun nicht mehr austrocknen, bis ausgezählt werden kann. Damit es schnell keimt, stellt man die Schale bis 18° C an einen mäßig warmen Platz. Gemüsearten müssen dabei angedunkelt werden, so Zwiebeln, Zichorien, Gurken, Salat, Schwarzwurzeln und Tomaten.
Bei den meisten Gemüsearten kann man nach 10–14 Tagen die gekeimten Sämlinge auszählen, bei Erbsen, Sellerie, Möhren und Petersilie erst nach 21–28 Tagen. Sämlinge ohne Keimwurzel werden nicht mitgezählt. Bei Radieschen und Gartenkresse kann das schon nach gut 3 Tagen soweit sein.
Grobkörniges Saatgut von Bohnen, dicken Bohnen, Erbsen und anderen Gewächsen drückt man in feuchten Sand, der etwa 3–4 cm hoch in ein Saatgefäß gefüllt wurde. Das Keimergebnis wird danach ausgezählt, wieviel Keimspitzen die Sandoberfläche durchbrechen. Auch dieser Sand darf selbstverständlich nicht

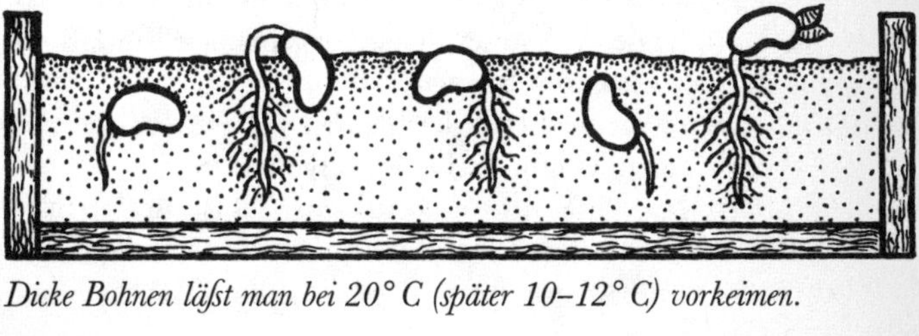

Dicke Bohnen läßt man bei 20° C (später 10–12° C) vorkeimen.

trocken werden. Wenn von 50 ausgelegten Körnern 40 gekeimt haben, so darf man mit dem Ergebnis zufrieden sein; denn 80% sind bei vielen Gemüsearten schon beachtlich.
Die gesetzlich vorgeschriebenen Mindestkeimzahlen schwanken zwischen 65 und 95%. Ergibt die Probe eine geringere Keimfähigkeit, so muß der Samen nicht weggeworfen werden. Man muß entsprechend dichter säen, um den Keimkraftverlust auszugleichen.
Die großen Unterschiede in der Keimfähigkeit entstehen vor allem durch eine gute oder schlechte Lagerung. Am besten lagert Saatgut bei geringer Luftfeuchtigkeit von etwa 10–20% und einer Temperatur von 5–10° C. Davon abweichende Werte führen zwangsläufig zu verminderter Keimkraft.
Im freien Land herrschen rauhere Bedingungen als bei der Keimprobe. Deshalb ist es angebracht, auch die Triebkraft des Saatgutes zu prüfen. Zu diesem Zweck füllt man in 12-bis-18-cm-Tontöpfe nassen Sand ein, der bis etwa 5 cm unter den Rand reicht. Auf die geglättete Sandfläche werden 100 Samenkörner ausgelegt und je nach Größe mit 1–4 cm wassergesättigtem *Ziegelgrus* (fein zerkrümelte Ziegelsteine) abgedeckt. Das Ganze wird noch einmal gegossen und bei Zimmertemperatur aufgestellt. Nach 7 und 14 Tagen wird gezählt. Sind die Keimblätter verkrüppelt, deutet das auf eine Schädigung des Saatgutes hin. Für die Aussaat im Garten wird nur völlig einwandfreies Saatgut zugelassen.
Je besser das Saatgut, um so besser ist auch die Ernte. Da man es den Samenkörnern aber nicht leicht ansehen kann, ob sie nun gut oder besser sind, bleibt der Preis als einziges Qualitätsmerkmal übrig. Danach kann man sich richten; denn von allen Ausgaben für den Gemüsebau im Garten sind die für das Saatgut am geringsten. Es hat sich bei neueren Untersuchungen herausgestellt, daß schon die Korngröße des Samens einen erheblichen Einfluß auf die Höhe des verwertbaren Ertrages hat.
Beim Anbau von Rettich auf gleich großen Parzellen wurden beispielsweise folgende Unterschiede ausgewogen: bei kleinen Samenkörnern 44,8 kg Erntegut, mittleren 47,3 kg und großen 52,4 kg. Bei Kohlrabi sah das Ergebnis so aus: klein 56,3 kg, mittel 64,4 kg und groß 64,8 kg auf jeweils derselben Fläche. Diese

Tatsache sollte man sich besonders im kleinen Garten zunutze machen, weil es hier auf frohwüchsige Kulturen ankommt, die mit hohen und qualitativ wertvollen Ernteergebnissen aufwarten müssen, wenn sich der Anbau lohnen soll.
Größere Samen erzeugen stämmige und kräftige Pflanzen, die gegenüber den kleineren auf dem Gartenbeet ihren Vorsprung behalten. Auch hierzu gibt es genaue Unterlagen: Kopfsalat brachte mit kleinen Pflanzen 7,0 kg, mittleren 12,3 kg, großen 18,6 kg je Parzelle; Kohlrabi 45,1 kg, 49,6 kg, 49,3 kg; Sellerie 43,5 kg, 47,8 kg, 54,8 kg. Die kleinen Pflanzen sind also in allen Fällen zu ungleich niedrigeren Erträgen gekommen. Es lohnt sich also schon, das großkörnige Saatgut abzusieben und allein damit das wertvolle Gartenland zu bestellen.

Saatgutbeize

Haben die Keimlinge ihre Samenschale gesprengt, sind sie eine ganze Weile verletzlich. Werden sie in diesem Zustand von Krankheiten befallen, haben sie keine Widerstandskraft und Reserven, um noch einmal von vorn anzufangen. Sie müssen deshalb vor pilzlichen Keimen geschützt werden, die im Boden oder auf der Samenschale haften. Das ist mit modernen Beizmitteln gegen Auflaufkrankheiten an Gemüsesaatgut sehr einfach. Diese Beizmittel werden trocken im sogenannten Überschußverfahren angewendet.
Das heißt, daß das Pulver ohne genaue Dosierung zum Samen geschüttet, bei kleinen Portionen in die Tüte oder Packung, darin eine Weile geschüttelt wird und anschließend siebt man, was nicht haften geblieben ist, ab.
Eine natürliche Lösung hat der bekannte Samenzüchter Sperling vorgeschlagen. Er bietet ein problemloses Samensortiment von 36 ausgewählten Sorten mit den besten Eigenschaften für den biologischen Gartenbau an. Dazu gehören eine höhere Widerstandskraft gegen Krankheiten und die Fähigkeit, mit wenig Nährstoffen schneller zur Ernte zu kommen.
Um etwa anhaftende Krankheitserreger zu entfernen, sind bei Gurken und Kohlgewächsen natürliche Behandlungsmethoden eingesetzt worden, also Samenbäder und Wärme. Mehr noch,

die Samen sind von natürlichen Pflanzenextrakten umhüllt, die Pilzbefall im Keimstadium hemmen, die Keimkraft stärken, das Wurzelwachstum fördern und die Pflanze mit Wirkstoffen versorgen, die für ein gesundes Pflanzenwachstum von Anfang an nötig sind.
Der Züchter rückt natürlich nicht gern damit heraus, welche Pflanzenextrakte das sind. Aber für die Samenbäder gibt es Erkenntnisse aus dem naturgemäßen Landbau, die sich auf Arbeiten von M. Thun (1963), Pfeiffer, Künzel und Hanke stützen. Sie verwendeten gerührten *Hornmist, Kamille, Baldrian* und *Eichenrinde*. Die Bäder werden nach Vorschrift angerichtet und dann legt man darin 10–30 Minuten je nach Art die folgenden Samenarten ein: Chicorée, Gurken, Kürbis, Möhren, Porree, Sellerie, Zwiebeln in Baldrian; Salate und Bohnen in Eichenrinde; Hülsenfrüchte, Radies und Rettich in Kamille; Mangold, rote Bete und Spinat in Hornmist; Kartoffeln werden mit einer Mischung aus Schafgarbe und Kamille übersprüht.
Kleine Mengen kann man auch in einem Beutel für 10–15 Minuten in das Saatbad hängen. Danach werden die Samen schattig, luftig, auf saugfähiger Unterlage zum Trocknen ausgebreitet. Spätestens am Tag danach muß gesät werden; denn jede Behandlung mit Wasser löst den Keimanreiz aus.

Eine gute Saat geht auf

Gemüsebeete werden zur Aussaat mit dem Grubber oberflächlich bearbeitet, auch wenn sie den Winter über getragen haben oder im Herbst nicht umgegraben wurden. Im Herbst gegrabenes Land sollte nicht mehr betreten werden, deshalb geht man beetweise vor. Schon dabei merkt jeder, wie wichtig die richtige Breite ist.
Zu schmal sollen die Beete nicht sein, sonst geht zuviel wertvolles Land für die 30 cm breiten Fußsteige verloren. Zu breite Beete lassen sich schwer bearbeiten, ohne sie zu betreten. Als beste Breite haben sich 120 cm bewährt. Beete sollen nicht zu lang sein, damit man nicht zu weit herumgehen muß; das tut keiner.
Im Haus- und Kleingarten empfiehlt sich eine Länge von 5 m, bei

120 cm Breite ergibt das eine Fläche von 6 m^2, die gerade ausreichen, um bei vielen Gemüsearten den Bedarf einer mittleren Familie zu decken. Die Längsreihen sind zwar der gewohnte Anblick, doch sind alle Kulturarbeiten in Reihen quer Beet leichter vom Weg aus in aufrechter Haltung zu bearbeiten.

Termine

Märzsaat ist besser als Aprilsaat, sagt eine alte Gärtnerregel. Warum? Nach vieljähriger Wetterbeobachtung hat sich der März als der beständigere Monat erwiesen; noch hat der Boden genug Winterfeuchtigkeit. Wenn der wetterwendische April kommt, ist es für alle Gemüse besser, daß sie schon aus der gefährdeten Keimphase heraus sind. Das gilt für die ersten Aussaaten von Möhren, Radieschen, Rettich, Pal- und Zuckererbsen (die neuen Sorten sind winterhart), Puffbohnen, Spinat, Kresse, Schnittsalat und Schwarzwurzeln.

Selbstverständlich gibt es Ausnahmen wie bei jeder Regel. Das sind alle Gemüsearten, die vom Gärtner zur Pflanzung im April oder Mai herangezogen werden, und alle frostempfindlichen Arten, die erst Anfang Mai ins Freie gesät werden, wie Bohnen und Gurken. Schließlich alle, die zwar kühles, feuchtes Wetter überstehen würden, aber darunter leiden und deshalb von späteren Saaten leicht überholt werden.

Die Jungpflanzen für den eigenen Bedarf selbst heranzuziehen, kann sehr sinnvoll sein. Es ist die einzige Sicherheit, zum richtigen Zeitpunkt die gewünschten Sorten verfügbar zu haben. Die Aussaatzeiten liegen allgemein ab Februar und März unter Glas, wenn beheizt wird, ab März oder April kalt unter Glas. Ins freie Land sät man je nach Keimdauer und Empfindlichkeit 2, 3 oder 4 Wochen vor dem jeweiligen Pflanztermin. Bei Küchenkräutern ist das im März für Schnittpetersilie, Kerbelkraut, Estragon und Wermut; im April Basilikum, Bohnenkraut, Salbei und Lavendel; im Mai Dill und Fenchel; im Juni Majoran und Thymian und im August Waldmeister.

Die Aussaattermine für Gemüse liegen nicht so fest, so daß es leichter ist, die jeweils für die Küche benötigten Kleinmengen in Folgen zu säen. Direkt ins Freiland sät man beispielsweise ab Ende

Februar bis Ende April Palerbsen, Karotten bis Juli, Schnittsalat bis August, Spinat bis Mitte September, Gartenmelde bis Ende September.

Ab *März* wird die Zahl der Freilandsaaten schon höher: Anfang März Puffbohnen, im März bis August Radieschen, Pastinaken bis Mai, Mohrrüben bis Juni, Mairübchen bis April, Gartenkresse bis Oktober, Pflücksalat bis April, Schnittmangold bis August, Stielmus bis April, Porree bis Mai und Silberzwiebeln bis April. Ende März beginnen die Zuckererbsen bis April, ebenso Kopfkohl.

Im *April* geht es voll los mit Markerbsen bis Ende Juni, roten Rüben bis Juni, Ende April bis Anfang Mai gelbe Kohlrüben, Frühkohlrabi bis Juli und -blumenkohl bis Mitte Juni, Rosenkohl und Spätkohlrabi bis maximal Mitte Mai, Kopfsalat bis Juli, Eissalat nur Anfang Juni, Bindesalat noch den Juni durch, Treib-Chicorée Anfang Juni, Stielmangold bis Juni, Schnittlauch und Steckzwiebeln bis Mai und Winterzwiebeln nur im April.

Ende *Mai* ist der Aussaattermin für wärmeliebende Gemüsearten wie Zuckermais bis Ende Juni, Stangen-, Feuer- und Sojabohnen jeweils bis Anfang Juni. Ab Anfang Mai legt man Buschbohnen bis Anfang Juli, Mitte Mai bis August Portulak, Spätrettich bis Juli, ebenso Grünkohl, Butterkohl nur bis Juni. Später folgen nur noch die Winterendivie und Zuckerhutsalat ab Juni, Herbstrübchen, Feldsalat und Chinakohl im Juli, Namenia noch einmal im August, Frühlingszwiebeln im August und September.

Breitsaat ist im Freiland die Ausnahme, etwa bei Spinat auf unkrautfreiem, humosem Boden; denn Bodenbearbeitung und Unkrautbekämpfung sind auf diesen Beeten nicht mehr möglich. Die Reihensaat mit gleichmäßigen Abständen zwischen den Reihen läßt sich regelmäßig hacken.

Eine Sonderform ist die Bandsaat, hier wechseln enger und weiter Abstand so miteinander ab, daß jeweils Doppelreihen entstehen. Meist wird dichter gesät als nötig und später vereinzelt. Das stellt eine gewisse Auslese dar, da nur der stärkste Sämling stehenbleibt. Doch das stört nicht selten die bleibenden Pflanzen, indem ihre Wurzeln mit gelockert werden.

Deshalb versucht man mehr und mehr zur Einzelkornsaat zu kommen. Größere Samenkörner machen das leicht, etwa Bohnen

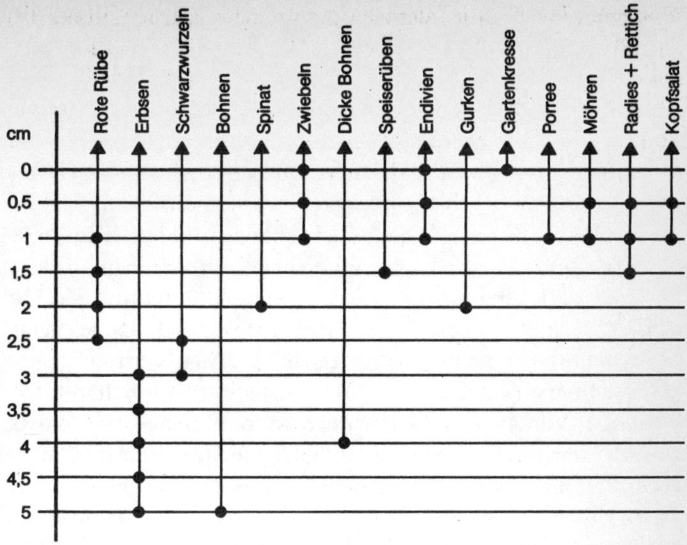

Saattiefe einiger wichtiger Gemüsearten.

in Tellersaat (einem Ring) um die Bohnenstange, andere in Stufensaat (einige Samen zusammen), damit sie sich gegenseitig helfen, die Erdkruste zu durchbrechen. Sehr kleines Saatgut wird aus diesem Grunde *pilliert.* Die Saattiefe für diese Pillensaat beträgt normal 1 cm, in leichtem Boden 2 cm, Normalsaatgut etwa das Dreifache seines Durchmessers (Tabelle oben). Kleine Sägeräte helfen dabei, die Samenkörner möglichst gleichmäßig auszulegen. In Samenschachteln sind kleine Aussaathilfen eingebaut.

Jungpflanzen im Haus anziehen

Jedes Gemüse wird ausgesät, die Frage ist nur, unter Glas oder gleich ins Freiland? Das hängt von der Witterung ab. Am bequemsten wäre, alles an Ort und Stelle zu säen, doch die Wachstumszeit reicht für wärmeliebende Fruchtgemüse oder für langsam wachsende Kohlarten bei uns nicht aus. Vorkultur ist deshalb für die einen unerläßlich, für andere empfehlenswert, für Kurzkulturen überflüssig und bei einigen wenigen mit Pfahlwurzeln unmöglich. Seit die Jungpflanzen in Torf- oder Erdtöpfen, in Papp- oder Kunststofftöpfen herangezogen werden, der Ballen also unversehrt ins Freiland kommt, ist der Auspflanzschock gering, sofern die Jungpflanzen zuvor abgehärtet wurden und gedrungen gewachsen sind.

Die Jungpflanzenanzucht unter Glas lohnt sich erst verhältnismäßig kurz vor Vegetationsbeginn im Freiland, es sei denn, man hätte ein heizbares Kleingewächshaus. Schwierige Vorkulturen wie Tomaten und andere überläßt man Erwerbsgärtnern, die gelegentlich bestellte Sorten im Auftrag heranziehen. Angewachsene Jungpflanzen überstehen draußen einige Frostgrade, so daß man einen Vorsprung von 4 Wochen gewinnen kann. Für andere Gemüsejungpflanzen ergeben sich Unterschiede im Aussaattermin.

Es beginnt mit Sellerie Anfang Februar, Frühkohlrabi Februar bis März, früher Blumenkohl, Rotkohl, Wirsing von Ende Februar an in Folgen, Puffbohnen Mitte Februar bis Anfang März, Neuseeländer Spinat März, Knollensellerie Mitte bis Ende März, Schnittlauch März bis April, Porree März. Die Fruchtgemüse brauchen länger, fangen also ebenfalls sehr früh an: Tomaten, Paprika und Eierfrucht Ende Februar bis Anfang März, Gemüsepaprika sogar schon etwas eher, Buschbohnen, Gurken und Kürbisse ab April und Melonen Anfang Mai. Später folgt nur noch Knollenfenchel ab Anfang Juli.

Aussäen ist nicht einfach, man unterschätzt das oft. Breitsaat empfiehlt sich bei der Jungpflanzenzucht in Handkästen oder Frühbeeten, wo dichter, geschlossener Sämlingsbestand erwünscht ist, der anschließend *pikiert* (die Jungpflanzen werden vereinzelt) werden muß. So kann man den knappen Treibraum voll ausnutzen. Die Sämlinge werden pikiert, wenn sich die vollständig ausgebildeten Keimblätter berühren. Die Keimlinge werden so aus der lockeren, feuchten Erde gehoben, daß ihr winziger Wurzelballen möglichst beisammenbleibt. Längere Wurzeln kürzt man mit den Fingernägeln ein. Auf die geglättete Oberfläche der Pikierschale drückt man mit einem Lineal Reihen im Abstand von 2–3 cm je nach Art. Am besten wird der Platz ausgenutzt, wenn die Pflanzen

benachbarter Reihen nicht parallel, sondern versetzt zueinander gepflanzt werden.
Mit der linken Hand faßt man die Jungpflanzen an einem Keimblatt, hält die Wurzeln senkrecht in das Pflanzloch, sticht mit dem Pikierholz neben das Pflanzloch und drückt von da aus gegen die Pflanzenwurzeln. Dabei können die Pflänzchen so tief gesetzt werden, daß die Keimblätter auf der Oberfläche des Substrats ruhen. An den Stengeln bilden sich oft ebenfalls Wurzeln und vergrößern den Ballen.
Nach dem Pikieren braust man die Pflanzschale leicht über. Danach stellt man sie so auf, daß sie viel Licht bekommt, so daß die Keimlinge gedrungen wachsen. Je nach Platz und Pflanzenart muß bis zum Auspflanzen mehrmals pikiert werden.
So nützlich sich das auf die Größe des Wurzelballens auswirken mag, für die junge Pflanze ist es immer ein Schock. Um das zu vermeiden, nahm man Kunststofftöpfe oder Multitopfplatten und pflanzte die Sämlinge frühzeitig hinein. Darin wachsen die Wurzeln bis zur Topfwand und legen sich an der Wand entlang. Beim Austopfen rieselt die Erde aus dem lockeren, leichten Wurzelkörbchen; am Ende hat man ein ziemlich verwirrtes Wurzelknäuel in der Hand.
Das vermeidet man mit Torfpreßtöpfen. Darin wachsen die Wurzeln ebenfalls rasch bis zur Wand, allerdings hindurch, krümmen sich und stellen ihr Längenwachstum ein. Davon angeregt, entsprießen jeder Wurzel zahlreiche Seitenwürzelchen, so daß sich im Topf alsbald ein dichtes Wurzelgeflecht bildet. Da der Topf Bestandteil des Ballens geworden ist, bleibt die Erde zwischen den Wurzeln. Die Pflanze wächst im Freiland ohne Stockung weiter.
Diese Töpfe sind aus Weißtorf mit etwas Lehmzusatz gepreßt. Für den Garten gibt es Kleinpackungen und Hobbyboxen mit allem Zubehör. Das neueste sind Tablettentöpfe, die im Wasser aufquellen und dann stehen wie eine Torfwurst im Nylonstrumpf. Die Samen werden daraufgelegt, leicht abgedeckt, ebenso leicht angefeuchtet, an einen mäßig warmen, hellen Platz gestellt, fertig. Die Jungpflanzen bleiben in ihrem Topf bis sie ausgepflanzt werden. Wer mehrere Samenkörner in jeden Topf gelegt hat, läßt nur den stärksten Sämling stehen.

Torfkultursubstrate

Um die Jungpflanzenanzucht im Gemüsebau zu vereinfachen, so daß auch der Freizeitgärtner erfolgreich dabei ist, werden in zunehmendem Maße Torfkultursubstrate (TKS) verwendet. Die Torfkultur verspricht folgende Vorteile: Die Vorkultur der Tomaten, von Kohl und Kopfsalat wird um 8–10 Tage verkürzt. Die Erde muß nicht weiter vorbereitet werden, insbesondere nicht entseucht; denn sie ist von Haus aus keimfrei und hygienisch. Auch beim Pikieren erleichtert das moderne Substrat die Arbeit. Die stets gleichbleibende Zusammensetzung mit genau reguliertem Nährstoffgehalt vereinfacht die Düngung und ergibt ein ganz gleichmäßiges Pflanzmaterial.

Fertiges TKS enthält für die ersten Wochen genügend Nährsalze. Ein gelegentlicher Molybdänmangel bei Kohl und Kopfsalat kann durch Spritzen mit 0,01–0,015%iger Molybdatlösung behoben werden. Während der Vorkultur düngt man mit 0,4% Kalksalpeterlösung im Abstand von 2 Wochen. Vor dem Auspflanzen empfiehlt sich bei einfachem Floratorf eine Startdüngung von 2mal 75 g *Rustica blau* in 10 Litern Wasser.

Kleine Jungpflanzen vorziehen

Wie groß der Einfluß kleiner Jungpflanzen auf die Qualität und Erntemenge ist, zeigten Versuche mit Blumenkohl in Weihenstephan. Dort wurden Jungpflanzen aus 4 verschiedenen Saatterminen zum gleichen Zeitpunkt gepflanzt. Die größten Setzlinge hatten beim Auspflanzen schon 5–6 Laubblätter, die kleinsten nur 1. Das Anwachsergebnis war bei allen Versuchsreihen gleich gut; denn die Schwierigkeiten mit Sommerblumenkohl fangen erst später an, wenn die Standortverhältnisse nicht optimal sind. Deshalb sind die Preise so ungewöhnlich hoch, daß sich der Anbau im Hausgarten durchaus lohnt.

Mit 4 Wochen alten Jungpflanzen erzielte man bei den Versuchen das günstigste Ergebnis. Ihr Gesamtertrag war höher und der Marktwert besser, allerdings verzögerte sich naturgemäß der Zeitpunkt der Ernte.

Der Grund für diesen großen Unterschied war die wesentlich höhere Zahl der Vorblüher bei den älteren Jungpflanzen. Wäh-

rend bei den jüngsten Setzlingen überhaupt keine Vorblüher auftraten, wurden bei den sehr großen Jungpflanzen bis zu 58% gezählt. Den späteren Erntebeginn verschmerzt man unter solchen Umständen gern, außerdem läßt sich das mit gut abgestimmten Folgen von jeweils bequem verwertbaren Mengen umgehen.
Um möglichst lange erntefähigen Blumenkohl zu haben, sät man bereits im Februar das 1. Mal aus und erntet, rund 50 Tage nach dem Auspflanzen ins Freiland, Ende Juni. Der Folgesatz Mitte März ist im Juli soweit. Von Mitte Mai braucht der Sommerblumenkohl bis zum Juli/August. Bereits im September und Oktober folgt der Anfang Juni ausgesäte Herbstblumenkohl.
Die sorgfältige Jungpflanzenanzucht in Jiffy-, Ton- oder Erdtöpfen – und möglichst unter Glas – bestimmt ganz entscheidend den weiteren Erfolg der Kultur. Die Keimlinge müssen stets in lebhaftem Wachstum gehalten werden, also stets bei der richtigen Temperatur und ausgiebiger Versorgung mit Wasser und Nährstoffen. Als Anzuchterde wird neues Torfkultursubstrat (TKS) verwendet, das unkraut- und krankheitsfrei ist. Auch die Topfgröße beeinflußt den Kulturerfolg.
Nach Versuchsergebnissen aus Weihenstephan beginnt die Ernte um so früher, je größer die Töpfe sind. Für den frühesten Satz wird ein 8-cm-Tontopf oder 7-cm-Jiffy-Pot empfohlen, für die späteren reicht der 7-cm- oder 6-cm-Tontopf sowie der 6-cm- oder 5-cm-Jiffy-Pot. Im dreijährigen Mittel betrug der Gesamtertrag in Stückprozent am 1. Erntetag bei pikierten Jungpflanzen 8,7, im Erdtopf 19,7, im Tontopf 22,4, im Jiffy-Pot 30,3. Am 2. Erntetag waren die Unterschiede noch größer: pikiert 21,0, Erdtopf 32,2, Tontopf 41,3 und Jiffy-Pot 49,7.
Besonders für den kritischen Sommerblumenkohl ist es von entscheidender Bedeutung, daß die Pflanzen mit einem Topfballen ausgepflanzt werden und ohne jede Stockung zügig weiter wachsen.

Regeln für das Auspflanzen

Selbstverständlich pflanzt man nur einwandfreie Jungpflanzen; denn für den knappen Platz ist das Beste gerade gut genug. Verkrüppelte, geile (zu hochgeschossene), kranke Pflanzen werden ausgelesen. Dem letzten Gießwasser kann ein Pflanzenschutzmittel gegen Keimlingskrankheiten zugesetzt werden. Die Blätter einzukürzen, wäre nachteilig, außer bei Porree.

Der richtige Zeitpunkt für das Auspflanzen kommt in den Abendstunden oder an trüben Tagen. Muß bei Sonne gepflanzt werden, hilft anschließend ein Schattenspender, bis die Wurzeln ausreichend Wasser heranschaffen. Das Anwachsen wird wesentlich erleichtert, wenn man die Setzlinge nach dem Setzen mit tief gehaltener Kanne angießt, so daß die Erde nicht weggespült und die Pflanzen in die Erde geschlämmt werden. An den folgenden Tagen braust man das Beet wiederholt leicht über, um die Luftfeuchtigkeit für die Pflanzen zu erhöhen.

Jede Pflanze braucht zu ihrer Entwicklung einen ganz bestimmten Lebensraum. Ist der Pflanzabstand zu weit gewählt, schließt der Bestand spät auf, Unkraut breitet sich aus, die Bodengare verliert sich. Umgekehrt entwickelt sich die Einzelpflanze im dichten Bestand nicht richtig, der Wuchs wird schlenkerig, Pilzkrankheiten breiten sich leichter aus.

Es kommt also darauf an, den jeweils richtigen Pflanzabstand zu finden. Der Abstand zwischen den Einzelpflanzen ist nicht nur arttypisch, sondern schwankt auch innerhalb einer Gemüseart von Sorte zu Sorte. Außerdem hängt er noch von den Boden- und Witterungsverhältnissen ab.

Ist das Klima günstig und der Boden gut, kann der Bestand natürlich dichter sein als in karger Krume und rauher Lage. Denn dort vermögen die Pflanzen alle nötigen Nährstoffe und die Feuchtigkeit für ein zügiges Wachstum aufzunehmen. Zusätzliche Bewässerung hat eine ähnliche Wirkung, so daß der Kulturablauf insgesamt beschleunigt wird, und die Nutzung des Gartenlandes intensiver ist.

Eine optimale Standweite, die allgemein verbindlich empfohlen werden könnte, gibt es nicht. Man kann sich immer nur innerhalb

gewisser Grenzen nach den vorliegenden Bedingungen eine passende Weite heraussuchen. Wie weit sind nun die richtigen Abstände für die verschiedenen Gemüsearten? Zunächst eine Faustregel: Je leichter der Boden, um so größer sollen die Reihenabstände sein. Auf sehr nahrhaften, schweren Böden können sie dichter gestellt werden.
Die nachfolgenden Zahlen in der Tabelle beziehen sich auf mittelschwere Böden in gutem Kulturzustand, wie sie im Garten normalerweise anzutreffen sind.

Reihenabstand	Pflanzenart
10 cm	Radieschen, Gartenkresse
20 cm	Feldsalat, Schnittsalat, Zwiebeln, Schalotten, Schnittlauch, Perlzwiebeln
30 cm	frühe Kohlrabi, Porree, Karotten, Möhren, Schwarzwurzeln, Rettiche, Mangold, Spinat, Kopfsalat, Sommer-Endivien, Pastinaken, Rübstiel
40 cm	früher Weißkohl, früher Wirsing, Grünkohl, Buschbohnen, frühe Straucherbsen, Winter-Endivien
50 cm	mittelfrüher Weißkohl und Rotkohl, Blumenkohl, später Kohlrabi, späte Straucherbsen und Reisererbsen
60 cm	später Weiß- und Rotkohl, später Wirsing und Blumenkohl, späte Folgen von Rosenkohl
70 cm	Stangenbohnen, Neuseeländer Spinat, Tomaten, Gurken

Bei Pflanzgemüse läßt sich der Abstand von vornherein genau festlegen, während ausgesäte Gemüse von der Auflaufdichte abhängen und diese wiederum von Witterung und Saatgutqualität. Die Unterschiede können von Jahr zu Jahr beträchtlich sein, so

daß es sich empfiehlt, immer reichlich auszusäen, um dann später von Hand zu vereinzeln. Im großen und ganzen ist man dazu übergegangen, die Aussaatmenge und damit auch die spätere Bestandsdichte zu erhöhen.
Der Grund dafür ist einmal die Erkenntnis, daß der Boden Frucht tragen will, weil Beschattung ihn fruchtbar macht. Die Bodenbearbeitung nach kräftigen Niederschlägen erübrigt sich. Zudem ist die Güte des Gemüses aus dichterem Stand zumeist besser. Wer will schon Renommierknollen von Sellerie ziehen, auf die der Schrebergärtner früher einmal stolz war.
Viel brauchbarer ist eine gleichmäßige, mittelgroß ausfallende Frucht von zarter und makelloser Qualität. Das gilt für Mohrrüben ebenso wie für Tomaten, rote Bete und viele andere. Auch Kohlköpfe sollten nicht schwerer als 1–1,5 kg sein. Nicht zuletzt wird das von der Fläche erzielte Ernteergebnis größer. Selbst wenn die einzelnen Pflanzen kleiner sind, ist doch die Gesamtmenge höher.
In der Praxis des Gemüsebaus wird normalerweise die Entfernung zwischen den Reihen etwas größer gewählt als die innerhalb der Reihe. Der Grund dafür ist, daß die Geräte zur Bodenbearbeitung ihren Platz brauchen. Untersuchungen haben gezeigt, daß auch bei einer solchen Pflanzform, die wie ein langgestrecktes Rechteck aussieht, der Ertrag nur unwesentlich geringer ist als bei Quadratpflanzung. Die Qualität des Gemüses wird dadurch nicht nennenswert beeinträchtigt.
Im Hausgarten spielt das eine untergeordnete Rolle. Hier kann man auf kleinen Flächen einen Schritt weitergehen und im Dreiecksverband pflanzen. Dann ist der Abstand allseits gleich, die Zahl der Pflanzen auf dem Beet höher und, auf den kleinen Flächen ist die Bodenbearbeitung mit Handgeräten kein Problem.
Die Pflanztiefe richtet sich nach der Gemüseart. Alle Arten, die rosettenartig wachsen wie Sellerie, Kopf- oder Endiviensalat, müssen flach gepflanzt werden. Salat will im Winde wehen, sagt der Gärtner. Andere Arten, die am Stengel Seitenwurzeln *(Adventivwurzeln)* bilden, setzt man tiefer, um den Wurzelballen zu vergrößern (Tomaten, Kohlgemüse, ausgenommen Kohlrabi). Porree stellt man tief in die Erde, manchmal in eine Rille, die nach und

nach zugezogen wird, damit schön lange, gebleichte Schäfte entstehen.

Gut geschützt unter Folie

Die leichten Flachfolien sind mittlerweile so verbreitet, daß nur noch 30 % des Gemüses unter Folientunneln verfrüht werden, während 70 % mit Flachfolien bedeckt werden. Im Monatsdurchschnitt sind darunter 6° C höhere mittlere Tagestemperaturen gemessen worden und 3° C mehr im Boden, was für viele Kulturen wichtiger ist. Dieser künstliche Pflanzenschutz hält auf natürliche Art nicht nur das miese Wetter unserer Breiten fern, sondern zahlreiche Schädlinge und Krankheiten.

Die Folienkultur kennt 2 Anwendungen, die überspannten Beete oder Reihen mit Tunneln frei über den Pflanzen und die aufliegenden, lockeren Flachfolien. Hier unterscheidet man die kulturberührenden Auflagen mit zehntausenden von Schlitzen pro Quadratmeter, die so leicht sind, daß die zartesten Sämlingskeime darunter nicht krumm gebogen werden. Das Material ist hauchdünn, je nach Anwendung 0,04–0,1 mm stark, trotzdem zugfest, entweder lichtdurchlässig oder fast klar bis milchig trüb zur Anbauverfrühung oder weiß pigmentiert als Schattierfolie im Sommer.

Schwarz ist das Material als Mulch- und Unkrautfolie zur Bodenbedeckung unter Erdbeeren, Gurken, Buschbohnen, Tomaten, Salat, im Obstbau sowie ausnahmsweise bei wasserscheuen oder anderweitig empfindlichen Ziergewächsen.

Die Vorteile einer Mulchfolie sind offensichtlich, Blätter und Früchte bleiben sauber, die Anfälligkeit für Bodenkrankheiten ist auffällig herabgesetzt. Den fast überall verbreiteten Grauschimmel halten Deckfolien völlig fern, ebenso zahlreiche andere Pilzerkrankungen der Gemüsepflanzen. Die Ernte kann um 8–10 Tage, ja bis 4 Wochen vorverlegt werden, nur weil die Bodenwärme gleichmäßig höher liegt. Mehrerträge bis 50 % sind allein aus diesem Grunde keine Seltenheit.

Bei den Erdbeeren kommt hinzu, daß es in ihrer sommerlichen

Pflanzzeit oft warm und trocken ist. Damit sie dennoch gut anwachsen, müßte reichlich gewässert werden, doch das hat auch Nachteile.
Später unter Folie kommt das Unkraut nicht hoch, es muß nicht gehackt werden, und die Folie kann bis zur Ernte liegenbleiben, während andere Bodendecken im Frühjahr aufgenommen werden müssen, sonst sinken die Erträge und steigen die Frostschäden während der Blütezeit, bei Holzwolle bis 44 % und mit Stroh sogar 64 %, wie in Versuchen gemessen wurde.
Gepflanzt wird durch Kreuzschnitte, die so aufgeklappt werden, daß genau der Wurzelballen durchpaßt. Die neuen Schwarzfolien sind mit feinen Schnitten versehen, durchlässig für Wasser, so daß gegossen und gespritzt werden kann, ohne daß Verluste entstehen. Trotzdem ist der Schatten tief genug, weil sich die Schlitze nicht öffnen, so daß die Unkrautkeime an Lichtmangel eingehen.
Bei den mitwachsenden Schlitzfolien dagegen öffnen sich die 14 000 kleinen Einschnitte auf jedem Quadratmeter so weit, daß sich die gesamte Fläche um ein rundes Viertel vergrößert. Die Bahnen sehen aus wie Gehacktes und liegen deshalb, ohne zu schlagen, wie feuchtes Löschpapier auch bei starkem Wind. Sie brauchen nur an den Rändern leicht beschwert zu werden. Sie sind so hauchzart, daß man sie unmittelbar nach Aussaat oder Pflanzung über die Beete ziehen kann.
Mit fingerbreiten Schlitzen sind neuerdings auch die Reifehauben für Tomaten, Paprika, Auberginen und andere wärmeliebende Fruchtgemüse, für die unsere Sommer im Grunde zu kurz sind. So sind die Nachteile sommerlicher Folienkultur in der Mittagssonne, die Überhitzung, zu hohe Luftfeuchtigkeit mit Schimmel und Fäulnis, so gut wie ausgeschlossen.
Sie wachsen inzwischen auch mit; denn man schneidet sie passend von den Schläuchen und bindet sie über den Jungpflanzen am Haltestab fest. Den unteren Rand krempelt man um und legt ein paar Erdbrocken zur Befestigung darauf. Wenn die Pflanze wächst, schiebt man die Befestigung weiter hinauf. Den Sommer über kann der untere Stengelteil ohne weiteres im Freien stehen.
Die Auswirkungen reichen bei jeder Folienanwendung erheblich weiter als bisher angenommen. Und es wäre naiv anzunehmen,

daß sich unter ihnen nur Vorteile vereinten. In Versuchen wurden geschmackliche Abweichungen festgestellt, die sich um so schärfer auswirkten, je weniger die Folien gelocht waren. Deshalb ist die früher häufige Abdeckung mit ungelochten Folien mehr und mehr von Bespannungen ersetzt worden, die mit 500–1000 Löchern versehen wurden.
Wird es unter einer geschlossenen Abdeckung zu heiß, schließen die Pflanzen ihre Spaltöffnungen, um Wasserverluste zu verringern. Solange aber bleibt in der sonst wachstumsintensivsten Zeit das Wachstum aus. Wird es zu dunkel unter der verstaubten, schwitzenden Folie, bildet sich mehr Nitrat im Gemüse, weil in der geringeren Lichtstärke weniger in Ammonium ungewandelt wird. Also sollte die Schattierfolie immer nur so lange liegenbleiben, wie unbedingt nötig.
Klare Folien haben sonst etwa dieselbe Licht- und Wärmedurchgangszahl wie Gartenblankglas. Sie können also auf Frühbeeten und Kleingewächshäusern nicht als Ersatz gelten, sondern als gleichwertig und sind, weil leichter und bruchfest, in der praktischen Verwendung im Garten eher zu empfehlen als Glas.

Folientunnel

Das warme, dampfende Mistbeet aus Großvaters Tagen kennt der Freizeitgärtner heute nur noch aus Gartenbüchern. In der Praxis spielt es schon lange keine Rolle mehr, obwohl die Pferde der Sportreiter genug Mist dafür machen.
Diese Frühkulturen müßten bereits im Januar ausgesät werden, ihre Pflege setzt großes Fachwissen voraus, die Mühen und Kosten stehen in keinem Verhältnis zum Pfennigwert der so früh herangezogenen Jungpflanzen. Beim Gärtner sind sie zur Pflanzzeit so preiswert, daß von dem ganzen Unternehmen nicht viel mehr übrig bleibt, als die Freude, daß es gelungen ist.
Ganz anders der kalte Kasten, vor allem in seiner modernsten Form als Folienhaube oder -tunnel. So unwahrscheinlich dünn die dafür verwendeten Klarsichtfolien sind, sie reichen doch aus, die ersten Freilandsaaten und das Treibgemüse vor der spätwinterlichen Witterung ausreichend zu schützen.
Ihre Stärke liegt zwischen 0,05 und 0,2 mm, so daß sich viele nicht

vorstellen können, wie ein solcher Hauch von Kunststoff wärmen soll. Es ist natürlich das Luftpolster zwischen den Pflanzen und der Plastikhülle, das die Temperaturen hochhält. Frostschutzfolien dürfen deshalb nicht platt auf den Beeten liegen, sondern müssen Abstand halten, um Warmluft zu speichern.

Das ist der Grund für die schnelle Verbreitung der Folientunnel mit halbrunden Drahtbügeln, die mit wenigen Handgriffen über den Pflanzreihen aufgestellt werden, sobald es die Witterung erfordert. In dieser Form wird auch die Reißfestigkeit des Materials nicht über Gebühr strapaziert, wenn der Wind darauf steht oder Schnee eine Zeitlang liegenbleibt. Auch die lästigen »Wassersäcke«, die folienbespannte Frühbeetfenster oder einfache Lattenrahmen bis zum Platzen belasten, können hier nicht entstehen.

Die Konstruktion der kompletten Folientunnel wirkt auf den ersten Blick so bestechend einfach, daß man leicht auf den Gedanken kommen könnte, sie von der Rolle selbst zu basteln. Der Preis für 50 m transparente Polyaethylenfolie (PAE-Folie) in 2 m breiter Bahn liegt bei der dünnsten Ware nicht viel über 10,– DM, bei 0,10 mm gilt etwa der doppelte Preis, bei 0,20 mm knapp der 3fache. Doch der Eigenbau ist unverhältnismäßig mühsam und selten voll zufriedenstellend.

Die im Fachhandel angebotenen Normaltunnel entstehen dagegen aus eingeschweißten Drahtbögen, deren Enden nach dem Ausfalten in die Erde gesteckt werden. So kann es auch straff gespannt bleiben, damit das Regenwasser außen und Kondenswasser innen gleichmäßig ablaufen kann. Vor allem der stetige Tropfenfall, immer an derselben Stelle unter der eingebeulten Mitte zwischen 2 Bögen, schadet den Sämlingen sehr. Das Kondenswasser ist sonst sogar von Vorteil, weil es zusätzlich die Außenkälte abhält. Man hat gemessen, daß die Temperaturen unter trockener Folie erheblich rascher absinken. Allerdings geht auf diese Weise wieder etwas von der Lichtdurchlässigkeit verloren, und das kann sich in den kurzen, wolkenverhangenen Tagen nachteilig auf das Wachstum auswirken. Deshalb ist ein ungiftiges Spritzmittel entwickelt worden, das vor dem Aufstellen der Tunnel auf die Folie gesprüht wird. Das gibt auf lange Sicht klaren Folien bis 50% höhere Lichtdurchlässigkeit.

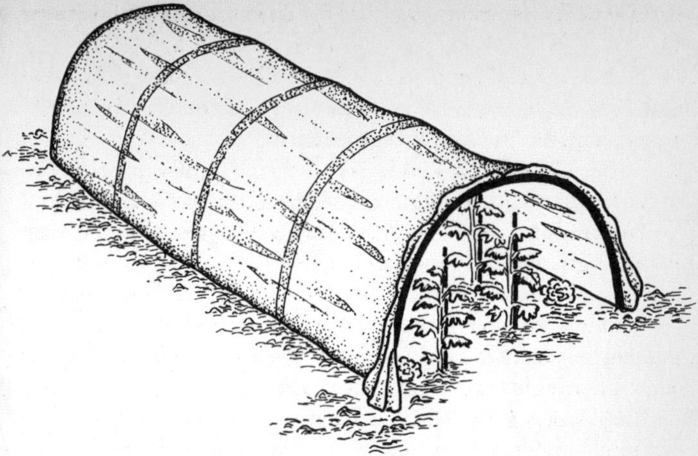

Eine Plastikfolie schützt vor Frost

In den Folientunneln speichert sich Warmluft mit erhöhter Feuchtigkeit, so daß die Pflanzen mitunter schneller wachsen, als es nach dem Kalender oder der Witterung angebracht wäre. Deshalb gibt es bei verschiedenen Fabrikaten eine Möglichkeit zu lüften; andere werden so aufgestellt, daß sie nicht so lange eng auf dem Erdboden aufliegen. Aus dem Luftschlitz am Boden fließt auch die in den Frostnächten entstehende Kaltluft ab, die sich sonst unten ansammelt.

Wegen der höheren Luftfeuchtigkeit muß auch weniger gegossen werden, dafür ist unter Umständen die Gefahr von Pilzkrankheiten etwas höher. Das läßt sich jedoch in Grenzen halten, wenn bei den ersten Anzeichen davon ein verträgliches, unbedenkliches Pilzmittel gespritzt wird. Die Lüftung wird schließlich auch gebraucht, um die Pflanzen frühzeitig vor dem Abnehmen der Tunnel an die frische Luft zu gewöhnen.

Hier zeigt sich ein weiterer Vorteil dieser rasch aufgebauten Kleintreibhäuser: Sie können ohne Umstände wieder über den Beeten entfaltet werden, falls sich das Wetter wieder verschlechtert oder später die Eisheiligen drohen. Man packt sie deshalb besser gar nicht erst in ihre Kartons, sondern läßt sie von einer Kultur zur anderen wandern.

Selbst wenn aller Frost endgültig vorüber ist, können sie wie ein Regenschirm über den wärmebedürftigen Gurken, Paprika, Melonen und manchen anderen niedrigen Gewächsen aus südlichen Breiten gestellt werden. Dabei geht es meist nicht einmal so sehr um die Feuchtigkeit, sondern jeder Schauer bringt einen Quecksilbersturz mit sich, und wenn sich das wiederholt, sind die Gurken ziemlich verbittert.

Schneller Wechsel zwischen Sommerhitze und eisigem Gewitterregen am selben Tage macht vielen anderen Kulturen ebenso zu schaffen, sie sind geschockt, stocken, werden sauer und anfällig gegen alle möglichen Krankheiten. Die Feuchtigkeit gibt ihnen dann leicht den Rest. Manche Kulturen sind hierzulande überhaupt nicht anders bis zur Reife zu bringen, als unter einem Schutz vor unserer rauhen Umwelt, jedenfalls in den üblichen Monsun-Sommer-Wetterlagen.

Rasch geht dann auch bereits die erste Ahnung eines Frosthauchs über das Land, aus dem Frühbeet wird ein Spätbeet und gibt den empfindlicheren Gewächsen die Zeit zur Reife. Aber auch die letzten Saaten robuster Spinat- und Salatsorten für die Winterernte stehen besser im Schutz dieser Tunnel.

Anlage eines Hügelbeets

Normal läßt sich die Grundstücksfläche nicht vergrößern, es sei denn, man baute ein Hügelbeet. Es stammt aus der Tradition des Naturgartens, der schon im alten Japan gepflegt wurde, und bietet noch andere Vorteile als mehr Platz: ein wärmeres Wurzelbett und nährstoffreiches Substrat.

Eine flache Grube wird in Beetgröße spatenstichtief ausgehoben, weil der Mutterboden später zum Abdecken gebraucht wird. In die Mitte legt man sperrigen, verholzten Abfall und deckt darüber Rasensoden mit den Wurzeln nach oben oder anderes dichtes Material wie Rasenschnitt oder Stroh, das die nun folgenden Schichten aus organischem Abfall von dem Gestrüpp trennt. In

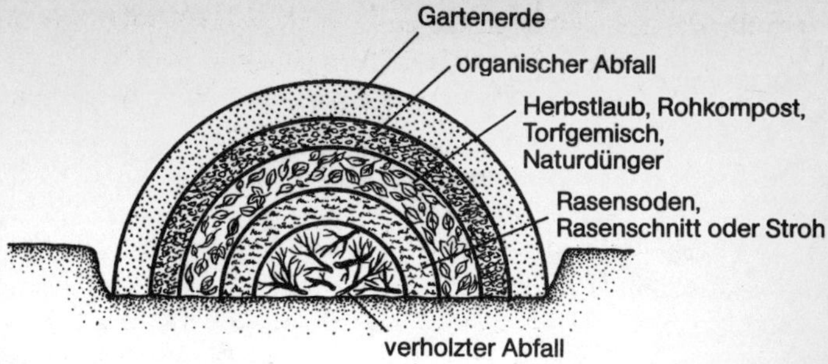

Querschnitt eines Hügelbeets

mehreren Lagen kann man darauf anderes Material stapeln, etwa Herbstlaub, Rohkompost, Torfgemisch, versetzt mit Horn- und anderen dauerhaften Naturdüngern, bevor die beiseitegelegte Gartenerde darübergezogen wird.

Diese Methode ist auf nassen Böden mit hohem Grundwasserstand sehr empfehlenswert, weil das lockere Material eine hervorragende Dränage ist. Vor allem im zeitigen Frühjahr wirkt sich das günstig aus, weil die Winternässe eher abgetrocknet ist und früher gesät sowie gepflanzt werden kann. Sogar während des Winters bleibt eine gewisse Bodenwärme erhalten, die überwinternden Gemüsearten zugute kommt.

Wichtiger als sonst bei Gemüsereihen ist, daß ein Hügelbeet von Nord nach Süd verlaufen sollte. Die schattige Seite wäre sonst allzu benachteiligt und die Südseite zu schnell aufgeheizt und trocken. Hohe und rankende Kulturen stehen oben in der Mitte, die kleineren am Rand unten. Das Ganze sinkt im Laufe des Jahres weitgehend zusammen, vielleicht hält es sich noch etwas im nächsten, aber dann wird abgeräumt und ein neuer Hügel gebaut.

In vereinfachter Weise wird eine solche Wärmepackung schon lange unter Gurken und anderen exotischen Kulturen angelegt. Man hebt die Reihe 30 cm tief und ebenso breit aus und füllt Pferdemist in den Graben, ein anderer gut verrotteter, warmer Humus tut es auch. Auf die Packung häuft man die ausgehobene Erde, so daß ein flacher Wall entsteht, der gut durchlüftet ist und sich rasch erwärmt. Hier haben die in Töpfen vorgezogenen

Jungpflanzen gegenüber ausgesäten einen beträchtlichen zeitlichen Vorsprung, den sie vor allem dann behalten, wenn anschließend bei schlechtem Wetter eine Klarsichtfolie über die Reihen gespannt wird. Für Windschutz sorgen Randkulturen wie Erbsen, Frühkartoffeln oder Zuckermais, notfalls Schilfmatten.

Die leckersten Wurzelgemüse

Möhren

Die gewaschenen und geputzten Möhren in Folienpackung sehen so aus, als wären sie selbst aus Plastik hergestellt. Sie zeigen, wie lohnend der Anbau junger, das ganze Jahr über frischer Möhren im eigenen Garten ist. Sie werden dünn, flach und gleichmäßig ausgesät, mit Reihenabständen bei runden und kurzen Sorten von 15 cm, bei halblangen 20 cm. Die zugezogenen Saatrillen klopft man mit dem Harkenrücken fest. Sie müssen zügig wachsen, damit ihre Wurzeln zart bleiben. Zu dichter Bestand wird behutsam ausgelichtet. Flüssiger Volldünger und zusätzliche Wassergaben fördern die rasche Entwicklung weiter, 15–20 g Volldünger je m^2 genügen. Mehr gibt es nicht, weil Möhren salzempfindlich sind.

Radieschen

Ein Radieschen ist 6 Wochen nach der Saat erntereif, wenn die Wurzelknolle 2–3 cm Durchmesser erreicht hat. Für den Gartenbesitzer dienen Radies als Markiersaat zwischen langsamer keimenden Saaten wie Möhren und Petersilie. Nach wenigen Tagen zeigen die Radieschenkeimlinge, wo's langgeht. Es kann gehackt werden. Brauchen die anderen mehr Platz, sind die Radieschen bereits geräumt. Sie haben als Platzhalter außerdem etwas für die nötige Standweite getan. Da die Knöllchen oberflächlich in der Erde stekken, lockern sie beim Herausziehen nicht den Nebenmann.
An Wasser und Nährstoffen brauchen so kleine Knollen nicht viel, sie sind anspruchslos. Im Schatten wachsen die Blätter wie wild, die Knollen sind als mäßig dicker Wurzelhals kaum erkennbar. Je flacher die Samenkörner runder Sorten liegen, um so besser gehen

sie auf, ihre Wurzelknollen werden einheitlich rund und sind früher erntereif. Auch die halblangen Sorten dürfen nicht tiefer als 1,5 bis höchstens 3 cm unter die Erde.

Rettiche

Frühe Rettiche bringen innerhalb von 6–7, höchstens 8 Wochen kleine bis mittelgroße Rüben, die alsbald nach der Erntereife pelzig werden. Die Sommersorten entwickeln sich langsamer, sind gegen Hitze und Trockenheit widerstandsfähiger, ihre Neigung zum Pelzigwerden ist weniger ausgeprägt.

Aussaattermine sind früh im Januar unter Glas oder Folie, bis in den April und noch einmal dieselben Sorten ab September; Sommerrettiche ab April, Herbstrettiche Anfang Juli, Winterrettiche Ende Juli. Die Reihenabstände sind von der frühen bis zur späten Aussaat ansteigend, von 20–30 cm, in der Reihe 10, 15, 20 cm. Zu enger Stand führt ebenso wie Wassermangel zu *Schosserbildung* (bilden zu früh Blüten). Gegen die Maden der Kohlfliege muß ein kurz wirkendes Pflanzenschutzmittel gegossen werden. 10–14 Tage nach dem Aufgehen der Samen streut man 30 g Volldünger pro m^2.

Rote Bete

Wie Petersilie sind rote Rüben für das Auge da, zur Dekoration und Färbung von Salaten sowie anderen Speisen. Die Aussaat kommt Mitte Juni früh genug, als ideale Nachkultur. Runde und plattrunde Sorten haben kurze Wachstumszeiten, so daß sie später ausgesät voll auswachsen.

Bevorzugt werden dunkelrote Rüben ohne weiße Ringe, klein und zart, also enger gesät. Für 10 m^2 werden 18 g Saatgut empfohlen. Leider besteht es aus sogenannten Knäueln, die 3–7 Einzelfrüchte enthalten.

Sollen die Rüben eingelagert werden, ist Mitte Oktober Erntezeit, von Hand ausgezogen, wobei man sorgfältig vermeidet, den Rüben Verletzungen zuzufügen; sonst können sie ausbluten. Daher wird der festgetretene Boden mit der Grabegabel gelockert, leicht herausgehoben, die Erde nur abgeschüttelt und das Laub abgedreht. Im Keller deckt man feuchten Torf darüber.

Speiserüben

Pastinaken werden langsam etwas Boden gewinnen. Die gute alte Hammelmöhre, schon seit den Pfahlbauern in Kultur, wird mit einem fremd klingenden Namen geschmückt, der in Wahrheit nur dem botanischen nachgebildet ist *(Pastinaca sativa)*. Sie wird schon möglichst früh, ab März, im Reihenabstand von 30 cm, in der Reihe 15 cm, ausgesät; Ernte ab September bis in den Winter.

Die weißen Rüben, unter ihnen die Teltower, die Mai- und Herbstrüben, gehören in einigen Ländern zum festen Bestand auf den Beeten und Tellern. Sie sind nicht immer weiß, vielmehr rot oder gelb von außen, weiß oder gelb im Fleisch. Aussaat ab März, Reihenabstand 25 cm, in der Reihe etwas weniger, 1. Ernte Mai, Juni. Nach der Aussaat im Juli ist die 2. Ernte im Oktober.

Kohlrüben schließlich, geschmacklich auf gleicher Höhe, werden im Mai ausgesät und im Juli gepflanzt, auf 50 cm Reihenabstand und 30 cm minimal in der Reihe. Sie werden vor dem Frost geerntet und sind bis zur neuen Ernte haltbar. Sät man Speiserüben dichter, bis 3 g auf 1 m², wachsen nur die Stiele kräftig. Als Stielmus oder Rübstiel werden sie im Frühjahr und Herbst gern gegessen, nicht nur im Rheinland.

Schwarzwurzeln

Diese beliebten Winterspargel brauchten so lange, daß sie zweijährig kultiviert wurden. Erst die neuen Züchtungen bringen nach frühester Aussaat die Ernte im selben Jahr: Aussaat Februar oder März, Ernte ab Mitte Oktober oder Ende November, die allerletzten im 2. Standjahr. Sie wachsen in jedem normalen Gartenboden, der bis 30 cm gelockert ist. Die Entfernung zwischen den Reihen beträgt 30–40 cm, die Saattiefe 2–3 cm.

Die Ernte ist nicht so einfach, weil Schwarzwurzeln brüchig sind. Am besten hebt man neben der 1. Reihe einen Graben aus, sticht mit der Grabegabel hinter die Reihe und kippt diese behutsam in den Graben. So lassen sich die Wurzeln unbeschädigt herausnehmen. Den höchsten Ertrag erzielt man mit 2 Volldüngungen im Juni und Anfang August, wenn etwa 50 Pflanzen auf 1 m² stehen und je später im Jahr geerntet wird.

Bei Versuchen erwies sich, daß erst Ende November der Anteil mit

Pflanzen von bester Qualität am höchsten ist. Einen Monat früher ist dieser Anteil und die Erntemenge 15% niedriger, denn vor allem die Wurzeln wachsen besonders in den letzten Wochen noch kräftig.

Meerrettich

Schärfer als Rettich und auch gesünder ist der Meerrettich. Die starken ätherischen Öle haben antibiotische Wirkung und werden deshalb bis heute in der Medizin gebraucht. Auf dem Markt sind die Wurzeln selten zu finden; denn der Anbau ist eine Besonderheit kleinbäuerlicher Intensivbetriebe in einigen Gebieten, bei Hannover, um Hamburg und im Bayerischen.

Die Ansprüche des Meerrettichs sind gering, doch sollte der Boden tiefgründig, bis 40 cm gelockert, humos und feucht sein. Als Pflanzmaterial dienen schwache Seitenwurzeln einjähriger Stangen, mindestens federkielstark, 20–25 cm lang, das untere Ende schräg abgeschnitten, weil diese Seite tiefer in die Erde muß. Man

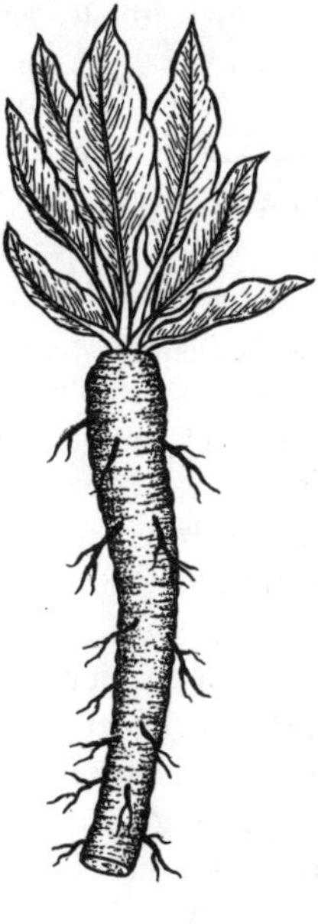

Meerrettich

reibt sie mit festen Leinenlappen gründlich ab, so daß alle Seitenaugen blind werden (sie treiben dann nicht mehr), nur die Enden bleiben davon verschont.
Gepflanzt wird im zeitigen Frühjahr oder Herbst im Abstand von 70–80 cm. Man zieht 10 cm tiefe Furchen, legt die Wurzeln, handbreit voneinander entfernt, hintereinander hinein, mit dem Kopfende in eine Richtung. Das Unterende drückt man in die Rille hinein und biegt die oberen Enden beim Abdecken mit Erde nach oben. Anschließend wird angehäufelt.
Während des Sommers werden die Blattriebe bis auf den kräftigsten *ausgegeizt* (entfernt). Die Ernte beginnt, sobald das Laub abstirbt, Ende Oktober oder Anfang März. Alle Wurzelreste werden sorgfältig aufgesammelt; sonst kann es ungemein schwierig werden, das Land wieder meerrettichfrei zu bekommen.

Fenchel
Gemüsefenchel mit seinem süßlichen Anisgeschmack ist in der deutschen Küche noch fremd, aber auf dem Markt ist er so alltäglich geworden, daß man ihn im Garten ebenso anbauen kann.
Ausgesät wird an Ort und Stelle von Anfang bis Ende Juli, mit 35–40 cm Reihenabstand und 25 cm in der Reihe. Knollenfenchel wird ab Oktober geerntet. Gedüngt wird 2mal mit 30–40 g Volldünger auf 1 m^2. Sind die unten verdickten Stengel zwiebelgroß geworden, häufelt man danach an, damit die Knollen schön bleichen. Ein früher Nachtfrost bis – 5° C schadet ihnen nicht.
Mehrjährige Anbauversuche in der Versuchsanstalt für Gemüse- und Zierpflanzenbau Straelen ergaben, daß Fenchel kaum Ansprüche an Boden, Nährstoff- und Wasserversorgung stellt. Als widerstandsfähige Pflanze behauptete sich der Fenchel gut gegenüber Krankheiten und Schädlingen, was einer umweltfreundlichen Produktion besonders entgegenkommt. Schwierigkeiten bereitet im ganzjährigen Anbau der Langtagscharakter dieser Pflanzen, das heißt, die Pflanze bildet in der lichtärmeren Zeit viel Laub auf Kosten des Knollenwachstums.

Sellerie
Sellerie pflanzt man in den Garten, um dicke, volle, weißbleibende Knollen zu ernten. Jungpflanzen müssen unter Glas angezogen werden, weil sie eine mittlere Temperatur von 16° C brauchen, um später keine Schosser (Blüten) zu bilden. Die Setzlinge sollen stattlich sein; denn kleine Jungpflanzen erzielten in Versuchen knapp 190 kg auf 100 m^2, ausgelesene Pflanzware, auf der Vergleichsfläche daneben über 280 kg.
Beim Pflanzen ist darauf zu achten, daß die Setzlinge nicht tiefer in den Boden kommen, als sie vorher im Pikierbeet gestanden haben. Das Laub wird nicht eingekürzt, weil das den Ertrag deutlich verringert. Der Pflanzabstand beträgt 40 × 40 cm oder 50 × 30 cm im Rechteck. Weitere Abstände scheinen die Neigung zu Hohlköpfen zu steigern. Auch später brauchen die Knollen jedes Blatt. Die Gesamtdüngemenge von 12,5–16,5 kg Volldünger (nicht chlorfrei) teilt man auf 100 m^2 in 3 Gaben, $1/3$ vor dem Pflanzen, $1/3$ im Juli, $1/3$ im August. Wer mit Sellerieblättern würzen möchte, pflanzt Schnittsellerie extra.

Petersilie
Wurzelpetersilie läßt sich leicht roden, ihr Laub ist würzig und gut zum Schnitt verwendbar (nach der Wurzelernte, beim Treiben im Winter). Aussaat im März oder April mit einem Reihenabstand von 20–25 cm und in der Reihe etwa 10 cm. Der Anbau im Garten empfiehlt sich, weil die Unterpetersilie hauptsächlich als Suppenwürze für die Konservenindustrie angebaut wird.
Beim Ausheben der Wurzeln sammelt man alle schwachen zum sofortigen Verbrauch heraus und reißt bei den größeren das Laub bis zum Ansatz der Blattstiele ab, wobei die 5 oder 6 Herzblätter geschont werden. Wenn die Wurzeln zu lang sind, kürzt man die unteren Enden ein, damit sie sich leichter einschlagen lassen. Zum Treiben der Blätter pflanzt man die Wurzeln in Blumentöpfe und stellt diese hell, aber nicht zu warm auf.
Bei der Blattpetersilie kann man wählen zwischen glattblättrigen Sorten, die wegen ihres kräftigen Geschmacks eher zum Würzen geeignet sind, und den krausen Formen, die mehr den fertig angerichteten Gerichten beigegeben werden.

Beide Gruppen wachsen in gut feuchten, nicht zu schweren, humusreichen Lehmböden, wo sie eher leichten Schatten als Trokkenheit vertragen. Gegenüber Temperaturschwankungen sind sie unempfindlich, ausgenommen als junge Keimlinge. Deshalb ist die Aussaat auf abgeerntete Beete im Juli sicherer als im zeitigen Frühjahr.
Die Saattiefe wirkt nachhaltig auf den Ertrag, deshalb kommen die Samen genau 2–3 cm tief in die Erde. Ist nicht gleich auf Abstand von 10 cm Reihe gesät worden, pflanzt man zwischen Ende September und Anfang Oktober auf 12 × 6–8 cm. Je nach Witterung kann bis ins Frühjahr hinein unter leichtem Folienschutz geerntet werden.

Kohlarten, die den Anbau lohnen

Solange Kohlarten wie Rot-, Weiß- und Wirsingkohl in herbstlichen Sonderangeboten 1 Pfennig für 1 Pfund kosten, lohnt es nicht, sie im eigenen Garten anzubauen. Anders bei Blumen- und Rosenkohl, jungem Kohlrabi außerhalb der Saison, Frühwirsing, Spitzkohl, Grünkohl, wenn die winterlichen Beete sonst leer wären, Chinakohl und Brokkoli. Ende März zahlt man für Frühkohlrabi auf dem Markt Startpreise von 1 DM für 1 Knolle, im Bundesdurchschnitt sogar 1,20 DM das Stück aus Unterglasanbau. Kenner schätzen das junge Laub der Frühkohlrabi.

Kohlrabi

Unter Folientunneln sind Frühkohlrabi ausreichend geschützt, da sie keine hohen Ansprüche stellen, schnell wachsen und schon halbwüchsig reif sind. Das läßt sich in 8–9 Wochen erreichen, wenn man die richtigen Sorten wählt, die meist den Zusatz »Treib« im Namen tragen. Die Pflanzweite beträgt 20 × 20 cm, 1 oder 2 Kopfdüngungen von je 30 g Volldünger je m^2 reichen aus.
Wenn die Frühjahrssonne den Folientunnel bis 28° C aufheizt, dann nicht lüften; denn genau das hat der Kohlrabi gern. Krasser Temperaturwechsel beim Lüften muß vermieden werden. Einige wenige Frostgrade schaden nichts, also kann man Ende Februar

auspflanzen. In den Tunnels muß seltener gegossen werden, weil die Folie Feuchtigkeit festhält. Mitte April kann die Abdeckung runter.

Blumenkohl

Blumenkohl der ersten Sätze wird in kalten Nächten noch mit Folie überspannt. Man pflanzt im April auf 50 × 50 cm und sät zugleich für die kommende Folge, die Mitte bis Ende Mai aufs Beet kommt und im Juli, August erntereif ist. Schließlich folgt noch ein 3. Satz, der Ende Juni ausgesät, je nach Sorte bis Mitte Juli gepflanzt und bis in den späten Herbst geerntet wird.
Die Pflanzen müssen zügig ohne Trockenheit und Nährstoffmangel wachsen. Man düngt jeweils 3 Wochen nach der Pflanzung, 20–30 g Volldünger auf 1 Gießkanne von 10 l Inhalt oder pro 1 m^2, danach alle 3 Wochen dieselbe Menge bis 3 Wochen vor der Ernte. Spezialdünger mit Spurenelementen sind hier nützlich, viel Torf im Boden ist die beste Grundlage für schönen Blumenkohl.

Brokkoli

Spargelkohl muß sich noch durchsetzen. Eßbar sind seine grünen Köpfe und die 20–25 cm langen Triebe. Sogar die Blätter sind brauchbar als zartes, wirsingähnliches Gemüse. Brokkoli ist mit Blumenkohl verwandt und wird ebenso angebaut. Frühe Sorten sät man im März in den Frühbeetkasten, zur Herbsternte zwischen dem 15. und 20. Juni unmittelbar ins Freie. Vor dem Auspflanzen braucht er 50 g Volldünger auf 1 m^2, 4 Wochen später noch einmal 15 g in 2 Gaben im Abstand von 14 Tagen. Reihenabstand 50 cm und 50 cm in der Reihe. Geerntet wird, bevor die schmalen Knospen blühen.

Rosenkohl

Die Kohlköpfchen aus den Blattachseln des Rosenkohls sind neben Spargel und Champignons die vornehmsten Gemüsebeilagen. Die Hauptsorten für Selbstversorger und die neuen Hybriden werden Mitte bis Ende Juni, Anfang Juli ausgepflanzt, so daß eine Vorkultur in Ruhe ausreifen kann. Die Erntemenge steigt erheblich, wenn von unten beginnend, 2- oder 3mal durchgepflückt

wird. Sind die unteren Röschen abgenommen, wachsen die oberen besser nach.
Die beste Standweite ist in ausgedehnten Versuchen ausgemessen worden: Die höchsten Erträge wurden bei enger Pflanzung von 60 × 30 cm gewonnen, 50 × 50 cm reichen. Das gilt nicht für alle Sorten, Pflanz- und Erntetermine. Wer früher ernten will, muß weiter pflanzen, je geringer die Standweite, um so später sind die Rosen erntereif.
An den Boden stellt Rosenkohl keine Ansprüche; den Pflanzen sieht man an, ob sie noch eine weitere Kopfdüngung brauchen. Da sie bis – 12° C Frost überleben, können die Pflanzen bis Januar auf den Beeten bleiben. Der Frost steigert den Zuckergehalt, verbessert den Geschmack, senkt allerdings den Vitamin-C-Gehalt etwas.

Chinakohl
Ein Chinakohlkopf ist bis 2 kg schwer und damit ausreichend für eine gute Mahlzeit. Er wächst im Garten schnell heran, die ersten Köpfe sind 2 Monate nach der Aussaat im Juli erntereif, genau richtig für die 2. Tracht nach Frühgemüsen. Die Samen legt man in Reihen von 40 cm Abstand, in der Reihe 30–40 cm zu zweit oder dritt; 1 kg reicht für 5 m^2. Die stärkste Jungpflanze bleibt allein stehen.
Aussaatzeit ist Anfang Juli bis Mitte August. Die gelbgrünen, schlanken, hohen Köpfe brauchen für rasches Wachstum reichlich Feuchtigkeit und normale Nährstoffversorgung, also Kopfdüngung mit 20–30 g auf 1 m^2. Chinakohl kann 2 Monate gelagert sowie unter leichtem Folienschutz bis in den Winter hinein vom Beet geerntet werden.

Grünkohl
Während des ganzen Winters kann Grünkohl von den Beeten geerntet werden. Er ist frosthart und wird erst durch den Frost der aromatische Winterkohl. Selbstversorgersorten sind niedrig, kürzer in der Kultur und besser unter dem Schnee versteckt. Gepflanzt werden niedrige Sorten auf 40 × 50 cm oder 40 × 40 cm, je später, um so enger. Das geht von Ende Juni bis in den August, als ideale Nachfrucht auf den abgeernteten Gemüsebeeten. Selbst im

Halbschatten kommt er zurecht. Geerntet wird bis in das Frühjahr hinein. Obwohl Grünkohl zu den anspruchslosen Gemüsearten zählt, verbessern einige Volldüngergaben die Durchschnittsernten von 1,5–2,5 kg pro 1 m^2 erheblich.

Fruchtgemüse sind anspruchsvoller

Tomaten

Stabtomaten brauchen einen geschützten, vollsonnigen Standort, am besten vor einer Mauer oder von Schilfmatten abgeschirmt. Der Boden sollte gleichmäßig feucht sein, weil die Früchte sonst nach kurzer Regenzeit platzen. Torfmischdünger über dem Wurzelbereich gibt zugleich Nährstoffe ab und hält die Verdunstung gering. Gute Jungpflanzen stehen in Töpfen, sind nicht länger als 40 cm und haben 1 Blütentraube.

Gepflanzt wird nach dem letzten Nachtfrost ab Mitte Mai, die Bodentemperatur sollte auf 10° C gestiegen sein. Da zwischen den Reihen ein Abstand von 1 m eingehalten werden müßte, setzt man nur eine Reihe und in der Reihe ziemlich dicht; 40 cm Abstand verfrühen die Ernte und erhöhen die Menge reifwerdender Früchte.

Die Stengel werden locker hochgebunden und wöchentlich ausgegeizt. Über der 4., höchstens 5. Fruchttraube bricht man die Blüten aus, der Haupttrieb soll weiterwachsen. Die Blätter abzunehmen, damit mehr Sonne an die Früchte kommt, schadet nur. Tomatenreifehauben helfen im Sommer, die Temperatur nicht zu weit absinken zu lassen, vor allem bei kalter Nässe und Platzregen.

Gedüngt wird im Abstand von 2 Wochen, bis sich der letzte Blütenstand gebildet hat. In Hausnähe oder sonst an einer Mauer überbaut man die Tomaten gern mit Frühbeetfenstern oder Klarsichtfolien.

Paprika und Auberginen

Gemüsepaprika und Auberginen werden gleich kultiviert. Zwischen diesen beiden und der Tomate bestehen kaum Unterschiede, also viel Wärme und Sonne. Jungpflanzen müssen im Gewächs-

haus vorgezogen werden. Ausgepflanzt wird nach Mitte Mai auf 50 × 40 cm, mit 5 Pflanzen auf 1 m^2. Wüchsige Sorten bindet man an Stäbe. Bis zum Fruchtansatz wird mäßig gegossen, später reichlicher bis zum Ende der Kultur.
Von jeder Pflanze kann man 10–12 Früchte erwarten, zusammen ist das ein Gewicht von 3–4 kg auf 1 m^2. Sie verzweigen sich schneller, wenn man die erste Terminalfrucht (die oberste) möglichst früh abnimmt. Es ist meist die schönste. Reif sind die Früchte, sobald der Samen voll ausgewachsen ist.

Gurken
Gurkenanbau im Freiland ist etwas für intensive Pflege auf geschützten Kleinflächen. Um den späten Pflanztermin in der 2. Maihälfte auszugleichen, werden Gurken gepflanzt. Dafür zieht man sie in Torfpreßtöpfen vor. In jeden legt man 2 Samenkerne auf dic nur halbhoch eingefüllte Erde und füllt später auf, damit sich am Stengel mehr Wurzeln bilden. Ausgepflanzt wird auf 40 cm in der Reihe, 1 m Reihenabstand oder besser 1 Reihe pro Beet und daneben Kurzkulturen wie Kopfsalat, Radieschen, Sommerrettich, bis der Raum ausgefüllt ist.
Zum Gießen verwendet man abgestandenes, angewärmtes Wasser, weil Gurken bitter werden, wenn man sie mit eiskaltem Leitungswasser schockt. Nach Ausbildung des 3. Blatts gibt man eine 1. Kopfdüngung in flüssiger Form, 10–20 g Volldünger in 10 l Wasser gelöst, dasselbe alle 2–3 Wochen, solange die Gurken Ranken bilden. Ist das 5. Blatt voll entwickelt, entspitzt man den Trieb und fördert so die Seitentriebe, an denen die meisten Früchte wachsen.
Konservengurken erntet man wöchentlich 2- oder 3mal, damit die Früchte nicht zu schwer werden. Geerntet wird so vorsichtig, daß die Ranken nicht verdreht oder gar zerdrückt werden.
Deshalb gewinnt die Kultur auf Maschendraht. Der wird auf Pfosten flach ansteigend so verlegt, daß die reifen Gurken unterhalb der Laubdecke frei über der Erde hängen. So sind sie vor Fäule- und anderen Pilzkrankheiten geschützt. Hinzu kommt, daß Gurken einige Male vorsichtig gehackt werden sollen, ohne die Ranken zu bewegen.

Im Kasten braucht eine Gurke 1,5 m^2, also die Fläche eines Fensters. Man setzt den Topfballen in die Mitte des Fensterplatzes und zieht von allen Seiten lockere Erde heran, daß die Pflanze halb in einem kleinen Hügel steht.
Die ersten Tage muß leicht beschattet und gelüftet werden. Die Fenster bleiben, mit dünnflüssigem Mehlbrei schattiert, bis in den Sommer auf den Kästen, je nach Witterung wird gelüftet. Im Juli und August wird es so warm, daß Gurken ohne Glas besser gedeihen. Gurkenwurzeln vertragen keine hohe Salzkonzentration im Bodenwasser, man gibt nur kleine Gaben eines chlorfreien Volldüngers in regelmäßiger Folge, am besten aufgelöst und anschließend durchdringend gewässert.

Melonen

Wo Gurken wachsen, wachsen auch Melonen. Die Samenkörner werden Ende April in Töpfe gesteckt und erst ausgepflanzt, wenn die Jungpflanzen 4 oder 5 Blätter gebildet haben, nicht vor Anfang Juni. Am besten vor einer Südwand, wo der Boden tief mit Torf oder Kompost vorbereitet ist. Melonen dürfen, anders als Gurken,

Eine Unterlage verhindert, daß die Frucht fault

nicht tiefer gesetzt werden, sonst fault der Stengel. Anfangs überbaut oder überzieht man das Melonenbeet mit Glas oder Folie. Jede Pflanze braucht rund 1,5 m^2 Platz und einen Ringgraben zum Gießen; denn Melonen wollen viel Wasser, solange sie wachsen. Der 1. Trieb wird auf 4 Blätter zurückgeschnitten, sobald er 6 oder 7 gebildet hat, um die Seitentriebe zu verstärken. Nur daran bilden sich Früchte.

Buschbohnen

Bohnen wachsen nicht gut nach sich selbst, brauchen also eine weitgestellte Fruchtfolge (Kopfsalat, Grünkohl, Radieschen, Rettiche nach der frühen, Kohlrabi, Blumenkohl und andere vor der späten Aussaat). Grüne Bohnen sind robuster als die gelben Wachsbohnen. Frostschäden fangen schon bei +2° C an, das Wachstum stockt noch eher. Wind ist ebenfalls schädlich, deshalb sät man nur an geschützten Gartenplätzen, am besten auf leichteren bis mittleren humosen Böden.

Um die Kultur zu verfrühen, kann man die Jungpflanzen 16 Tage vorher in Töpfen vorziehen, in jeden 8-cm-Topf legt man 4–6 Kerne. Mitte Mai, nachdem sich die ersten Laubblätter entfaltet haben, wird im Abstand 40 × 40 cm ausgepflanzt. Auf diese Weise ist die Ernte 2–3 Wochen früher reif. Früher ins Freiland aussäen kann man unter Folien.

Besser ist es, nicht zu früh und in Folgen auszusäen, im Juni, Juli und in der ersten Augusthälfte. Ist das Wetter nicht allzu naß-kalt, sind die ersten Hülsen nach 6 Wochen erntereif; denn die Temperaturen im August sind günstiger als im Frühjahr. Damit die späten Saaten schnell auswachsen, gibt es vorher eine Volldüngergabe von 30–40 g auf 1 m^2. 3–5 Körner legt man 3 cm tief; wenn das erste Laubblatt sich entwickelt hat, häufelt man an, 2 Wochen später noch einmal. Der Boden wird gleichmäßig feucht gehalten, ohne die Blätter naßzumachen.

Sobald die ersten Bohnen erntereif sind, werden sie mehrere Male in der Woche gepflückt. Hängen die ersten Früchte zu lange, hören die Bohnen auf, neue Blüten anzusetzen. Gepflückt wird mit beiden Händen; denn Bohnen sind gegen rohe Behandlung und Schütteln der Blütentriebe empfindlich. Sie vertragen keinen festgetrampelten Boden. Er wird nach dem Pflücken mit der Ziehhacke gelockert.

Stangenbohnen

Gesät wird von Mitte Mai bis Mitte Juni im Reihenabstand von 80 cm, meist nur eine Reihe, 60–80 cm in der Reihe, jeweils etwa 10 Körner in einem Kreis von rund 30 cm Durchmesser.

Aus Welldraht-Doppelstäben lassen sich Vierergruppen bilden, über kreuz gesteckte, oben verbunden mit einer Stahldrahtklammer, standfeste Gerüste, 2,50 m hoch, aus 6 mm starken Stäben.

Aus Welldrahtstäben kann man ebenso beetlange Bohnenwände aufrichten, die oben längs miteinander verbunden sind. Je 2 Doppelstäbe werden einander gegenüber in den Boden gesteckt und am Kopfende kreuzweise zusammengebunden, ein Einzelwellstab quer darüber gelegt und verdrahtet. Das hält auch an stürmischen Sommertagen.

Weiter gehen die Kulturunterschiede zu Buschbohnen nicht, außer daß sie vor der Blüte noch einmal höher angehäufelt werden. Bei der Ernte zeigt sich, wie wichtig früher Beginn und das Pflükken alle 3 Tage ist. Läßt man die ersten Bohnen hängen, bilden sich insgesamt nur 3 deutlich sichtbare Stockwerke von Früchten, sonst bis zu 10.

Dicke Bohnen

Feinschmecker entdeckten den würzigen Geschmack der dicken Bohne auch außerhalb ihrer westfälischen Heimat.

Im Hausgarten sät man in Folgen von März bis Mitte Mai, Reihenabstand um 35 cm, in der Reihe 15 cm, 5–8 cm tief je nach Festigkeit des Bodens. Den besten Ertrag bringen frühe Aussaaten; sie sind vor schwarzen Bohnenläusen sicherer.

Einige Grade Nachtfrost vertragen Puffbohnen; deshalb kann man sie in Kistchen oder Schalen vorkeimen, die 5–7 cm hoch mit feuchtem Torf gefüllt sind, dem etwas Sand untergemischt ist. Die Samenkörner drückt man leicht in das Substrat und stellt sie warm und hell auf.

Die Keimlinge erscheinen nach wenigen Tagen und brauchen niedrige Temperaturen von 10–12° C, damit die Jungpflanzen gedrungen wachsen. Vor dem Auspflanzen stellt man die Anzuchtgefäße erst für wenige Stunden, später den ganzen Tag und schließlich auch über Nacht ins Freie. Sie sind in der 1. Juniwoche erntereif.

Erbsen

Grün gepflückte Erbsen schmecken am besten, wenn man die jungen, flachen Schoten frisch verzehrt, bevor die Kerne unter der Schale sichtbar werden. Zuckererbsen werden mit der Schale gegessen. Markerbsen sind vorzuziehen, weil ihr frisches Korn zarter und süßer schmeckt als das der Schalerbsen (Palerbsen). Markerbsen sollen Mitte April ausgesät werden, damit sie viel Laub bilden. Sie müssen abgeerntet werden, sobald sie reif geworden sind, da sie sich nicht wie Schalerbsen trocknen lassen.

Schalerbsen haben andere Vorzüge: Es macht ihnen nichts, wenn es im April noch einmal schneit, sogar ein paar Frostgrade halten sie aus.

Ausgesät wird in Doppelreihen, beiderseits eines Maschendrahts oder Reiser, im Abstand von 70–80 cm. Von anderen Erbsen unterscheiden sich Zuckererbsen durch das fehlende Häutchen in den Hülsen. Je nach Klima und Sorte legt man die Samen von Mitte April bis Mitte Mai, 4–5 Körner in tiefe Rillen, die mit Torfmischdünger abgedeckt werden.

Blattgemüse auf die Schnelle

Pflück- und Schnittsalat

2 kopflose Salatarten sind einander so ähnlich, daß man sie lediglich bei der Ernte unterscheiden muß. Wie der Name sagt, schneidet man die eine als ganze Pflanze, von der anderen pflückt man die Blätter nach und nach.

Ausgesät wird im März an Ort und Stelle, eine Reihe am Beetrand entlang oder in Reihen mit 20 cm Abstand für Schnittsalat und 30 cm für Pflücksalat, in der Reihe 5 cm und 15 cm, immer so viel, daß der Salatbedarf der Familie kurz vor dem Schießtermin schnitt- oder pflückreif ist.

Feldsalat

Feld- oder Ackersalat ist eine ideale Nachkultur, weil 5- bis 7mal so teuer wie das edelste Tafelobst. Dabei ist dieser Salat so frosthart, daß er vom gefrorenen Boden geerntet werden kann. Um unter Schnee ernten zu können, legt man eine Folie darüber oder ein Fenster auf, wenn ins Frühbeet gesät wurde. Wegen der langen Keimdauer muß Feldsalat zwischen die Reihen ausgesät werden, solange die Hauptkultur noch nicht abgeerntet ist. Die einzige Pflege ist das regelmäßige Gießen. Reihensalat ist wegen des Unkrauts vorteilhafter. Bei weniger als 15 cm Abstand bleiben die Einzelpflanzen zu klein.

Die Sortenwahl richtet sich zuerst nach der Winterhärte. Schmalblättrige Typen gelten als etwas feiner im Geschmack, unterscheiden sich aber im Vitamingehalt nicht nennenswert von den breitblättrigen, die mehr Masse bieten, und deshalb etwas leichter zu ernten sind.

Kopfsalat

In Versuchen zeigte sich, daß der halbe Erfolg einer Salatkultur bereits verschenkt ist, wenn die Pflanzen erst pikiert und dann ausgepflanzt werden. In Töpfen entwickeln sich die Köpfe größer, schwerer, besser geschlossen (nur fest geschlossene Köpfe bleiben zart).

Dafür füllt man in 6-cm-Torftöpfe 2/3 hoch Torfkultursubstrat und legt ein Korn darauf, ohne es hineinzudrücken. Darauf wird eine dünne Schicht feiner Sand gesiebt. Die Töpfe stellt man an einen geschützten Platz, in einen ungeheizten, aber hellen Raum. Sind die Salatpflanzen 5 cm hoch, setzt man sie mit 25 × 30 cm Abstand auf das Beet.

Je nach Jahreszeit ist unter den Frühjahrs-, Sommer-, Wintersorten zu wählen. Es gibt wenige, die der Sommersonne trotzen, aber die mitwachsende Folie bewährte sich als Schutz vor Sonnenbrand.

Eissalat

Die Kopfsalate mit ihren weichen, wohlschmeckenden Blättern gehören zum Buttersalat. Die Gruppe der Krach- oder Eissalate ist so verbessert worden, daß im letzten Aprildrittel gesäte Pflanzen bereits Ende Juni erntereif waren. Dabei wachsen im Reihenabstand von 30 cm und 35–40 cm in der Reihe Köpfe bis 1 kg Gewicht heran. Zu viel düngen soll man nicht.

Volle Sonne macht diesen Köpfen nichts aus, die Blätter schmekken nußartig mild und bewahren lange ihre knackige Frische (im Kühlschrank bis 7 Tage), selbst den angerichteten Salat kann man bis zur nächsten Mahlzeit aufheben.

Chicorée

Von der Aussaat im Mai bis Anfang Juli, 40–50 cm in der Reihe und 33 cm tief, bis die Wurzelrüben einen Kronendurchmesser von 3–4 cm haben, gibt man reichlich Wasser und Volldünger.

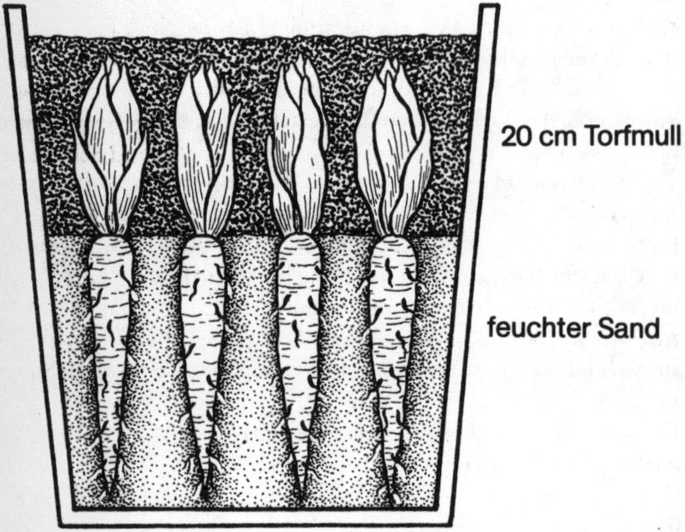

Erst nachdem die Wurzelrübe eingebettet wurde, wächst der eigentliche Chicoréesalat.

Vor der Ernte wird das Laub kurz über dem Wurzelkopf abgeschnitten, und die Rüben werden geerntet.
Ein Salat wird erst daraus, wenn man die Wurzeln dicht an dicht in feuchten Sand und die Wurzelköpfe etwa 15–20 cm in lockere, humusarme, klumpenfreie Erde oder feuchten Torf einpackt. Gegossen wird nicht, falls der Raum feucht genug ist. Im frostfreien Kellerraum stoßen die Schosse bald ihre Spitzen aus der Deckerde. Dann zieht man die Pflanzen heraus und schneidet den hellen, glatten Trieb dicht über der Rübe ab.

Zuckerhut
Die Züchter haben aus dem Chicorée einen echten Freilandsalat gemacht, der ohne Treiberei auskommt. Unter dem Namen Zuckerhut gibt es erlesene Sorten, die nach früher Saat weniger schießen, sich selber schließen, wenige Seitentriebe bilden, aber viel Blattmasse entwickeln. Sie können als Nachkultur von Mitte Juni bis Ende Juli gesät werden, Abstand 25 cm in der Reihe und 40 cm dazwischen. 50–60 g Volldünger auf 1 m^2 vor der Saat und eine Kopfdüngung von 20 g bei ersichtlichem Bedarf genügen.
Ab Oktober schließen sich die Köpfe tütenförmig und sind damit erntebereit. Was nicht gleich verwertet werden kann, ist in einer dunklen Kellerecke bei 1–3° C bis März lagerfähig. Nachtfröste bis – 7° C überstehen die Zuckerhüte ohne Schutz und Schaden.

Radicchio
Eine Rarität im Lande, wenn auch auf jeder besseren Speisekarte zu finden, ist Radicchio, ein roter Chicorée. Der frische Salat wird im Winter vom Beet geerntet, solange der Boden frostfrei ist. Ausgesät wird direkt ins Freiland, ohne zu verpflanzen, ziemlich spät bis Mitte Juli, in Reihen von 20–25 cm Abstand, in der Reihe auf 10 cm vereinzelt.
Die Ernte hat etwas Einmaliges, indem die Blätter im November auf 3–4 cm über den Wurzelköpfen zurückgeschnitten werden. Geerntet werden die roten Blattrosetten, die danach neu austreiben.

Endivien

2 Arten sind zu unterscheiden: Sommerendivie (Bindesalat) und Winterendivie. Die erste, dickrippig und ungeteilt, ist bekannt als Eskariol. Die Sorten dieser Gruppe werden im Juli wie Kopfsalat gesät, im August auf 30–35 cm mal 25 cm ausgepflanzt. Ältere Sorten bindet man im Herbst bei trockenem Wetter mit einem Gummiring zusammen. Bis November können sie so auf dem Land bleiben. Was bis dahin nicht abgeerntet ist, muß frostgeschützt eingeschlagen werden.

Die schlitzblättrige Winterendivie schmeckt im Gegensatz dazu erst richtig, wenn sie einmal durchfroren ist. Die Kultur beginnt ähnlich wie bei den Eskariolsorten, nur daß der voll gekrauste Kopf dunkelgrün und offen bleibt. Trotzdem vertragen sie Herbstnässe, bleiben also auf dem Freilandbeet, bis sie in der Küche gebraucht werden.

Mangold

Mangold ist ein Verwandter der roten Rüben und vielseitig zu verwenden: Aus den Blattstielen macht man ein Gemüse, wenn man Rippenmangold gesät hat; wie Chicorée lassen sich Wurzeln in Sand einschlagen und liefern dann Treibgemüse. Ausgesät wird im Freiland Mitte April. Die Samenknäuel enthalten gewöhnlich 3- bis 5samige Früchte, also weit genug aussäen und trotzdem noch vereinzeln, auf 20 × 15 cm beim kleinblättrigen Schnittmangold, 40 × 40 cm bei Rippenmangold.

Je leichter und trockener der Boden ist, um so tiefer müssen die Samen liegen, aber nicht tiefer als 4 cm, da der Keimling schwach ist. Bleibt Regen aus, muß gegossen werden. 8–10 Wochen danach kann geerntet werden. Wer das Innere der Pflanzen schont, kann bis zum Herbst immer nachwachsende Blätter ernten. Die ersten Stiele des Rippenmangolds sind in knapp 4 Wochen schnittreif. Eine Herbstsaat ist möglich, so daß im zeitigen Frühjahr Frischgemüse geerntet werden kann. Als Winterschutz genügt eine Torfdecke von 5 cm, in schneereichen Jahren und Gebieten geht es ganz ohne Schutz.

Spinat

Spinat ist das Tiefkühlgemüse Nr. 1. Die geringe Schoßfestigkeit hatte den Sommer zu einer spinatlosen Zeit gemacht. Inzwischen ging man daran, weibliche Sorten zu züchten, sogenannten einhäusigen (monözischen) Spinat. Diese Sorten können noch, im Mai mit Reihenabstand von 25 cm, 3 cm tief und nicht zu dicht gesät, im Juni und Juli geerntet werden. Sobald der Boden aufgetaut und etwas abgetrocknet ist, kann ausgesät werden. Droht der Winter mit einem Rückschlag, geben Folientunnel ausreichenden Schutz. Gedüngt wird mit maximal 20 g auf 1 m^2.

Neuseeländer Spinat

Wenig verbreitet ist der Neuseeländer Spinat, ein Blattgemüse, das für Selbstversorger gut geeignet ist. Wenige Pflanzen versorgen die ganze Familie bis in den späten Herbst.

Die Samen sind so groß, daß 5 Stück 1 g wiegen. Wegen ihrer harten Haut legt man sie im April eine Nacht lang in angewärmtes Wasser und dann 1 Korn in 1 Blumentopf, der zu $2/3$ mit guter Gartenerde gefüllt ist; 1 cm Erde wird über die Körner gedeckt und über die Töpfe eine Glasscheibe oder durchsichtige Folie. Bis zum Keimen vergehen wenige Wochen. Nach den Eisheiligen Mitte Mai pflanzt man die junge Pflanze an einen sonnigen Platz aus, unter Schonung des Ballens – Pflanzabstand 1 m × 50 cm. Mit der Ernte kann begonnen werden, sobald die Triebe 30 cm hoch sind, und zwar pflückt man die zarten Seitenblätter wie die Triebspitzen der Seitentriebe.

Englischer Spinat

Englischer Spinat ist kein richtiger Spinat, sondern ein Verwandter des Sauerampfers. Da die Pflanzen über 1 m hoch werden, brauchen sie 30 cm Reihenentfernung und 20 cm Abstand in der Reihe. Wichtig ist ferner, daß die Blätter abgepflückt und nicht abgeschnitten werden, um die nachwachsenden Herzblätter auf keinen Fall zu schädigen. Dann kann man im Winter 3–4 Jahre lang von einer Pflanze volle Erträge ernten. Die jungen, im Frühjahr oder Herbst gesäten Pflänzchen werden das 1. Mal geerntet, sobald sie 4–5 Blätter getrieben haben. Alle Blütentriebe werden frühzeitig ausgebrochen. Gartenampfer eignet sich hervorragend als Randbepflanzung, selbst in lichtem Schatten.

Scharf auf Zwiebelgemüse

Steckzwiebeln

Steckzwiebeln werden so früh wie möglich ausgelegt, meist im April. Auf 10 m^2 rechnet man rund 700 g Steckzwiebeln, Reihenabstand 25 cm, in der Reihe 6 cm. Bewährt hat sich eine Mischkultur mit Möhren, die Reihen wechseln miteinander ab. Platzbedarf und Erntetermine fügen sich nahtlos aneinander.

Zwiebeln halten sich auf dem Lager, wenn man sie richtig erntet. Die Schlotten (das Grün über der Erde) müssen vollständig vergilbt sein, etwa ab August. War es feucht, kann man die Ausreife beschleunigen, indem man die Wurzeln leicht im Boden lockert (nie die Schlotten umtreten!). Dazu stößt man die Grabegabel neben der Reihe in den Boden und hebelt sie kurz hin und her. Die ausgereiften Zwiebeln werden aus dem Boden gehoben und locker verteilt zum Nachtrocknen liegengelassen, bei Regen unter Dach. Dann werden lockere Schalen, Erdreste und die trockenen Schlotten entfernt. In weitmaschigen Netzen, zu Zöpfen geflochten (das hemmt den Austrieb) oder über Leinen gehängt, lagern wir sie in kühlen, luftigen, trockenen, frostfreien Räumen, etwa bei 2° C.

Winter- und andere Zwiebeln

Den Winter über bleiben die Winterheck- oder Schnittzwiebeln grün; sie können also von Herbst bis Frühjahr geschnitten werden, um sie zu verwerten. Sie sind winterhart und anspruchslos. Ausgesät im August, gepflanzt zu zweit oder dritt im Sommer, in 20 cm Abstand an der Hecke oder einem Beet entlang, braucht man später nur noch die zusammengewachsenen Stöcke zu teilen.

Anders Schalotten, die erst im Herbst gesteckt werden, 20 cm Reihenabstand, 15 cm in der Reihe.

Die Brutzwiebeln brauchen leichten Winterschutz bei starkem Frost, andernfalls werden sie erst im nächsten März gesteckt. Sie

sind dann zwar erst später als Juli, August erntereif, schmecken aber ebenfalls herzhafter und aromatischer als die Küchenzwiebeln. Brutzwiebeln für die nächste Ernte fallen dabei ab.
Die Brutzwiebeln von Porree, die im 2. Jahr nach der Blüte entstehen, werden oft als Perlzwiebeln bezeichnet. Die Perlzwiebel aus dem Essiggemüse ist eine Art für sich, Perl- oder Weinlauch genannt. Wie Schalotten werden sie im Herbst gesteckt und bilden bereits im 1. Jahr viele Brutzwiebeln aus, die im August zu ernten sind. Da sie nicht lagerfähig sind, legt man sie wie Mixed Pickles ein.

Lauch

Sommerporree ist anspruchslos, kann an Ort und Stelle ausgesät werden, Reihenabstand 20–40 cm, 3 g Saat auf 10 m^2 ergeben 20–30 kg Erntegut, oder man setzt einige Pflanzen überall dorthin, wo vorübergehend ein Plätzchen freigeworden ist. Für die späteren Ernten, insbesondere zur Überwinterung, sät man winterharte Sorten ab März im kalten Kasten oder auf ein mit Folie geschütztes

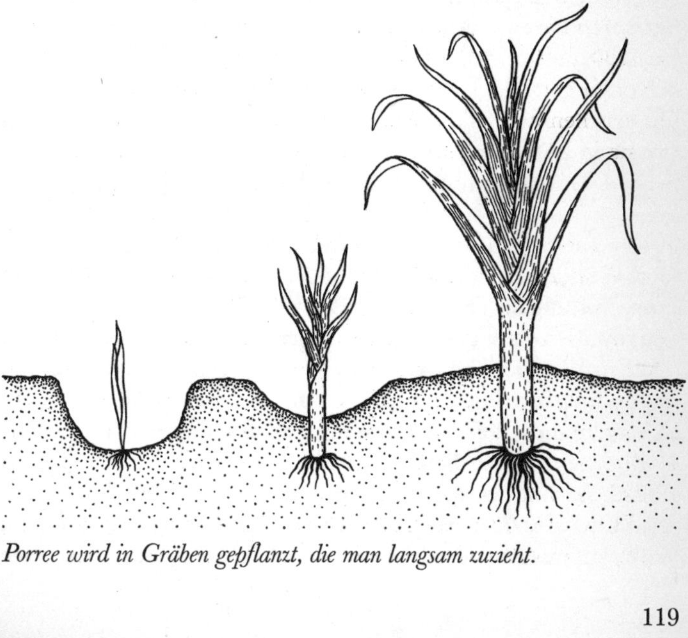

Porree wird in Gräben gepflanzt, die man langsam zuzieht.

Freilandsaatbeet aus, 1 m^2 etwa mit 2 g Saatgut, das nach 14–18 Tagen aufgeht.

Ab April wird im Freiland ausgepflanzt, Reihenabstand je nach dem Pflanztermin, beginnend mit 30 cm und dann immer enger bis 15 cm. Die Jungpflanzen setzt man in Rillen bis 15 cm Tiefe, vor allem in leichteren Böden. Nach und nach werden sie zugezogen und später leicht angehäufelt, um schöne, lange, weiße Schäfte zu bekommen. Es hat sich herausgestellt, daß die besten Schäfte wachsen, wenn nicht tiefer als 15 cm gepflanzt wird. Sie entwickeln sich besser, wenn Laub und Wurzeln bei der Pflanzung nicht gekürzt werden.

Im Juli und August gibt man je 1 Volldüngergabe von 50 g auf 1 m^2, ohne daß ein Düngerkörnchen zwischen die Blattscheiden gerät.

Um im Winter ernten zu können, hebt man einen Graben von etwa 25 cm Tiefe aus und schlägt die geernteten Stangen darin ein. Dafür wird lockeres, trockenbleibendes Abdeckmaterial verwendet, das nicht festfriert. Überlanges Laub wird beim Einschlag im Freiland gekürzt. In normalen Wintern genügt es, die Beete mit Laub und Fichtenreisig abzudecken.

Schnittlauch

Die erste Aussaat erfolgt bereits im Februar oder März in kaltem oder angewärmtem Kasten, mit 50 g Saatgut auf 1 m^2 in engen Reihen. Davon nimmt man kleine Büschel und pflanzt sie April oder Mai auf 20 × 20 cm ins Freiland.

Schnittlauch bevorzugt feuchte Standorte, als Düngung genügt Torfmischdünger, der zweifingerdick auf das Beet gelegt wird. Das erhält zugleich die wichtige Bodenfeuchte. Die Schlotten können 3mal im Jahr geschnitten werden; sie dürfen nicht blühen, sonst wird zuviel Kraft verbraucht. Nach 2 Jahren teilt und verpflanzt man die Stöcke, weil ältere im Trieb nachlassen.

Ausgenommen von der Sommerernte sind die zum Treiben im Winter bestimmten Stöcke. Im Laufe des Sommers werden sie einmal geschnitten, danach nimmt man sie aus dem Boden und legt sie zum Abtrocknen an die frische Luft, bis sie völlig vergilbt sind. Jetzt machen sie eine 6- bis 7wöchige Ruhepause durch.

Im Oktober schneidet man die vertrockneten Triebe ab, kürzt die Wurzeln ein und topft sie dann in 12-bis-14-cm-Töpfe. In hellen, geheizten Räumen um 20° C, nur anfangs etwas kühler, treibt Schnittlauch am besten. Wichtig ist Luftfeuchtigkeit, ebenso stets genug Wasser, da die Wurzeln eintrocknen und nicht wieder austreiben, falls sie einmal ballentrocken werden. Abgetriebene Pflanzen können in den Garten gepflanzt, aber nicht noch einmal zum Treiben verwendet werden. (Siehe auch Jantzen, »Das Gartenjahr im Gemüsegarten« - ETB 20108)

Pilze aus dem eigenen Garten

Mehr als 1/3 aller heimischen Waldpilzarten sind in ihrem Bestand akut gefährdet. Die Bäume aber brauchen den Pilzbestand zu ihren Füßen, um sich gesund entwickeln zu können.
Seit das klargeworden ist, steigt das Interesse an kulturwürdigen Speisepilzen, die im Garten herangezogen werden können. Die Nachfrage nach Pilzbrut ist sprunghaft gestiegen, das Fernsehen hat sich eingeschaltet, um die Scheu vor einer Pflanzenart zu nehmen.

Träuschling

Neben dem Champignon, der unter Dach schon lange kultiviert wird, haben sich unter den Humuspilzen, die auf Stroh wachsen, vor allem die Träuschlinge stark verbreitet. Sie schmecken wie Steinpilz und Champignon; ihr fester Hut von 25 cm Durchmesser bringt bis 800 g auf die Waage.
Ihre Anzucht ist denkbar einfach, wenn man von der Pilzfarm einen vorbereiteten Strohballen mitbringt, der durchwachsen ist. Wer selbst *spickt* (siehe unten), braucht mittelgroße Strohballen, die mit Wasser gesättigt werden. Dazu schüttet man vorher 1 Eimer heißes Wasser darüber, damit sich die benetzungshemmende Wachsschicht löst. Am leichtesten ist das Wässern an Ort und Stelle in einer Folie, die an allen 4 Seiten hochgebunden wird. So braucht man den schweren, nassen Ballen nicht mehr zu transportieren.
1 Tag bleibt der Ballen unbedeckt liegen, bei Regen auch die

nächsten 3, 4 Wochen nach dem Spicken unter Folie, bis die Myzele (unterirdisches Fadengeflecht der Pilze) den ganzen Ballen dicht durchwurzelt haben. Gespickt wird in die flach liegenden Ballen in halber Höhe mit einem Holzpflock. Die Löcher werden damit bis zur Hälfte des Ballens herunter gebohrt und die Pilzbrutbrocken eingeschoben, nicht gestampft, nur vorsichtig mit dem Stab nachgedrückt. Danach drückt man das Loch seitlich zu.
Insgesamt werden in einem Ballen 12–15 Löcher mit Pilzbrut versehen. Von nun an werden die Ballen mit 1 Kanne (10 l) Wasser auf 4 Ballen, bei voller Sonne alle 3 Tage, im Halbschatten jede Woche feuchtgehalten.
Danach dauert es höchstens noch 1 Monat, bis die ersten braunen Pilzkappen sichtbar werden, nicht gleichmäßig, sondern in Schüben im Abstand von 2, 3 Wochen. Die Pilze sind reif, wenn die Haut unter dem Hut einreißt. Der Pilzkopf soll noch halbkugelig sein, keinesfalls schon flach oder gar die Unterseite nach oben gebogen.
Es ist nicht ganz einfach, die Pilzstiele aus ihrem Nest mit jüngeren Pilzen herauszudrehen, aber es schmälert die Erntemenge, wenn man nicht versucht, sie so behutsam wie möglich aus diesen Büscheln herauszudrehen. Von 1 Portion Pilzbrut in 20 kg (= 2 Preßballen) Stroh sind 7,5–10 kg Pilze zu erwarten.

Austernseitling

Für die Austernbänke im Garten wird gehäckseltes Weizen-, Roggen- oder Gerstenstroh entweder gekocht, damit es keimfrei wird oder in einer Plastikplane luftdicht eingepackt und unter Wasser vergoren. Das dauert je nach Wärme 3–4 Wochen. Dabei entsteht eine Art Milchsäure, die das Stroh sterilisiert. Danach muß es abtropfen, ehe es mit der körnigen oder zerbröckelten Pilzbrut in einen rundum gelöcherten Plastiksack gefüllt wird.
Bei 15–25° C entsteht in 2–3 Wochen ein kompakter Block, der zusammenhält, auch wenn die Folie abgezogen wird. Er wird an einer weitgehend schattigen Stelle des Gartens aufgestellt und 4–5 Wochen täglich mit feiner Brause gegossen, bis die ersten Pilze erscheinen. Ihre Hüte stehen fast so dicht wie Schuppen übereinander, mit 5–15 cm im Durchmesser.

Von Austernpilzen gibt es eine Sommer- und eine Winterart, die von Oktober bis März ihre Fruchtkörper treibt. Sie wachsen ebenso wie die anderen Holzzersetzer – Stockschwämmchen und Shii-Take – auch auf Laubholzstämmen, besonders gut aber auf Knüppeln von Buche, Eiche, Birke, Kastanie, Pappel und Weide. Auch gerodete Obstbäume sind dafür bestens geeignet, wenn die Äste dicker sind als 20 cm und die Stammstücke zwischen 25 und 30 cm. Das Holz sollte frisch sein, höchstens vor 6–8 Monaten geschlagen, besser sind nur 3 Monate Lagerzeit. Es darf während der Zeit nicht austrocknen, daß sich Risse im Hirnholz zeigen. Auch davon kann man bereits gespicktes Holz vom Pilzbruthändler bekommen.

Schiitake

Wer selbst spicken will, kann einfach auf die Stirnseite eines Stammstücks 30–40 g Pilzbrut verteilen, einen gleichgroßen Klotz darauflegen, die Brutstelle mit Plastikfolie schützen oder einen Folienbeutel über den ganzen Stamm streifen.

Längere Knüppel werden eingesägt oder angebohrt und die Körnerbrut in Löcher, Schlitze oder Keile hineingedrückt. Wenn man passende Stöpsel, Stopfen oder Korken hat, verschließt man damit die gefüllten Löcher und klebt breiten Tesafilm darüber.

Die gespickten Hölzer werden an einem feuchten, schattigen Ort gelagert, wo es zwischen 10 und 30° C warm sein sollte. Seitlich eingeschnittene Stämme dürfen liegen, auf der Stirnseite belegte Stammstücke müssen immer senkrecht stehen. Unter einer Plastikplane läßt sich am besten das gleichmäßige Durchwachsklima erhalten, ohne die Luftzufuhr völlig abzuschneiden. Ab Herbst muß für Frostschutz gesorgt werden; denn im Gegensatz zu fertig durchwachsenen Hölzern verträgt das wachsende Myzel keine Temperaturen unter 4° C.

Doch bei frühem Spicken ist das Holz nach 3, 4 Monaten durchwuchert und die Hölzer müssen auf Endabstand gestellt werden. Sie werden 10–20 cm tief eingepflanzt, so daß der untere, nicht beimpfte Stammteil engen Kontakt mit dem feuchten Boden hat. Das Myzel treibt auch Wurzeln in die Erde, so daß auch zwischen den Stämmen einzelne Pilze aus dem Boden sprießen. Mit Windschutz wird für leicht erhöhte Luftfeuchtigkeit gesorgt. Starke, anhaltende Regenfälle sollten mit Folie abgehalten werden, ebenso pralle Sonne. 2, 3 Monate nach dem Einpflanzen erscheinen die ersten Pilze, die in 2–3 Wochen ihre volle Größe erreichen. Sie werden geerntet, bevor die Lamellen zum Himmel sehen.

Stockschwämmchen

Kenner ziehen diese Holzparasiten jedem Zuchtchampignon vor. Stockschwämmchen bilden von April bis November im Freiland Pilzkörper auf Rotbuche, Hainbuche, Ahorn, Birke, Pappel, Erle, Weide, Kastanie, Holunder. Aus 15 Holzstücken von 25 cm Länge und 20 cm Durchmesser, entsprechend 1 m^2 Beetfläche, zog man bis 35 kg Stockschwämmchen A im Jahr. Das Beimpfen der Substrathölzer und die anschließende Freilandkultur ist schon eine lohnende Sache.

Champignons

Wer etwas davon versteht, erzielt 9,5 kg Champignons von 1 m^2 Beetfläche in einer Kellerecke, die warm genug ist. Den nötigen Stallmist bezieht man von Spezialfirmen, bereits fermentiert und mit Nährstoffen angereichert, ebenso die Abdeckerde.

Als Pilzbrut verwendet man heute ein Aktivmyzel, das breitwürfig ausgesät und 2–3 cm tief eingehackt und angedrückt wird. Danach sollte es 25° C warm sein und 90 % relative Luftfeuchtigkeit herrschen.

Nach 2–3 Wochen deckt man die Kisten 2–3 cm hoch mit der keimfreien Abdeckerde ab. Erscheinen die ersten Pilzköpfe, wird etwas mehr gelüftet, so daß es etwa 16° C warm ist. Wo die Erde trocken wird, gießt man knapp, aber ausreichend. Die Ernte im Keller beginnt, bevor die Lamellen auf der Unterseite des Hutes sichtbar werden und dauert 8–10 Wochen an, mehrmals im Jahr wiederholt. (Siehe auch ECON Taschenbuch »Pilze im Garten« vom gleichen Autor – ETB 20285.)

Der Spargel steht länger als Obst

Spargel

15–20 Jahre stehen die Spargelbeete in voller Ernte. Das Pflanzgut sollte nicht später als Januar oder Februar bestellt werden, um Mitte bis Ende April unmittelbar nach Eintreffen pflanzen zu können. Für eine Reihe von 10 m braucht man 25 Pflanzen.

Im Herbst wird 2 Spatenstiche tief gegraben, die groben Schollen bleiben über Winter liegen. Im Frühjahr werden die Gräben ausgehoben, zur besseren Belichtung in Nord–Süd-Richtung, 30 cm tief, oben 50 cm breit, unten 40 cm.

Im Abstand von 45–50 cm zieht man an jeder Pflanzstelle ein etwa 5 cm hohes Hügelchen zusammen. Darauf setzt man die Jungpflanze so, daß die Richtung, in der sie offensichtlich weiterwächst, gerade in der Reihe bleibt. Die Wurzeln werden vorsichtig nach allen Seiten auf dem Pflanzhügel ausgelegt (a).

Danach füllt man die Gräben so hoch mit verbessertem Boden, daß die Knospen der Jungpflanzen eben bedeckt sind. Darüber breitet man eine angefeuchtete Torfdecke. Die Knospen sollen nicht tiefer als 15 cm unter der Erde stehen (b).

Bis zum 3. Jahr muß man mit dem 1. Stechen warten. Je nach Witterung beginnt das zwischen Mitte und Ende April, im 1. Erntejahr muß um den 10. 6. wieder aufgehört werden. In den folgenden Jahren kann man 8 Wochen hindurch bis zum 24. 6.

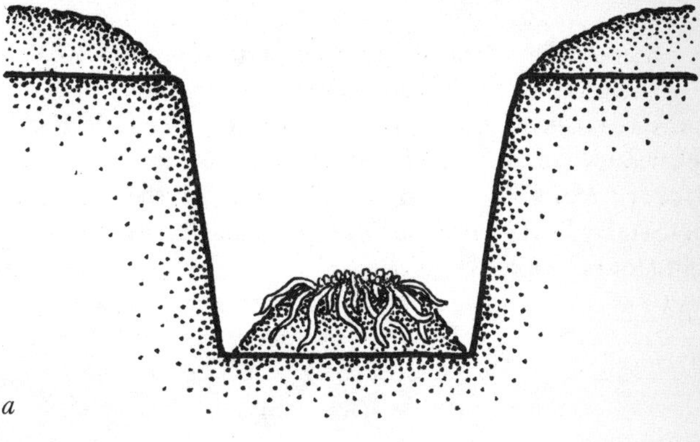

a

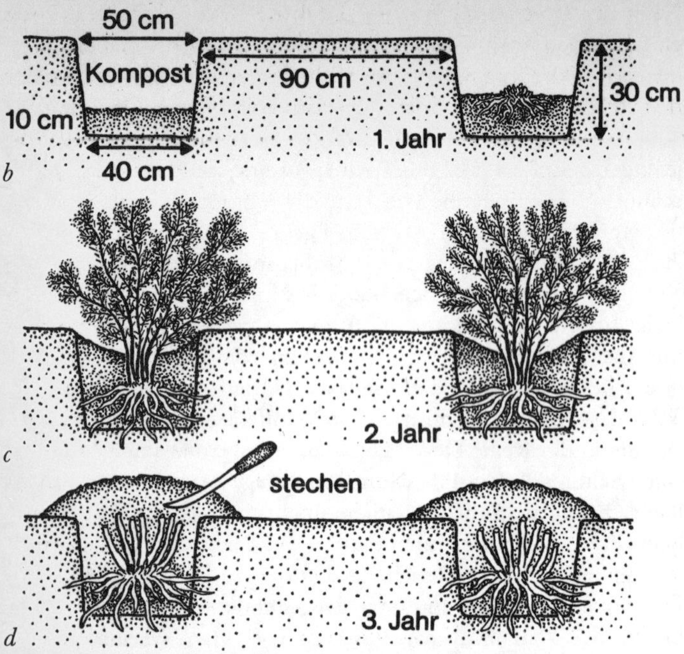

Die richtige Spargelpflanzung

Spargel stechen (d). Zwischen dem 5. und 10. Stechjahr kann man mit 25 kg von 100 m² rechnen.

Bei warmer Witterung muß täglich gestochen werden. Wo die Stangen den sauber geglätteten Damm durchbrechen wollen, wird die Erde mit der Hand behutsam neben das Schnittloch geschoben, bis die Stange freigelegt ist. Erst dann wird sie mit dem Spargelstecher so abgeschnitten, daß daneben stehende Stangen nicht verletzt werden. Vom unteren Teil der Stange muß die Hälfte im Boden bleiben.

Die Löcher werden wieder gefüllt, und zwar zuerst mit der kühlen, feuchten Erde, weil sich die Stangen in der warmen Erde von der Oberfläche verfärben. Anschließend wird die Erde geglättet, damit man sehen kann, wo die nächste Spargelpfeife wächst.

Nach der Ernte muß sich das Laub der Spargelpflanze kräftig entwickeln, deshalb werden die Dämme eingeebnet, dabei gibt es die erste Volldüngung von etwa 100 g je m^2, 4–5 Wochen später noch einmal 50 g. Da Spargel viel Humus braucht, mischt man beim Einebnen jährlich Torf, Stallmist oder Kompost unter. Von jetzt an brauchen die Triebe unkrautfreie Beete und Pflanzenschutz.

Rhabarber

Rhabarber ist eins der frühesten und zu der Zeit beliebtesten Stielgemüse. Wer kurz vor Winterende eine Kiste darüberstülpt und diese mit Stroh oder Pferdemist umschichtet oder Folie im hohen Bogen über die Pflanze spannt, kann die ersten Stiele ab Mitte März ernten, sonst beginnt die Ernte Anfang bis Mitte April. Bei jeder Entnahme müssen genug Stiele zurückbleiben, damit die Blattfläche den weiteren Austrieb mit Aufbaustoffen versorgen kann. Etwa Ende Juni, allenfalls im frühen Juli wird die Ernte beendet, damit die Pflanze für den neuen Austrieb genug Nährstoffe im Wurzelstock einlagern kann.

Da die Pflanzen 8–10 und mehr Jahre an derselben Stelle stehenbleiben, empfiehlt sich tiefgründige, dauerhafte Bodenverbesserung. Das Pflanzgut bezieht man von einem anerkannten Vermehrungsbetrieb. Alte Stöcke lassen sich zwar teilen, aber nach einem Jahrzehnt wählt man besser eine neuere Sorte.

Für Selbstversorger reichen 2 Pflanzen pro Kopf. Sie werden so tief gesetzt, daß die Knospen eben mit Erde bedeckt sind, im allseitigen Abstand von 1–1,20 m. Die Hauptdüngung streut man bei der Bodenbearbeitung im Frühjahr aus.

Im 1. Jahr nach der Pflanzung wird nicht geerntet, denn die Pflanzen müssen reichlich Wurzeln bilden und sich kräftigen. Bei jeder Ernte entfernt man zugleich alle Blütenstände. Die Stiele brechen normalerweise leicht heraus, ohne daß die Pflanze beschädigt wird oder Stielreste zurückbleiben. Statt anzuhäufeln, deckt man im Herbst Torf über die Pflanzen.

Erdbeeren bleiben heute im Garten nur noch 3, besser aber 2 Jahre auf ihrem Platz. Sie dürfen niemals auf dasselbe Beet gepflanzt werden, frühestens nach 4–5 Jahren wieder. Versuche haben bewiesen, daß sonst erheblich schlechtere Erträge erzielt werden. Regelmäßiger Beetwechsel ist also notwendig. Reicht der Platz im Garten nicht für eine weitgestellte Fruchtfolge, müßte der Boden chemisch entseucht werden, was nicht zu empfehlen ist.
Als Mittelweg pflanzt man die Reihen im August sehr eng, 20–25 cm breit, und hackt nach der Ernte jede 2. Reihe heraus, hat im 2. Jahr also doppelten Abstand. Dazu legt man die Ausläuferranken an den Reihen entlang, so daß dichtgeschlossene Erdbeerbänder entstehen.
In geschlossenen Lagen und auf sehr wüchsigen Böden kann hier der Anteil kleiner Früchte sowie Schimmel- und Fäulebefall steigen. In diesen Fällen ist es ratsam, jede 2. Pflanze in der Reihe herauszuhacken. Das gilt besonders für starkwüchsige Sorten, die in Horsten auf Abstand gute Früchte bringen.
Aus demselben Grund muß der Boden zwischen den Erdbeerreihen unkrautfrei gehalten werden, und zwar nicht mit der Hacke, sondern mit einer Bodendecke. Die Erdbeerwurzeln liegen so flach unter der Oberfläche, daß hier die Flach-Folienkultur am frühesten Fuß gefaßt hat. Auf schwarzer Folie bleiben die Beeren sauber. Die Folie wird vor der Pflanzung ausgerollt.
Da die Pflanzen alle Aufbaustoffe im Sommerhalbjahr für die Fruchtbildung verbrauchen, können sie keine Reserven einlagern, die im Frühjahr für Austrieb und Blütenknospenbildung gebraucht werden. Als Ausgleich dafür gibt man genug Erdbeerdünger.
Für die Mineraldüngung nimmt man chloridfreien Volldünger oder einen der speziellen Erdbeerdünger mit Spurennährstoffen. Bei zweijähriger Kultur rechnet man 1,2 kg auf 10 m^2, bei dreijähriger steigert sich die jährliche Menge auf 1,5–1,6 kg, wie üblich auf mehrere Gaben verteilt.
Werden die Reihen mit durchsichtigen Folien übertunnelt, läßt sich die Erntezeit bis in den Oktober ausdehnen. Die übrigen Haupterntezeiten liegen 1. zusammen mit den normalen im Juni, 2. Ende Juli, Anfang August, 3. Ende August, Anfang September.

Die Düngergaben teilt man gleichzeitig auf und gibt sie jeweils in den Ruhepausen. Die Pflanzen brauchen dazu viel Wasser, vor allem von Juli bis September.

Die Erdbeerernte beginnt mit regelmäßigem Durchpflücken am Vormittag. Stehen die Pflanzen in offenem Boden, schützt man die Früchte mit Holzwolle, Stroh oder Plastikfolie vor Erdspritzern bei starkem Regen.

Nach der Ernte lockert man die festgetretenen Arbeitsgassen oberflächlich auf und deckt die Zwischenräume mit Torfmischdünger ab. Ob die Blätter abgeernteter Pflanzen abgemäht werden, hängt vom Wetter ab. Gesunde, schädlingsfreie Pflanzen in gutem Kulturzustand schützen mit ihren Blättern das Herz der Pflanzen vor Kälte und Hitze, Regen und Wind. So spät im Jahr werden sie nur noch dazu gebraucht, sie sind nichts als eine Botrytisquelle (Grauschimmel) für das nächste Jahr.

Die süßesten Früchte des Gartens

Beerenobst wuchert selbst in reinen Wohngärten am Rande, manche Obstarten sind jahrzehntelang nur noch privat angebaut worden. Die Sträucher nehmen wenig Platz weg und liefern eßbare Früchte, die man sonst teuer bezahlen muß. Sie verlangen nicht viel, wenn sie als echte Waldpflanzen jedes Jahr reichlich mit organischen Stoffen eingedeckt werden. Daraus bildet sich eine waldähnliche Humusschicht, aus der sie alles herausholen, was sie brauchen. Ihre Wurzeln reichen nur knapp unter die Erde, deshalb entfällt jegliche tiefere Bodenbearbeitung wie das Umgraben. Als Ausgleich für die umbruchlose Kultur gibt man hohe Humusauflagen.

Das neue Beerenobstsortiment ist bärenstark

Rote Johannisbeeren

Die neuen Züchtungen der roten Johannisbeere zeichnen sich durch lange Trauben und große Beeren aus. Die auf Höchsterträge gezüchteten Sorten stehen gut an einem Drahtgerüst als V-förmige Hecke: Rechts und links der Strächerreihe wird in 50–60 cm Höhe ein Doppeldraht gezogen, die Bodentriebe werden zwischen beide Drähte gesteckt, so daß die fruchtbeladenen Sträucher vor der Ernte nicht auseinanderfallen. Diese Halte-

Diese Methode verkleinert den Reihenabstand

drähte machen die Reihen schlank, so daß ein Abstand von 2,5–3 m reicht, in der Reihe genügen 1–1,5 m.
Eine andere Heckenform kommt aus Holland, sie trägt hohe Erntemengen, wie bei Himbeeren, auf geringster Fläche. Die Pflanzweite beträgt 50 cm in der Reihe, 2 oder 3 Drähte werden im Abstand von 50 cm übereinander gezogen und die Bodentriebe mit Plastikbändern einzeln angeheftet. Jede Pflanze behält einen Bodentrieb, der über 8 Jahre fruchten kann. Das Seitenholz wird alljährlich ausgeschnitten oder eingekürzt.
Diese Heckenwände werden bis 2 m hoch und können in 2 m Abstand stehen. Sie trennen schön den Zier- und Nutzgarten. Die Erträge sind zum Teil erheblich höher als in Strauchform. Die Ernte ist leichter, Grauschimmelbefall, Platzen und Rieseln seltener.

Schwarze Johannisbeeren

Schwarze Johannisbeeren sind roh nicht sehr schmackhaft, doch ein Beerenobst. Länger als 6–8 Jahre sollen die Sträucher nicht stehenbleiben; denn es kommt auf hohe Anfangserträge an. Diese erzielt man mit dichter Pflanzung: 1 m in der Reihe, 2,5 m zwischen den Reihen, statt 120 kg erntet man so 216 kg von 100 m², wenn der Strauch im Mittel 6 kg trägt. Dazu braucht er 8–10 kg Volldünger auf 100 m², 3/4 davon Ende des Winters, 1/4 als Termindüngung im April.
Zur Intensivpflanzung gehört ein strenger Schnitt nach dem

3. Jahr. Man entfernt alle seitlich wachsenden Triebe im August unmittelbar am Boden und begrenzt die Zahl der Bodentriebe je nach Wuchsstärke, Verzweigung und Pflanzdichte auf 4–8 pro Pflanze. Alle bleibenden, senkrechten Triebe sollen danach 1–3 Jahre alt werden.

Stachelbeeren

Fußstämmchen vereinfachen Ernte und Pflege ohne den Pfahl- und Bindeaufwand zu erhöhen. Halbstämmchen haben eine Stammhöhe von 60–80 cm, Hochstämmchen 100–120 cm. Für sie muß man imprägnierte Pfähle besorgen, Hochstämmchen 1,75 m, Halbstämmchen 1,50 m lang, 2–3 cm Zopfstärke (oberes Ende des Pfahls); denn der Pfahl soll nach dem Einstecken durch die Krone hindurchgehen. Das Plastikband, das man vorteilhafterweise verwendet, wird so geschlungen, daß es über dem Kronentrieb liegt und nicht nach unten abrutschen kann. So brechen die Kronen nicht bei heftigem Wind.
Die Pflanzabstände für Einzelreihen im Garten liegen bei: Büschen 1 m, Stämmchen 1,25 m, nach Wüchsigkeit der Sorte und Fruchtbarkeit des Bodens etwas weiter. Wurzelschosse werden aufgegraben und von der Wurzel abgerissen, nicht geschnitten.
Nach der Ernte werden die Blütenknospenanlagen für das nächste Jahr ausgebildet, deshalb brauchen sie Nährstoffe und ein gut arbeitsfähiges Blattwerk. Also vorsichtig den Boden lockern, eine Volldüngergabe von 1–2 Handvoll pro Strauch einhacken und anschließend stark wässern.
Ein Kronengerüst wird locker aus 5 oder 6 Haupttrieben aufgebaut, die gut mit Fruchtholz bekleidet sind. Von Hochstämmchen dürfen die Zweige etwas weiter herunterhängen als bei Büschen. Werden die Jungtriebe zu lang, kürzt man sie; denn die Krone darf für den Stamm nicht zu schwer werden. Das hält den Mehltau fern, der in Spitzenknospen überwintert.

Brombeeren

Im Garten lohnen sich Brombeeren, weil sie gesund sind, auf schmalem Raum große Erntemengen bringen und kleine Ansprüche stellen. Sie begnügen sich mit einem Streifen am Zaun, als

wirkungsvolle Abgrenzung, verdecken Kompostplatz und Mülleimer, beranken eine Schuppenwand.
Der Schnitt beschränkt sich nicht auf das völlige Entfernen des abgetragenen Holzes. Bereits im Frühjahr werden alle Seitentriebe aus den Blattachseln entfernt. Man kann davon 1 Auge stehenlassen oder, später im Sommer, bis zu 3 Blätter. Das kräftigt den Austrieb. Ausgewachsenen Pflanzen läßt man je nach Platz 3 oder 4, höchstens 6 Ranken von 3–4 m Länge. Sie werden an die 2 unteren Drähte eines 3fach gespannten Drahtrahmens angebunden, damit der oberste Draht in 2 m Höhe für die neu heranwachsenden Ruten freibleibt. Die Doppeldrähte zieht man im Abstand von 40–50 cm übereinander, die seitlichen Abstände 50–60 cm.
Die vorjährigen und diesjährigen Ranken müssen bis nach der Ernte getrennt bleiben; danach werden vorjährige mit der Astschere dicht über dem Boden ohne Stummel abgeschnitten. Im Winter nimmt man die neuen Bodentriebe auf 2 m zurück. Im Laufe des Sommers entstehen an ihnen Seitenranken, die man laufend auf 1 oder 2 Augen einkürzt.
Aufrecht wachsende Sorten sind einfacher und sicherer zu pflegen. Geschnitten werden sie wie Himbeeren (siehe S. 134), nur, daß man im Frühjahr vor dem Austrieb alle Ruten auf 1,5 m Länge zurücknimmt.

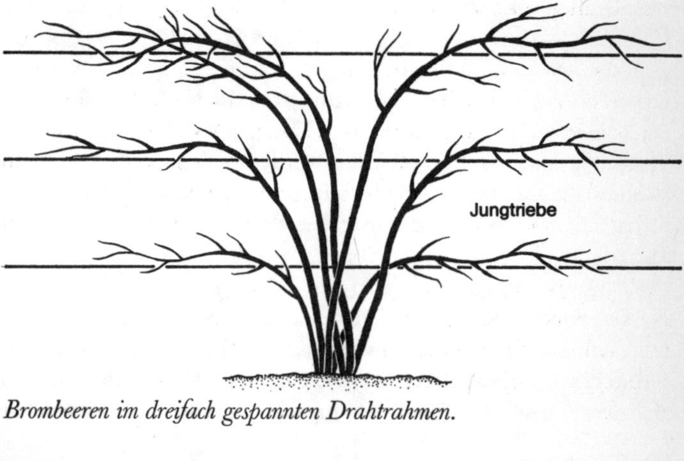

Brombeeren im dreifach gespannten Drahtrahmen.

Die dornenlosen Brombeeren neuester Züchtung sind nicht ganz so wüchsig, dafür ist der Schnitt einfacher, und die geschlitzten Blätter sind dekorativ. Beeren gibt es weniger, ihr Geschmack ist nicht gerade berauschend, in Saft und Gelee allerdings kaum von den anderen zu unterscheiden.

Himbeeren

Als ausgesprochene Waldpflanze wünscht die Himbeere einen kräftigen, gleichmäßig feuchten, nährstoffreichen Humusboden, je nach Wuchsstärke in der Reihe 40–60 cm Entfernung, zwischen den Reihen 2 m Abstand. Am Stützgerüst spannt man die Drähte in 30 cm, 1 m und 1,5 m Höhe als Doppeldrähte, zwischen denen die Ruten stehen, ohne Bindung.

Beim Pflanzen wird auf 30 cm zurückgeschnitten und dick mit Torf abgedeckt. Später schneidet man jede abgetragene Rute nach der Ernte bis auf die Erde zurück, außerdem alle schwachen Neutriebe. Jeder Pflanze bleiben 5–6 kräftige Ruten, nachdem sich der Bestand geschlossen hat, bis zu 10 auf 1 m Heckenlänge.

Gedüngt wird mit chloridfreiem Volldünger, Ende Februar 200–300 g auf 10 m², nach der Ernte noch einmal 500–600 g. Länger als 10 Jahre sollte die Himbeere nicht stehenbleiben, da die Früchte von Jahr zu Jahr kleiner werden. In ihren besten Jahren liefert sie über 100 kg von 100 m².

Weinreben

Sie brauchen tiefgründigen, nährstoffreichen, möglichst warmen Boden. Beste Pflanzzeit ist das Frühjahr bis in den Mai hinein. Am Spalier muß 1,20 m Mindestabstand zwischen den Pflanzen eingehalten werden. Die Jungpflanzen werden tiefer gesetzt, als sie in der Baumschule gestanden haben, und auf 2 Augen über dem Boden eingekürzt. Beide Austriebe werden angeheftet und im August entspitzt, Seitentriebe bis auf ein Blatt abgeschnitten.

Im nächsten Frühjahr läßt man den kräftigen Trieb stehen, kürzt ihn aber auf die Hälfte. Sobald er austreibt, wird der oberste Trieb senkrecht angeheftet, die unteren rechts und links schräg seitlich hochgeführt. Alle anderen Triebe hält man 10–15 cm lang. Im nächsten Jahr wird die Triebverlängerung aus dem obersten Auge auf 6 oder 8 Knospen zurückgeschnitten, alle seitlichen Triebe auf 2 Knospen, den sogenannten *Zapfen*. Der nun folgende Austrieb bringt Blüten und erste Früchte. Nach der Blüte kürzt man ein auf 2 Blätter über der letzten Traube.

Holunder

Die neuen Typen des Edelholunders sind anspruchslos, widerstandsfähig und ertragreich. Ihre großen Fruchtstände reifen erfreulich spät und enthalten viele gesunde Stoffe. Eine Sorte reift erst Ende September, ein dreimaliges Durchpflücken genügt.
Die Pflege ist leicht; denn die Pflanzen sind gegen Schädlinge und Krankheiten bisher immun gewesen. Ende Mai, Anfang Juni erscheinen gelblichweiße, stark duftende Blüten in schirmförmigen Trugdolden oder Scheindolden, die als Fliederblüten bezeichnet werden. Sie sind reich an leicht flüchtigen, aromatischen Ölen und sollen bereits vor 2500 Jahren bei den alten Griechen als Frühjahrstee empfohlen worden sein.
Noch heute gilt der wärmende Tee aus den abgestreiften getrockneten Blüten als Mittel gegen Erkältung, Nieren- und Blasenleiden und sogar gegen Rheuma und Asthma.
Nach der Blüte muß gewässert werden, falls es nicht genug regnet, sonst rieseln die Beeren.

Preiselbeeren

Kulturpreiselbeeren gedeihen keineswegs nur auf nassen Moorböden. Wo der pH-Wert niedrig genug ist, spielt die übrige Beschaffenheit des Bodens keine Rolle. Die Wurzeln dringen nur wenige Zentimeter tief in die Erde ein und breiten sich nicht weit aus. Es genügt die Bodenvorbereitung mit viel Torf sowie eine physiologisch saure Düngung.
Die Pflanzweite beträgt 40 × 40 cm oder 1 m Reihenabstand und 25 cm in der Reihe, so daß die Ausläufer zu langen Bändern zusammenwachsen. Frostschutz ist nicht notwendig, doch müssen flachwurzelnde Immergrüne vor dem Austrocknen im gefrorenen Boden geschützt werden. Man deckt dazu Torf, Stroh und Fichtenreisig über die Reihen. Schädlinge und Krankheiten sind bisher nicht aufgetaucht.

Die Ernte fällt in den September und Oktober, die Beeren enthalten viel Vitamin C und sind monatelang lagerfähig, in reifem Zustand rot, mitunter bis schwarz gefärbt.

Heidelbeeren

Später als andere Beerenobstarten sind Heidelbeeren zu gartenwürdigen Sorten herangezüchtet worden. Die Sträucher erreichen eine Höhe von 2 m und sollen bis zu 30 Jahren reiche Ernte tragen. Bereits im 2. Jahr nach der Pflanzung bekommen sie Früchte und erreichen bald 10 kg pro Pflanze.

Die Beeren sind außen blauschwarz, innen jedoch weißfleischig und färben nicht. Die selbstfruchtbaren Sträucher sollen besser tragen, wenn verschiedene Sorten nebeneinander gepflanzt werden.

Heidelbeeren blühen von Mitte Mai bis Mitte Juni, sind also nicht vom Frost gefährdet. Mindestabstand für größere Sorten 2 × 2 m, für kleinere 1,5–2 m Reihenabstand und 0,70–1 m in der Reihe. Als Setzlinge nimmt man 3- bis 4jährige Jungpflanzen.

Gedüngt wird vom 2. Jahr an 4 kg chlorfreier Volldünger (blau) auf 100 m^2. Gegen Kalk sind Heidelbeeren empfindlich. Fachleute raten dazu, alle niedrigen Sorten nach 6–8 Jahren abzumähen, damit sie sich von unten her erneuern. Von Schädlingen und Krankheiten bleiben Kulturheidelbeeren weitgehend verschont, außer von Vögeln. Geerntet wird von Anfang August bis Mitte September.

Ebereschen

Ebereschen lassen sich im Haushalt vielseitig verwenden, eingekocht, als Kompott oder mit viel Zucker wie Preiselbeeren, als Mus und Gelee. Dazu kommt ihr hoher gesundheitlicher Wert, vor allem bei Beschwerden im Hals. Die eßbare Mährische Eberesche hat sich in rauhem Klima bewährt, in steinigen, geringwertigen Böden. Sie ist gesund und schädlingsfrei, von Vögeln abgesehen, die zur Erntezeit in Scharen einfallen.

Der schlanke Baum mit den gefiederten Blättern schmückt jeden Gehölzstreifen, nicht nur im scharlachroten Fruchtschmuck, sondern angefangen vom sehenswerten Austrieb.

Obstbäume im Wohngarten

Die deutsche Obsternte wächst zum großen Teil im privaten Garten heran. Aber lohnt sich das? Sicher nur dann, wenn kleine Baumformen gepflanzt werden, die sich leicht pflegen und abernten lassen. Mit Sorten und Unterlagen, die von Natur aus kleine Kronen bilden, nach wenigen Standjahren mit vollem Ertrag einsetzen und von da an regelmäßig tragen, die nicht allzu anspruchsvoll und so robust sind, daß sie wenig Pflanzenschutz brauchen, trotzdem gesund bleiben und gut schmecken. Nicht alle Sorten des heutigen Erwerbsanbaus eignen sich für den Garten.

Obstarten

Für eine durchschnittliche Familie (4 Personen) reichen 5 Apfelbäume, 3 Birnen, 2 Pflaumen, 2 Sauerkirschen, 1 Quitte, 5 rote Johannisbeeren, 3 schwarze Johannisbeeren, 4 Stachelbeeren, 1 Beet Erdbeeren und 1 Reihe Himbeeren. Von keiner Art braucht man mehr als diese Stückzahlen.
Schwierige Obstarten, die nicht zu Klima und Boden passen, bleiben ausgeschlossen. So hätte es im Norden gar keinen Zweck, Pfirsiche, Aprikosen oder Mirabellen zu pflanzen.
Wo Boden oder Grundwasser nicht für bestimmte Obstarten zuträglich sind, sollte man lieber darauf verzichten. Eine Süßkirsche leidet sonst schnell unter Gummifluß (das Austreten einer zähflüssigen Gummimasse durch Parasiten oder Verletzungen) und kann daran eingehen. Wo der Boden nicht fruchtbar genug ist, sollte der gute Typ IX als Unterlage für Äpfel vermieden werden, weil die Edelsorten darauf allzu kümmerlich wachsen würden.
Am besten erkundigt man sich beim nächsten Gartenbauverein oder in der Landwirtschaftskammer, welche Obstarten und Sorten in der Gegend geeignet sind. Das Pflanzmaterial besorgt man in einer guten Gartenbaumschule aus der unmittelbaren Umgebung, damit das Klima übereinstimmt. Außerdem kann man sich hier das Pflanzmaterial selbst ansehen, auswählen und abholen. Es spart Versandkosten, man muß nicht lange vergeblich auf die Sendung warten und braucht keinen Einschlag anzulegen, bis

gepflanzt werden kann. Die lange Reise, oft mit trockenem Wurzelwerk, womöglich bei strengem Frost, nicht immer gut verpackt und häufig herumgeschmissen, ist auch für harte Sorten eine Strapaze. Selbstbedienung in den Baumschulquartieren ist besser.

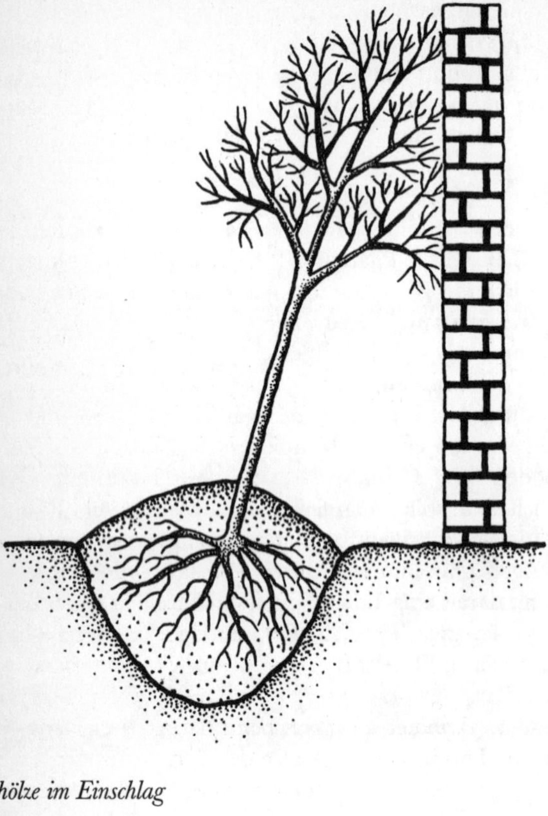

Obstgehölze im Einschlag

Als Anregung und Beispiel ist folgender Arten- und Sortenvorschlag zur Selbstversorgung mit Obst gedacht:

Apfel:	›Starks Earliest‹ – Typ IX, ›Roter James Grieve‹ – Typ VII, ›Geheimrat Oldenburg‹ – Typ VII, ›Roter Boskop‹ – Typ IX, ›Ontario‹ – Typ VII, Stammhöhe jeweils 40–60 cm, Alter der Veredlung zweijährig;
Birne:	›Williams Christ‹ – Unterlage Quitte A, 40–60 cm Stammhöhe, zweijährig; ›Conference‹ – Quitte A, 40–60 cm, zweijährig;
Quitte:	›Portugiesische Birnenquitte‹ – Quitte A, 40–60 cm, zweijährig;
Sauerkirsche:	›Morellenfeuer‹ – Unterlage F 12/1, 40–60 cm Stammhöhe, einjährige Veredlung; Schattenmorelle ›Scharö‹ – F 12/1, 40–60 cm, einjährig;
Pflaume:	›Große Grüne Reneklode‹ – ›St. Julien Orleans‹, 80–100 cm, zweijährig; Hauszwetsche – *Prunus cerasifera* oder ›Brompton‹, 80–100 cm, zweijährig.

Pflanzung

Die Pflanzgrube wird einige Wochen vorher ausgehoben und der Aushub mit reichlich Torf vermischt. Danach füllt man die Grube wieder, damit sich die Erde in aller Ruhe setzen kann. Bei kleinen Bäumen auf schwachwachsender Unterlage wird ein Baumpfahl eingeschlagen, bevor die Grube wieder zugeworfen wird.

Bei der Pflanzung selbst nimmt man nur so viel Erde heraus, daß die Wurzeln bequem hineinpassen. Es genügt, allzu lange Wurzelstränge zu stutzen, verletzte oder geknickte Wurzeln bis in das unversehrte Gewebe einzukürzen. Eine Zugabe von feuchtem Torf regt die Wurzelbildung an. Wird auf diese Weise im folgenden Jahr ein starker Austrieb erreicht, können Bäume auf schwachwachsenden Unterlagen schon im 2. Standjahr 2–3 kg Früchte tragen.

Obstgehölze, speziell Äpfel auf schwachwachsenden Unterlagen,

dürfen nie zu tief gepflanzt werden. Die Veredelungsstelle sollte später, wenn sich die Erde in der Pflanzgrube 5–10 % gesenkt hat, eine Handbreit über dem Boden stehen. Andernfalls könnte die Veredelung eigene Wurzeln bilden. Damit geht die Wirkung der Unterlage auf die Edelsorte verloren. Außerdem leiden die Wurzeln unter Luftmangel, falls die Bäume zu tief gepflanzt werden.
Wer die Baumscheiben (der Bereich unter der Krone) im Herbst abdeckt, sollte damit eine Handbreit vom Stamm wegbleiben. Das verhindert Kragenfäule und andere Folgen einer Stammerweichung, außerdem bleiben so die Feld-, Scher- und sonstigen Gartenmäuse eher vom Stamm weg.

Bodendecke

Im kleinen Garten sind Unterkulturen zu Obstgehölzen unvermeidlich, zumindest Rasen oder andere Gräser. Bodendecke oder Teilbegrünung ist die modernste Bodenpflege im Obstbau. Dazu eignet sich Stallmist, Düngetorf oder Torfdünger, Geflügel- und Champignondünger in Mischung mit Torf, Kompost, Kunstmist, gehäckseltes Stroh, Kartoffelkraut, geschnittenes Gras. Günstig wirkt das vor allem auf Äpfel vom Typ IX und Birne auf Quitte, bei diesen möglichst im Herbst ausgebreitet, zu jeder anderen Zeit für Beerenobst und Schattenmorellen.
Es ist besser für Junggehölze, 2–3 Jahre geeignete Unterkulturen anzubauen wie Erdbeeren, Frühkartoffeln, Grünkohl oder Rosenkohl. Diese Kulturen hinterlassen den Boden in garem (lockerem, fruchtbarem) Zustand und bieten nicht zu starke Wasser- und Nährstoffkonkurrenz. Jede Unterkultur, Gemüse, anderes Obst oder Gras, muß gesondert gedüngt, also zusätzlich zur Gehölzdüngung versorgt und bei entsprechender Witterung gewässert werden.
Wieweit das Ergebnis im Laubschatten der Bäume den Aufwand rechtfertigt, muß jeder selbst sehen. Wenn die Bäume gut eingewurzelt sind und zügig wachsen, sät man zuerst reinen Weißklee, später empfiehlt sich folgendes Gemenge:
für schwere Böden auf 100 m^2: 120 g Wiesenschwingel, 60 g Lieschgras, 60 g Deutsches Weidelgras, 60 g Oldenburgisches Weidelgras, 30 g Weißklee. Für leichte Böden dagegen: 20 g Wiesen-

schwingel, 160 g Deutsches Weidelgras, 100 g Oldenburgisches Weidelgras, 20 g Weißklee.
Andere Unterkulturen sollte man nicht zu lange und nicht zu nahe an die Obstgehölze heranpflanzen. Besser ist die Aussaat von Gründüngungspflanzen, die den Boden tief und nachhaltig lokkern und organische Substanz zuführen. Im Spätherbst erfriert die Gründüngung und wird im zeitigen Frühjahr flach untergegraben. Das hat auf die Entwicklung der Bäume guten Einfluß; denn die Hauptmasse der Wurzeln befindet sich im näheren Bereich des Stammes. Wasser und Nährstoffe können ungehindert eindringen und kommen allein den Bäumen zugute.

Birnen

Birnen wachsen schmaler und höher als Äpfel; als Pflanzmaterial verwendet man eine zweijährige Veredlung auf Sämlings- oder Quittenunterlage (Quittenunterlage verlangt besonders gepflegte, vor allem durchlässige Böden) mit einjähriger Krone und zahlreichen Seitentrieben. Um daraus eine Krone zu machen, mit höch-

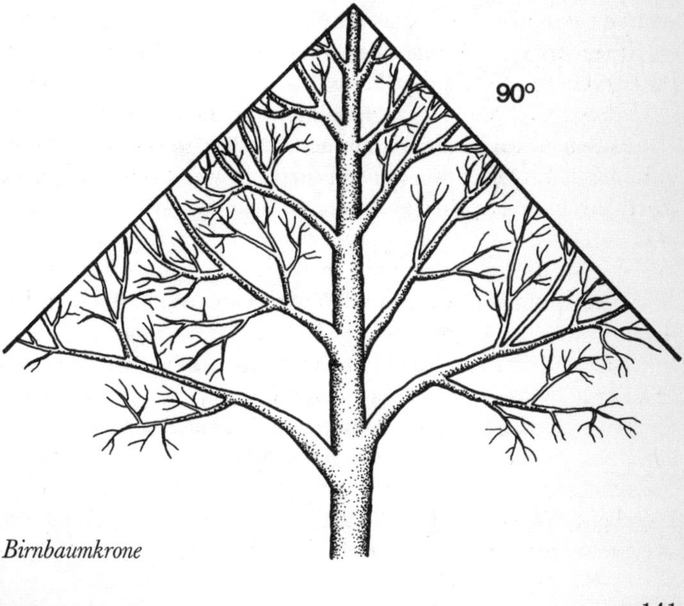

Birnbaumkrone

stens 6 m hohem Mitteltrieb und flachen Fruchtästen, locker garniert, formlos, fast verwildert aussehend, muß man 5 oder 6 Jahre nach der folgenden Anleitung schneiden.
Aus der unteren Serie sucht man räumlich gut verteilte Triebe aus, die in einem stumpfen Winkel (zwischen 90 und 180°) ansitzen. Alle darüber schneidet man weg. Der Mitteltrieb überragt die Seitenzweige 2 Handspannen lang. In gleicher Weise verfährt man in den folgenden Jahren.
Von der Spitzenregion des Mittelastes entfernt man alljährlich die kräftigen, steil aufragenden Triebe und garniert die Achse mit flachen Fruchtästen in lockerer Verteilung. Senkrecht wachsende Triebe (Wasserschosse) schneidet man immer raus. Nach der Kronenerziehung begrenzt sich das Höhenwachstum, indem der Mitteltrieb auf den flachen Fruchtast abgeleitet wird, selbst bei älteren Bäumen, die um mehrere Meter zurückgenommen werden. Das macht die Pflege und Ernte gefahrloser.
Später ist alle 5 Jahre ein Eingriff ins Fruchtholz nötig, wobei zu dicht stehende Fruchtäste abgesägt werden. Nicht zu viel auf einmal, sonst werden im nächsten Sommer leicht die Birnen ausgehen. Der Baum stößt die Früchte ab.
Gleichwohl darf die Krone nie zu dicht werden; denn nur bei guter Durchlichtung wachsen große und hochwertige Früchte an den Birnenbäumen. Ältere Birnenbäume brauchen nicht mehr geschnitten zu werden, ausgenommen natürlich steile Reiter (Wasserschosse) auf Fruchtästen. Die Fruchtäste tragen auch an altem Holz gute Fruchtqualität.

Kirschen

Überaus empfindlich reagieren Süßkirschen auf die Bodenqualität. Sie gedeihen keineswegs auf kiesigem oder tonigem Untergrund, wenn die Krume nicht fruchtbar, gut mit Luft versorgt und nicht zu reichlich von Wasser durchtränkt ist.
Sauerkirschen stellt man in mittleren Böden auf eine Vogelkirschunterlage, in leichten auf Steinweichsel; auch hier scheiden Böden mit stauender Nässe und Luftmangel aus.
Kirschen sind beliebt, weshalb die Lokalsorten in allen Anbaugebieten eine große Rolle spielen. Ausreichend tiefe Bodenverbesse-

rung mit Humus läßt in weniger passender Umgebung den Kirschanbau zu. In den folgenden Jahren setzt man die hohen Torfgaben fort, sät Gründüngung ein und erst nach 6 Jahren Gras. Während des Sommers häuft man den Grasschnitt auf die Baumscheiben. Das ist die wichtigste Grundlage für den Süßkirschenanbau.

Die Blüten der Sauerkirschen sind frostempfindlich. Kalte Standorte sind für den Anbau deshalb ebenso ausgeschlossen wie schwere, vernäßte Böden. Noch mehr kommt es hier auf das richtige Pflanzmaterial an.

Die Schattenmorelle steht an 1. Stelle. Sie kann dichter gepflanzt werden, je nach Wüchsigkeit des Bodens auf 3–3,5 m in der Reihe bei 5 m Reihenabstand. Der Boden muß nicht ständig offengehalten werden, selbst leichtere Böden nicht.

Unter dem Namen Schattenmorelle verbergen sich Typen von unterschiedlicher Tragfähigkeit und Fruchtqualität. Am besten eignen sich einjährige Veredlungen mit einer Stammhöhe von 60–80 cm, für mittlere und schwere Böden auf der Vogelkirsche als Unterlage. Steinweichsel läßt früher fruchten und garantiert die Fruchtqualität.

Sauerkirschen verlangen hohe Nährstoffgaben. Heranwachsenden Bäumen gibt man, umgerechnet auf 100 m^2, 3,5 kg Volldünger mit 14 % Stickstoff und erhöht diese Menge mit zunehmender Tragbarkeit auf 7–11 kg. In der Zeit größter Ernten brauchen die Bäume 17 kg Volldünger in 1 Jahr, verteilt auf mehrere Gaben. Die Bodenbearbeitung darf die flachen Wurzeln nicht stören, am besten legt man eine Bodendecke aus Humus auf, statt zu graben.

Sauerkirschen tragen regelmäßig und reich, zumindest in den ersten 5 Jahren. Erst wenn die Wuchskraft nachläßt und die Kronen immer mehr wie alte Trauerweiden aussehen, schneidet man ins alte Holz und leitet Fruchtäste auf jüngere Verzweigungen ab. Das geschieht bereits Ende August, kurz nach der Ernte. Starkes Auslichten ist unnötig; denn im Kroneninnern wachsen schöne Früchte.

Pflaumen und Zwetschen

An den Früchten unterscheidet man Pflaumen, Zwetschen, Mirabellen und Renekloden. Pflaumen sind im allgemeinen großfrüchtig, mehr oder weniger rund, Zwetschen dagegen, den Pflaumen eng verwandt, mehr eiförmig. Mirabellen und Renekloden sind selbständige Gruppen.

Zwetschen gehören zu den anspruchsloseren Obstarten, besonders die Hauszwetsche gedeiht sicher in weniger günstigen Lagen auf leichten bis schweren Böden. Die Frühzwetschen dagegen verlangen wärmeren Boden und geschütztere Standorte. Pflaumen stellen dieselben Ansprüche an Boden und Klima wie Frühzwetschen, Renekloden und Mirabellen sollte man in warmen Gegenden anbauen, sonst sind die Erträge allzu ungewiß. Alle Pflaumengruppen sind in der Blütezeit (April!) frostempfindlich.

Pfirsiche

Sonnig und warm herangereifte Früchte des Pfirsichs kann jeder im eigenen Garten ernten, wenn man dem Baum einen gut geschützten Standort gibt, als Fächerspalier an einer Südwand, vor einer Mauer oder einem dichten Holzzaun, so daß man die Blüte mit einer vorgehängten Klarsichtfolie vor Nachtfrösten schützen kann.

Der Pfirsich blüht sehr früh und leidet unter kalten Nächten. Auch das Holz ist frostanfällig, so daß es geschützt werden muß, wenn die Temperaturen im Winter über einen längeren Zeitraum unter −10° C absinken. Am Spalier läßt sich solcher Frostschaden verhindern.

Das beschränkt die Sortenwahl auf robuste Sorten wie ›Früher Roter Ingelheimer‹, ›Madame Rogniat‹, ›Proskauer‹ und ›Roter Ellerstädter‹, von denen die letztgenannte Sorte am aussichtsreichsten sein dürfte, da sie spät blüht und regelmäßig hohe Erträge bringt. Es ist eine spätreifende, qualitativ hochstehende Sorte für den Anbau im Garten.

Der Pfirsich wünscht einen mittleren, humosen, warmen Boden, der sich im Frühjahr rasch erwärmt. Humus sollte den Boden durchlässig machen, damit er sich leicht erwärmt. Gedüngt wird mit Volldünger im zeitigen Frühjahr.

Der Schnitt wird oft sehr kompliziert dargestellt. Bei der Pflanzung im zeitigen Frühjahr schneidet man gar nicht, sondern bindet die Triebe in einer Strohhülle zusammen, bis sie austreiben. Erst dann schneidet man die Zweige zu spitz zulaufenden Pyramiden. Nach der gleichmäßigen Verteilung über das Spalier kommt es nur noch darauf an, daß die Leittriebe kräftige Fruchtruten haben. Schwächliches Holz, zu dicht stehende Triebe und was nach innen wächst, wird weggeschnitten. Damit kommt man völlig zurecht.

Quitten

Im warmen Klima der Mittelmeerländer reift die Quitte am Baum voll aus, hierzulande bleibt sie steinhart. Die Früchte sind roh ungenießbar, aber einmalig im Geschmack von Gelee, Marmeladen, Gebäck, Pasten und Kompott. In jedem mittleren Winter frieren die Triebe zurück, weil sie unausgereift in den Frost gera-

Gute Anordnung von Knospen

Pfirsichbaum am Spalier

Der Pfirsichbaum nach dem Schnitt

ten. Der Quitte selbst macht das nicht viel aus, weil sie aus gesundem Holz rasch wieder nachwächst.
Quitten werden auf Weißdornsämling oder Wildquitte veredelt. So tragen die Bäume früher, sind nicht ganz so frostempfindlich und erhalten einen kleineren Kronenumfang. Auf Weißdorn stellt die Quitte kaum Bodenansprüche, bei einer Wildquitten-Unterlage deckt man im Herbst den Wurzelbereich dick mit organischem Material zu, um Frostschäden zu vermeiden. 3 Sorten haben sich als besonders gut erwiesen:
›Bereczki‹, große, stark gerippte, weißfleischige Früchte, quittengelb und mild schmeckend;
›Portugiesische Quitte‹, wertvollste Sorte, wächst stark, hohe Ernten sehr großer, birnquittenförmiger Früchte von auffallend goldgelber Färbung;
›Riesenquitte von Lescovac‹, größte und schwere Früchte, trägt später, aber reich, Früchte grünlichgelb, das Fleisch weißlich.
Die Ernte kann 50 kg pro Baum übersteigen. Quitten werden im Frühjahr gepflanzt, je nach Fruchtbarkeit des Bodens 4 × 6 m. Die Düngermengen liegen so hoch wie beim Apfel. In den ersten 3–4 Jahren schneidet man auf 3 oder 4 Grundäste zurück, um sie starrer zu machen. Später hält man die Krone licht, damit ständig neue Triebe entstehen. Geerntet wird so spät wie möglich, nicht vor Mitte Oktober. Die Früchte werden nicht gelagert, sondern sofort verwertet.

Nüsse

Haselnüsse lohnen den Anbau mit einer Ernte, obwohl sie meist als Ziergehölze, zum Windschutz oder Abpflanzung im Garten stehen. Die Nüsse lassen sich von Ende August bis Anfang Oktober leicht abschütteln, im Durchschnitt 3 kg je Busch. Geeignete Sorten für fruchtbaren, tiefgründigen Boden sind die ›Hallesche Riesennuß‹, ›Webbs Preisnuß‹, ›Wunder aus Bollweiler‹, ›Lambert Filbert‹.
Die rotblättrige ›Lambertnuß‹ (Bluthasel), hat den höchsten Zierwert. Ihre Nüsse sind genauso wertvoll und schmackhaft. Haselnüsse sind teilweise selbstfruchtbar, doch sollte man stets mehrere Sorten nebeneinander pflanzen, um die Erträge zu verbessern. Humusgaben sorgen ausreichend für Nährstoffe.

Alle 3 Jahre wird ausgelichtet. Alte Sträucher kann man wenige Zentimeter über dem Erdboden absägen, sie treiben besenartig aus und lassen sich dann neu aufbauen. Gegraben wird flach wegen der hochliegenden Wurzeln, was für alle Obstgehölze gilt.

Walnüsse sind überwiegend an wärmeres Klima gewöhnt. Wo man mit späten Frösten rechnen muß, kommen die Blüten selten dazu, Früchte zu bilden. Außerdem müssen die Wurzeln über 1 m tiefen, humosen, feuchten, lockeren Boden vorfinden; seitlich reicht das Einzugsvermögen nach jeder Seite 3-, 4mal über den Kronenhalbmesser hinaus. Im Wurzelbereich ist anderer Anbau natürlich möglich, doch wenig ertragreich.
Walnußbäume sind etwas für große Gärten. Wo sie stehen, beschränkt sich die Pflege auf behutsame Ernte (aufsammeln) und das Zurücknehmen überhängender Zweige. Jede Wunde ist sofort mit einem desinfizierenden Wundverschlußmittel zu bestreichen.

Obstwiese
Obstbäume in Rasen oder Wiesen wachsen gut auf mittleren bis schweren Böden, wenn sie auf starkwachsender Unterlage stehen, Kernobst auf Sämling, Süßkirschen und Pflaumen, und wenn es ausreichend regnet oder gewässert werden kann. Geschnitten wird das Gras je nach Regenmenge 6- bis 8mal im Jahr, der Abschnitt bleibt als Mulchdecke liegen.
Während der Blütezeit hält man das Gras möglichst kurz, um die isolierende Wirkung der Grasnarbe zu verringern. Grasnarbe wirkt weiter günstig auf das Ausreifen von Früchten und Holz. Einziger Nachteil ist die mögliche Nährstoff- und Wasserkonkurrenz.
Unter der Grasnarbe ziehen sich die Baumwurzeln dicht unter der Erdoberfläche hin und sind hier in der Lage, Niederschläge und Nährstoffgaben schnell aufzunehmen. Die Zahl und Aktivität der Bodenkleinstlebewesen wird gesteigert, dadurch festgelegte Nährstoffe aufnehmbar gemacht, vor allem die aus der Gruppe der Spurennährstoffe. Mangelschäden treten in Grasmulchwirtschaft selten auf.
Die Äpfel färben sich kräftiger aus, weil die Luft über Gras in

Herbstnächten stärker herunterkühlt als über schwarzgehaltenem Boden. Das mindert die nächtliche Atmung der Früchte und erzeugt einen Zuckerüberschuß, aus dem sie roten Farbstoff herstellen. So sammeln sie mehr Vitamine als weniger ausgereifte, grünere Früchte.

Das Fallobst bleibt unversehrter, da es weich fällt, und sauberer. Die Holzreife im späten Herbst wird gefördert, weil die Grasnarbe Wasser entzieht. Die Bäume schließen früher mit ihrem Triebwachstum ab, Frostschäden am Holz werden seltener.

Obstgehölze in einer geschlossenen Grasnarbe leiden leicht unter Nährstoffmangel, weil die Graswurzeln zuviel von dem ausgestreuten Dünger aufnehmen und zuwenig an die Obstwurzeln kommt. Man erkennt es an den kleinen, hellen Blättern, die nur im Abstand von mehreren Jahren eine mäßige Ernte ernähren können. Die Früchte sind dann zwar intensiv gefärbt, aber klein, was man heute für ein Zeichen von Qualität hält. Nichts ist falscher; denn die Früchte sind schlicht ausgehungert, auch ihre Wertstoffgehalte sind dürftig. Das ist von der Universität Hannover nachgewiesen worden.

So wird der Garten immer schöner

Der Rasen

Erst die Rasenfläche macht einen Garten wohnlich. Das liegt an der Kontrastwirkung der einfarbigen, ruhigen Fläche zu den bunten aufstrebenden Stauden und Blütengehölzen, an der lichterfüllten Weite innerhalb des schattenbelebten Gehölzrandes. Das Grün tut dem angestrengten Auge wohl, beruhigt die Nerven und hat eine befreiende Wirkung.
Im weglosen Garten vermittelt der Rasen einen Zugang mit seinem dichten, wunderbar federnden Teppich. Es gibt keinen Staub, die Kleidung bleibt sauber, man entdeckt manche Schönheit, wenn der Liegestuhl unter einem Baum oder neben einer Strauchgruppe oder Dahlienrabatte steht. Vor allem wenn man nicht über eine baum- und schattenlose Fläche in grelle Reflexe, sondern auf wohltuendes Grün blickt. Deshalb ist der Rasen in 83% aller Gärten anzutreffen.
In jedem Garten reicht der Platz für einen Gebrauchsrasen und die Grenzbepflanzung. Ob das ein Gehölzstreifen oder die Hecke ist, ob Stauden oder Sommerblumen auf schmalen Rabatten eine Art Zierrand herstellen, immer ist die grüne Auslegware Mittel- und Ausgangspunkt moderner Gartengestaltung.
Da er selbst im Winter halbwegs grün bleibt, belebt der Rasen das ganze Jahr über den Raum zwischen immergrünen Koniferen und

Laubgehölzen. Stauden und Sommerblumen stehen mehr im Vordergrund, rabattenartig angelehnt an Wege, Terrasse, den Springbrunnen, andere Wasserbecken oder Gartenplastiken, nur noch ausnahmsweise als Rondell wie früher die Beetrosen.
Im Rasen selbst blühen einige Wiesenblumen und Blumenzwiebeln, wenn man sich dazu überwindet, die Pflege darauf einzurichten. Die großen Solitäre wie Palmlilien, aber auch Gehölze schätzen den freien Stand auf dem Rasen, um sich in voller Schönheit zu entwickeln und die weitreichende Wirkung entfalten zu können.

Rasengräser
Im gärtnerischen Fachhandel werden 3 Rasenmischungen angeboten, für teppichartig dichten, feinblättrigen, tiefgrünen Zierrasen mit hohen Pflegeansprüchen; der widerstandsfähige Gebrauchsrasen, der Trockenheit besser verträgt und schließlich der Strapazierrasen, der das ganze Jahr über begehbar ist.
Daneben gibt es Mischungen für alle erdenklichen Zwecke, Wildrasen, Blumenrasen (fast eine Wiese), Schattenrasen für lichte, absonnige Gartenteile, Mischungen für Rasenformsteine (Garageneinfahrt) für Autospuren, Sport- und Spielflächen, Liegewiesen, Swimmingpools, Böschungen, Wassergräben und viele andere mehr bis hin zum edelsten Golfrasen.
Und doch empfiehlt es sich, eine Bodenprobe untersuchen zu lassen und mit einem Spezialisten über den Standort zu beraten, ob trocken oder feucht, eben oder gewellt und wenn hängig, in welche Himmelsrichtung, wie stark der grüne Teppich strapaziert werden soll und wie intensiv die Pflege sein kann.
Der feine Zierrasen bringt als einziger die optische Wirkung eines grünen Teppichs. Die Gräser wachsen dicht, mit schmalen Blättern, die während des ganzen Jahres ihre frischgrüne Farbe behalten. Die Pflanzen sind schnittverträglich und widerstandsfähig gegen Krankheiten, wenn folgende Arten mit kleinen Abweichungen in den Prozentzahlen gemischt werden:

- ausläufertreibender Rotschwingel *(Festuca rubra)* für mittlere bis trockene Böden im Halbschatten;
- horstbildender Rotschwingel *(Festuca nigrescens)*, dürrefest, trittfest und saftig grün auf allen Böden;

- Rotes Straußgras *(Agrostis capillaris),* sehr dicht und wintergrün auf leichten, durchlässigen Böden;
- Hundsstraußgras *(Agrostis canina)* für feuchtere Standorte in allen Lagen, mit dicht verfilzten Ausläufern;
- Wiesenrispe *(Poa pratensis)* mit langen, unterirdischen Ausläufern, die früh austreiben und jeden Rasen dicht grün machen.

Für den normalen Gartenbetrieb ist der einfache Gebrauchsrasen besser geeignet, der aus Rasengräsern besteht, die sich gut bestokken, viele Ausläufer bilden und nach tiefem Schnitt schnell wieder austreiben. Darin sind zu finden: das Deutsche Weidelgras *(Lolium perenne),* obwohl es oft geschnitten werden muß (wächst bis 2 cm pro Tag), der horstbildende Rotschwingel, Straußgras und Wiesenrispe. Eine solche Mischung wird nicht feinlaubig und trittweich, dafür trittfest bei mäßiger Benutzung.
Böschungsrasen muß den Boden rasch befestigen, dicht durchwurzeln, pflegeleicht und wetterfest sein. Bei der Draufsicht muß die frischgrüne Farbe immer den Eindruck des Rasens vermitteln.
Neben dem Deutschen Weidelgras eines spättreibenden Typs, Wiesenrispe und Schafschwingel *(Festuca ovina)* mit dichten, niedrigen Horsten, die sehr hitzeverträglich sind, findet sich in den Spezialmischungen ein erheblicher Anteil Kammgras *(Cynosurus cristatus)* mit dichtem Wurzelwerk in Sonne und Schatten, sogar in schweren Böden, und Lieschgras *(Phleum pratense)* in der feinblättrigen Form, das rasch dicht wird, schnell grün wird und auch so bleibt.
Auf schattigen Flächen sät man eine schattenverträgliche Züchtung des Deutschen Weidelgrases, reichlich Gemeine Rispe *(Poa trivialis),* die nicht zu kurz geschnitten werden sollte, und die Hainrispe *(Poa nemoralis).*
Landschaftsrasen dient als Böschungshalter vor allem dazu, Erdrutsche nach Starkregenfällen zu verhindern. Die Gräser müssen hier die meiste Trockenheit aushalten, auf Südhängen in praller Sonne praktisch ohne Pflege auskommen, weil nicht mehr gut gemäht, gewässert, gedüngt und Unkraut beseitigt werden kann. In solchen Sonderfällen ist es ratsam, sich vom Rasenfachmann eine Rasenmischung zusammenstellen zu lassen.

Aussaat
Der verbesserte, entwässerte Boden muß erst grob, dann fein eingeebnet werden. Dabei werden alle größeren Steine, Wurzeln und andere Fremdkörper herausgeholt, die groben Erdklumpen zerkrümelt, Rasendünger gestreut und die Oberfläche geharkt. Der Rasenteppich soll faltenlos und eben als Fußboden im grünen Wohnzimmer liegen. Der tief gelockerte, feinplanierte Boden muß sich vor der Aussaat setzen. In dieser Zeit können Unkrautsamen und -wurzeln beseitigt werden.

Von April bis Oktober kann man Rasen säen, wenn das Wetter feucht und warm genug ist. In den ersten 2 Wochen nach der Rasensaat ist nichts wichtiger als ausreichende, gleichbleibende Feuchtigkeit. Selbst in günstigen Jahreszeiten kann man sich nicht auf den Regen allein verlassen. Es muß so lange gewässert werden, wie noch kein grüner Flaum über der eingesäten Fläche zu sehen ist. Sind die Keimblätter 1–2 cm lang, dann reichen die Wurzeln schon tiefer und können genug Wasser heranschaffen.

Im Herbst sind die besten Voraussetzungen für das zügige Keimen der Grassamen gegeben: warmer Boden und ausreichende Feuchtigkeit. Im Frühjahr sieht es meist umgekehrt aus. Der Boden ist winterkalt, trockene Ostwinde bringen zur Tag-und-Nacht-Gleiche wochenlang sonniges, aber frisches Wetter. Das Unkraut wächst wie wild. Der Herbst verzögert den Keimverlauf ein wenig, doch das hält auch die Unkräuter zurück.

Beim Säen sollte es windstill sein, möglichst wolkenverhangen und gegen Abend, damit die Vögel nicht über die Samenkörner herfallen. Ein sanfter Landregen wäre schön. Damit es ganz gleichmäßig wird, sollte man jeden Quadratmeter einzeln ausmessen, das Saatgut abwiegen oder mit dem Meßbecher aus der Packung abteilen und diese Teilmenge auf die markierten Teilflächen mit langsam seitlich schüttelnder Handbewegung vollkommen gleichmäßig verteilen. Selbst für kleine Flächen lohnt es, aus 4 Leisten einen Rahmen von 1 m Seitenlänge zusammenzunageln. Wie auf dem Schachbrett wird damit Kästchen neben Kästchen gelegt.

Die Grassamen läßt man nicht auf der Erde liegen, sondern man arbeitet sie mit dem Rasenrechen flach in die Erde ein. Erst dann steigt man auf die Trittbretter oder drückt mit der Walze die

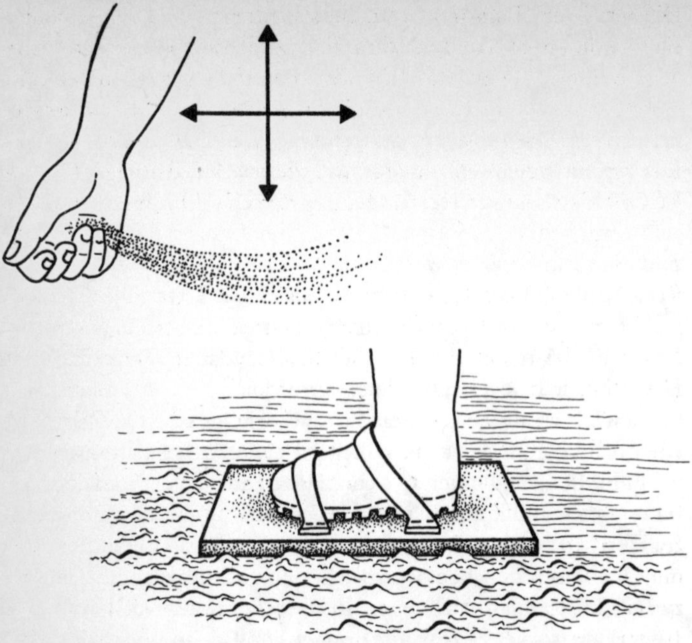

Nachdem man die Erde geebnet hat, wird der Samen gleichmäßig verteilt, am besten über Kreuz, und anschließend festgetreten oder gewalzt.

gelockerte oberste Bodenschicht gleichmäßig platt. Wer selbst keine Walze besitzt, bekommt sie beim Fachhändler gern ausgeliehen, wenn man Grassamen bei ihm gekauft hat.
Vom festeren Anwalzen oder Antreten sollte man allerdings absehen, wenn der Boden schwer und lehmig ist; denn dieser verschlämmt leicht nach Regen.
Durch die Bearbeitung mit der Walze bekommen die Samenkörner den nötigen Bodenschluß und keimen. Die gleichbleibende Feuchtigkeit ist wichtig, weil in den Grassamenmischungen feinere, langsamer keimende und gröbere, rasch wachsende Arten und Sorten nebeneinander liegen. Samen, die ihre Wurzeln schneller in den Untergrund geschoben haben, überstehen einen kurzen Wassermangel fast ohne Stockung.

Die gerade erst hervorgekommenen Wurzelhärchen der feinblättrigen Wiesenrispe und der Straußgräser vertrocknen nach wenigen Sonnenstunden. Bleibt die Feuchtigkeit wenige Stunden aus, wird die Rasenmischung entmischt, nachdem sie schon ausgekeimt hatte. Die gröberen bleiben übrig. Wer sich über die weitere Rasenpflege genau informieren will, findet alle wichtigen Tips im ECON Taschenbuch 20154 »Gartenrasen und Blumenwiese«.

Blumenwiese

Kurz geschnittener Rasen und seine Pflege, sagen die Grünen, gefährde das Leben von 283 Pflanzenarten, von Grille und Grasfrosch, Erdhummel und Heupferdchen, Schnirkelschnecke und Schwalbenschwanz, Pfauenauge und kleinem Fuchs, Bachstelze und Rauchschwalbe, Maulwurf und Schermaus. Das Gras zu einer Wiese wachsen zu lassen, lockt 55 Tagschmetterlinge an, während es auf kultivierten Grünflächen nur noch 8 sind.

Im Frühjahr blüht auf der Rasenwiese die Menge Kleinblumenzwiebeln und Himmelschlüssel, später eine Feldblumenmischung mit 30–40 Blühern, die schnell und überall aufgehen, wenn sie zwischen März und Mai breitwürfig ausgesät werden. Nach 10–30 Tagen treiben sie aus und werden 30–120 cm hoch. Für den Wohngarten eignen sich flachwachsende Rosetten von Gänseblümchen, echten Duftveilchen, Kissenprimeln und anderen.

Soll der vorhandene Rasen zur Blumenwiese werden, genügt es meist, nicht mehr zu mähen und zu düngen. Bevor Wiesenblumen eingesät werden, wird die alte Narbe mit der Fräse vom Gärtner 1- oder 2mal gründlich aufgerissen, der Blumensamen mit Sand und feinkrümeligem Humintorf vermischt und locker gruppenweise verteilt. Danach wird angetreten oder gewalzt und die nächsten Wochen gleichmäßig feuchtgehalten. Wiesenblumen zur Pflanzung bekommt man im Versand- und Fachhandel, in der Preisgruppe von Raritäten.

Neu angelegt wird ein Blumenrasen, der blühen und doch einige wenige Male gemäht werden soll, mit langsam wachsenden, niedrig bleibenden Gräsern, entweder im April bis Juni oder August bis Ende September. Der Boden wird ähnlich wie der normale Rasen vorbereitet, allerdings ohne das Unkraut zu bekämpfen.

Nach dem Ausstreuen in aufgedruckten Mengen muß die Fläche 6 Wochen feuchtgehalten werden. Spezielle Samenmischungen sind im Angebot des Fachhandels.

Blumenzwiebeln

Rasen und Blumenzwiebeln vertragen sich nicht, hört man immer wieder, weil man mit dem Rasenschnitt nicht so lange warten könne, bis die Zwiebelblumenblätter verdorrt sind. Außerdem tue sich Krokus in Grasnarbe schwer.

Tatsächlich kommen die hochgezüchteten Gartenformen im offenen Land der Rabatte besser zurecht. Sonst aber, wo blühen in der freien Natur die meisten frühen Blumenzwiebeln? Auf Wiesen. Wo vermehren sich ausgesetzte Kleinblumenzwiebeln am schnellsten? Im Gras.

Die meisten kommen auf einem Rasenteppich überhaupt erst richtig zur Geltung. Mit ihren grasartigen Blättern sieht es aus, als ob das Gras selber blühte. Andere brauchen soviel Sonne, daß nur der schattenlose Rasen als Pflanzstelle übrig bleibt. Das gilt für die kleinen Arten, die sich bis zum ersten Rasenschnitt wieder unter der Erde verkrochen haben. Die großen Solitäre wie die Palmlilie brauchen ebenfalls freien Stand, um richtig wachsen und wirken zu können. Es wäre deshalb ein grundfalscher Eindruck, daß die Zwiebelblumen im Garten eine Art Zierrand darstellten.

Allerdings kostet es ein wenig Überlegung, die Rasenpflege mit den Blumenzwiebeln auf einen Nenner zu bringen. Keinesfalls darf man sich damit begnügen, das Gras im Frühjahr etwas höher wachsen zu lassen und einfach darüber wegzumähen, in der stillen Hoffnung, bis dahin werden die Zwiebeln schon genug Vorräte für die kommende Blüte eingelagert haben.

Die härtesten unter ihnen machen das vielleicht 1–2 Jahre mit, länger nicht. Zwiebelblumen brauchen die volle Wachstumszeit ihrer Blätter, die kurz genug ist. Doch das läßt sich auf dem Rasen durchaus einrichten. Es gibt 2 Möglichkeiten: Entweder man mäht darum herum oder läßt die Zwiebeln im Einschlag einziehen (Blätter müssen vertrocknen).

Aussparen wird man mit dem Mäher alle Stellen, wo die Kleinblumenzwiebeln in dichten Horsten stehen. Schneeglöckchen, Schneestolz und Schneeglanz legen ihre Blätter bald flach auf den Boden, so daß der höher eingestellte Mäher darüber gehen kann. Die hohen, länger unschön aussehenden Tulpen und Narzissen gräbt man nach der Blüte behutsam mit großem Ballen aus und läßt sie im Gartenhintergrund eingegraben vergilben. Um die höchsten, die stehenbleiben, mäht man wie um Solitärgehölze herum.

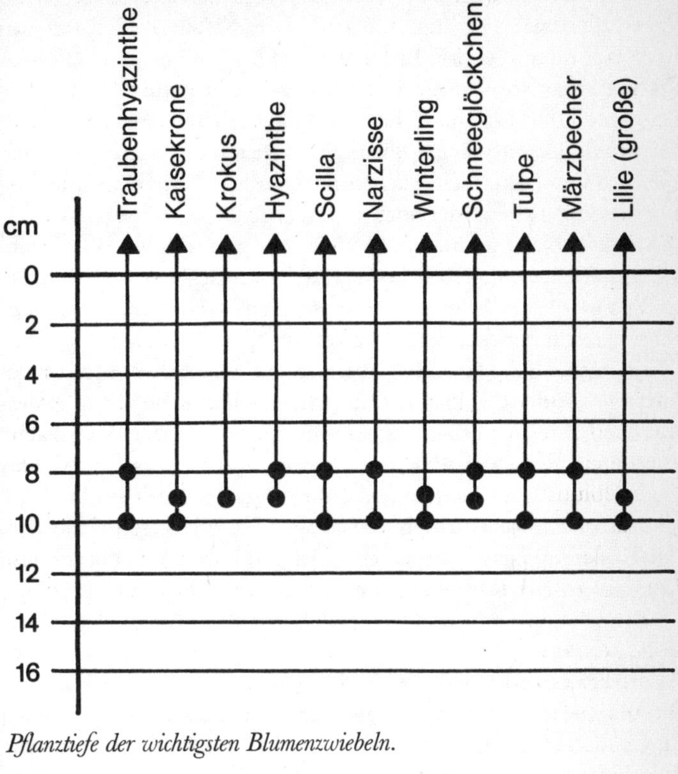

Pflanztiefe der wichtigsten Blumenzwiebeln.

Rasenkanten

Marktforscher haben herausgefunden: 13,8 % aller Rasenbesitzer haben Ärger mit den Kanten. Rasenkanten legt man deshalb beim Wegebau flach, damit sie vom Mäher stufenlos überfahren wer-

den können. Aus demselben Grund sät man einen Rasen nie an eine Gartenmauer heran, sondern pflanzt einen schmalen Streifen Polsterstauden davor oder legt Plattenstreifen zwischen Gebäude und Rasen, weil das Gras am Fuß einer Mauer nicht vom Mäher erfaßt wird.
Gegenüber Staudenrabatten und Gehölzbeeten kann es zweckmäßig sein, die Rasenkanten so einzufassen, daß die Gräser nicht über die Grenze wachsen. Dafür gibt es jetzt Rollen von Rasenrändern von 90 m Länge in Breiten von 84 und 165 mm, so daß man beim Einkauf die Möglichkeit hat, sich die richtige Länge abschneiden zu lassen. Trittplatten verlegt man niveaugleich mit der Grasnarbe. Kantensteine, die bei Kieswegen unvermeidlich sind, werden wie Trittplatten flach verlegt, auf gleicher Höhe mit Weg und Rasen. Sie sind dennoch vollwertige Trennsteine.
Trotzdem bleiben rund 80% aller Rasenkanten für den Nachschnitt mit Spezialgeräten übrig. Das Gras wächst an den Grenzen nicht nur senkrecht in die Höhe, sondern seitlich, raus aus dem Gedränge in das Staudenbeet oder den Gehölzstreifen.
Dieses seitlich wachsende Gras erfassen die Mäher nicht, selbst wenn die äußere Radspur ohne Hindernisse rundherum neben der Rasengrenze verläuft. So kommt es, daß 1/20 der Rasenfläche knapp die Hälfte der Arbeitszeit für das Mähen beansprucht. Das läßt sich aushalten, wenn man aufrecht gehend eine leichte Kantenschere, die von einer leistungsfähigen Batterie angetrieben wird, auf Rollen und an einem langen Stiel und nach beiden Seiten voll drehbar an den Rasenkanten entlangführen kann.

Rasenpflaster

Fahrwege oder -spuren, die sich lang über das Grundstück ziehen, stören das Gesamtbild. Ein mit Pflastersteinen versteifter Rasen bietet die bessere Lösung. Er fügt sich unauffällig in das Gesamtbild jeder Anlage.
Der Unterbau dafür ist gleich jedem anderen befestigten Fahrweg: 25 cm tief auskoffern (ausheben), 10 cm grober Kies, 7 cm Sand, Lehm und Mutterboden, in den die 10 × 15 cm Straßenpflastersteine verlegt werden. 2 Pflöcke und eine Schnur helfen, die Steine in gerade Reihen einzusetzen. Ein Vierkantholz von 30 × 30 mm,

das jeweils neben den eingesetzten Stein gesteckt wird, sorgt für gleichbleibenden Fugenabstand. Auf jede fertig gesetzte Reihe legt man hochkant ein Brett mit rechtwinkligen Kanten. Wenn man nun eine Wasserwaage auf das Brett stellt, zeigt diese an, ob die Oberfläche waagerecht ist.
Jeder Stein wird beim Einsetzen in das Bett geklopft, jede weitere Reihe auf die ebene Oberfläche hin geprüft.
Den Mutterboden reichert man mit Humus und Dünger an, um ihn in die Fugen zwischen die einzelnen Steine zu füllen. Danach besprüht man das Rasenpflaster mit Wasser, ohne zu spritzen; denn der Boden soll in die Lücken geschwemmt und nicht aus den Fugen herausgespült werden. Nach einigen Tagen hat sich alles gesetzt, es sind wieder Lücken entstanden, die nachgefüllt werden. Anschließend wird ausgesuchter Rasen in die Fugen gesät und fest angedrückt. Wenn sauber gemessen und gearbeitet wurde, ist das Rasenpflaster so eben, daß es mit dem Rasenmäher bearbeitet werden kann.

Rasenärger

Die häufigste Anfrage zur Rasenpflege lautet: Was kann man gegen Moos im Rasen tun? Nach einer Verbraucherbefragung der »GzI« Marktforschung ärgern sich 45 % aller Rasenbesitzer über Moos im Rasen und wissen nicht, wie man dieses Ärgernis wirkungsvoll beseitigen kann. Moos, braune Stellen, spärlicher Wuchs bis zum völligen Verkahlen sind Symptome, Anzeichen für ungesunde Zustände: Der Untergrund ist meist naß und nährstoffarm, die Lage zu schattig. Irgendein chemisches Mossbekämpfungsmittel auszugießen, das hilft nicht viel, weil nach der chemischen Wirkung alsbald wieder Moos wächst. So geht es nicht, die Ursachen müssen beseitigt werden.
Über 1/3 aller Rasenflächen werden von Unkraut geplagt. Flach wachsende Unkräuter mit niedrigen Rosetten, wie Löwenzahn und Wegerich oder mit kriechenden Trieben, wie Klee, Sagina und Schafgarbe, werden vom regelmäßigen Schnitt nicht am Wachstum gehindert. Kommt das Unkraut aber immer wieder stark auf, ist das ein Zeichen dafür, daß mit der Rasenpflege etwas nicht stimmt. Es kann daran liegen, daß zu tief gemäht oder zu wenig

gedüngt wird. Nährstoffmangel wirkt sich in der Rasenfläche aus; hier müßte eine standortgerechte Rasenmischung nachgesät werden, die gegenüber Unkräutern robuster ist.

Ein Sonderfall sind Flechten, Algen und Pilze im Rasen, als Folge von Bodenverdichtung, stauender Nässe, Nährstoffmangel. Sie verschwinden wie das Moos, sobald ihre Ursachen beseitigt sind. Nur bei Pilzen sieht die Sache anders aus. Einzeln ist ein Pilz kein großer Schaden, doch sie verbreiten sich in großen Kreisen, den Hexenringen, in denen das Gras aufhört zu wachsen. Einzige Abhilfe ist, den ganzen Ring tief genug bis etwa 20 cm auszuheben. Diese Erde und Rasensoden bringt man in einen entfernten Gartenteil, wo der Pilz nicht stört.

Zurück bleibt eine Lücke, wie sie im Rasen aus verschiedenen Gründen entstehen kann. Sie wird am schnellsten mit Rasensoden gefüllt, die man an einer wenig benutzten Stelle aufnimmt oder als Rollrasen kauft. Die ausgeflickte Stelle ist nach wenigen Tagen nicht mehr zu sehen. Die Soden werden in Quadraten abgestochen, die genau in das ebenso begradigte Loch im Rasen passen. Je genauer die Paßform, um so eher sieht man von der Flickstelle

Mit Rasensoden geflickte Stelle.

nichts mehr. Der Untergrund im Loch wird leicht gelockert, die Sodenstücke daraufgelegt, die Fugen mit gesiebter Erde ausgefüllt. Auf ähnliche Weise füllt man Vertiefungen auf: Ein H-förmiger Schnitt über der Delle, die Grasnarbe wird nach beiden Seiten aufgeklappt und Erde eingefüllt. Erhöhungen trägt man umgekehrt ebenso ab.

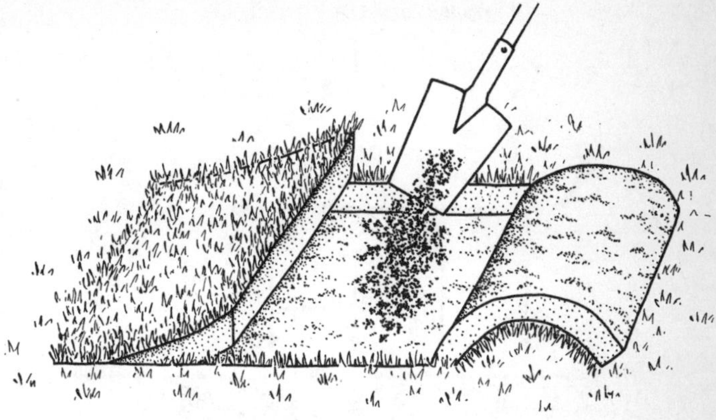

Ausbessern von Beulen im Rasenteppich.

Löcher an der offenen Rasenkante, die nicht von Kantensteinen begrenzt sind, sondern in den Gehölzstreifen oder die Staudenrabatte übergehen, werden mit geraden Kanten und nicht zu knapp in die Rasenfläche hinein abgestochen, mit einem ganzen, passenden Sodenstück ausgefüllt, nicht etwa nur einem Batzen, der annähernd Form und Größe der Lücke entspricht. Zu leicht ist der beim nächsten Mal wieder herausgerissen.

Eine Schadstelle kann auch neu eingesät werden, indem man die Oberfläche mit der Messerharke gründlich lockert, vorsichtig andrückt und darauf aussät. Darüber wird eine dünne Schicht normaler Gartenerde gesiebt und festgeklopft. Genauso ist die ganze Fläche ohne zu graben neu einzusäen, wenn der Untergrund zu schlecht ist, um mit der dünnen Humusschicht darauf vermischt zu werden. Es wird oberflächlich abgeharkt und auf die Narbe gesät.

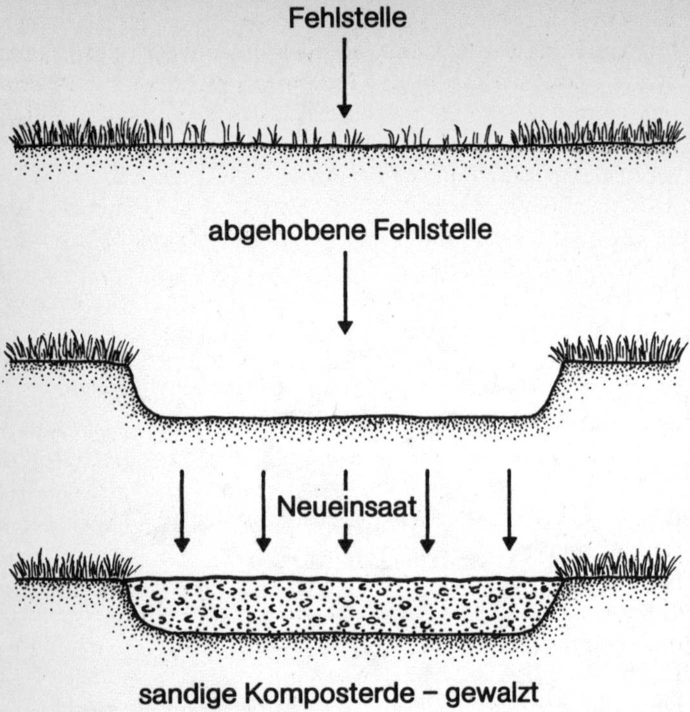

Neueinsaat einer Fehlstelle im Rasen.

Treten Graskrankheiten auf, wie Rost, Blattflecken, Fäule und Schneeschimmel, bleibt außer guter Pflege nichts übrig, als die hochwertigen Rasenzuchtgräser einer Mischung auszusäen, die widerstandsfähig gegen Rasenkrankheiten sind.

Anders sieht es bei Rasenschädlingen aus, obwohl es Gräser gibt, die gegenüber Wiesenschnakenlarven weniger empfindlich sind als andere. Regenwürmer gelten im Garten als nützlich, im Rasen als lästig, wenn sie sich zu stark vermehren und mit ihren Erdhäufchen die Fläche bei Feuchtigkeit glitschig machen. Es muß deshalb abgeraten werden, irgendein Wurmtodmittel auszustreuen. Lassen Sie schlimmstenfalls die Halme etwas länger stehen; das genügt für jeden privaten Zweck vollauf.

Rasenjahr

Im Winter hat der Rasen so viel aushalten müssen, daß er grau daliegt, nachdem der Schnee aufgetaut ist. Bevor das neue Wachstum einsetzt, ist einiges dafür zu tun, daß er wieder Farbe bekommt. Als erstes geht man mit dem Vertikutierrechen über die ganze Fläche und kämmt damit zugleich alle abgestorbenen Grashalme heraus. Die scharfen Zinken lockern die Grasnarbe, so daß wieder Luft an die Wurzeln kommt. Anschließend gibt es die 1. Düngergabe des Jahres.

Der Einsatz von auf die Bedürfnisse der Rasenpflanzen abgestimmten Spezialdünger kann den Wunsch nach einem Traumrasen auf umweltschonende Weise verwirklichen. Die Bereitschaft der Verbraucher, ihren Rasen sachgemäß und umweltfreundlich zu düngen, ist deshalb mit 63,5 % nach wie vor sehr groß, wobei 41 % der Rasenfreunde ausschließlich Rasen-Spezialdünger verwenden. Er stärkt die Gräser und färbt sie intensiv grün. Dennoch folgt kein stoßweises Massenwachstum, sondern anhaltend verstärktes Wurzel- und Breitenwachstum.

Nach milden Wintern kann es bereits im März Zeit für den 1. Rasenschnitt sein. Der Mäher wird etwas höher eingestellt, zu diesem Erstschnitt auf 2/3 der Halmlänge, 1/3 wird abgeschnitten. Den Rest brauchen die Graspflanzen, um Assimilate für ein zügiges Durchstarten zu gewinnen. Nie läßt man die Halme zu lang werden, um dann bis auf die Narbe herunterzumähen. Das zerstört den besten Rasen.

Weder im Herbst noch im Frühjahr wird die Grasnarbe gekalkt, denn die Gräser bevorzugen eine leicht saure Bodenreaktion. Gekalkt wird auch nicht, wo die Rasenfläche vermoost ist. Muß das Moos unmittelbar beseitigt werden, weil man an den Ursachen nichts ändern kann, gibt es spezielle Moosvernichter im Fachhandel. Kahlstellen sät man ab Mai nach, nachdem sich der Boden ausreichend erwärmen konnte. Maulwurfshügel dürfen nicht liegenbleiben, sonst stirbt das Gras ab.

Ein gut gepflegter Rasen übersteht die Urlaubszeit mit hohen Halmen. Vor dem Rückschnitt sollte man sich die Unfallverhütungsvorschriften für motorbetriebene Sichelmäher ansehen. Da steht: Zu lang gewordener Rasen darf nicht in einem Arbeitsgang

gemäht werden. Damit soll vermieden werden, daß sich der Sichelraum verstopft oder Metallteile losreißen. Man schneidet vielmehr stufenweise bis auf die Sollhöhe hinunter.
Anschließend gibt es die 2. Hälfte der jährlichen Gesamtdüngermenge. Denn vor dem Urlaub war man natürlich so vernünftig, den Rasen nicht reichlich mit Nährstoffen zu versorgen.
Von Mitte Oktober an wachsen die Gräser langsamer, solange eine milde Herbstwitterung anhält. Hat der Herbstwind das letzte Laub von den Bäumen gefegt, mäht man ein letztes Mal. Stehen die Halme zu hoch, legen sie sich um und verfilzen. Wertvolle Untergräser, die dicht am Boden das Gerüst der Rasenfläche bilden, ersticken darunter. Mit einer Blattlänge von 5–6 cm vor Winterbeginn ist dies zu verhindern. Es kann aber bedeuten, daß Anfang November noch einmal gemäht werden muß.
Gefrorene, schneebedeckte Rasenflächen dürfen nicht betreten werden. Trittspuren vergletschern den Schnee, darunter hört Luftzufuhr und jegliches Leben auf. Die gefrorenen Gräser brechen wie Glas, wenn man darauftritt. Die Folge ist verstärktes Auftreten von Schneeschimmelpilzen, die schon ab November sichtbar werden.
Auf Wohnrasen im Hausgarten tritt Schneeschimmel nur dann auf, wenn der Schnee festgetreten wird und die Rasengräser von jeder Luftzufuhr abgeschnitten sind. Manchmal kann man noch bis in den Sommer hinein sehen, wo einer gegangen ist.
Der Winter ist hierzulande keine geschlossene Jahreszeit von Herbst bis Frühjahr, schneebedeckt und steif gefroren. Hier sind es einmal Ende November, Anfang Dezember einige Tage, wenn's hoch kommt, 2 Wochen lang Winter.
Dann kommt zu Weihnachten das unvermeidliche Tauwetter. Im Januar und Februar folgen dann noch einmal Frostperioden mit oder ohne Schneefall. In diesen kurzen Zeiträumen sollte der Rasen auf keinen Fall betreten werden.

Rasenersatzstauden

Was aber ist zu tun, wenn der Rasen kümmerlich oder gar nicht gedeiht? Passend ausgewählte Bodendeckstauden wachsen überall und fast ohne Pflege. Das Sortiment ist groß genug, um für alle

Klima- und Standortansprüche die richtigen zu finden. Darunter gibt es Arten, die extreme Trockenheit in voller Sonne vertragen, nässe- und schattenliebende. Sie entwickeln sich im Laufe von 1–2 Jahren zu einer dichten Bodendecke.
Damit das nicht zu lange dauert, rechnet man je nach Wüchsigkeit und Größe der Arten 10–20 Pflanzen auf 1 m^2. Bis die Pflanzendecke zusammengewachsen ist, hält man das Unkraut klein; später hat es bei den nachstehend aufgezählten Stauden keine Chance mehr.
Als einzige Pflegemaßnahme streut man jedes Frühjahr eine Lage Humus über die Fläche und wiederholt dasselbe im Herbst noch einmal. Das gibt Winterschutz und für das neue Wachstum im Jahresanfang ausreichende Nährstoffe. Mehr verlangt dieser Rasenersatz nicht.

Für sonnige Standorte eignen sich folgende Arten:

- Stachelnüßchen *(Acaena buchananii),* silber- bis graugrün, 10 cm hoch, *A. magellanica,* graublau, *A. microphylla,* braungrün;
- Katzenpfötchen *(Antennaria dioica),* weißlichrosa mit der Variante ›Rubra‹ in Rosenrot, 15 cm, *A. parvifolia,* silbergrau und weißfilzig;
- Blaukissen *(Aubrieta deltoidea)* und Hybriden mit der Drei-Sterne-Sorte, ›Schloß Eckberg‹ dunkelviolett, und mehreren Doppelsternsorten, durchweg 10 cm hoch und dicht unter den leuchtenden Blütenmassen verschwindend;
- Hornkraut *(Cerastium arvense),* ›Compactum‹ – 15 cm dicke mattgrüne Polster mit weißen Blüten, und *C. tomentosum* – weißfilzig;
- Silberwurze *(Dryas x suendermannii)* – 15 cm hoch, die derben, gekerbten, dunkelgrünen Blätter mit silbrig behaarter Unterseite;
- Schleierkraut *(Gypsophila repens)* – 10 cm hoch und weiß blühend, in 2 Gartenformen: ›Rosea‹ und ›Rosa Schönheit‹; noch schöner und mit drei Sternen ausgezeichnet ›Rosenschleier‹ 30 cm;
- Felberich oder Pfennigkraut *(Lysimachia nummularia)* – 5 cm, glänzendgrün mit goldgelben Blüten;

- Knöterich *(Polygonum affine)* mit mehreren Sorten wie ›Darjeeling Red‹ – 20 cm mit tiefrosa Blütenähren, die schlank aufrecht stehen, ›Donald Lowndes‹ – korallenrosa mit breiten Blütenähren, ›Superbum‹ – rosa in 25 cm;
- Sternmoos *(Sagina subulata)* bildet 5 cm flache, sattgrüne Moospolster; es gibt flache Fetthennen wie *Sedum album,* die 5 cm dicke, dichte Teppiche bilden, ›Coral Carpet‹, genannt Rotmoossedum, das sich im Herbst rötlichbronze verfärbt;
- Ziest *(Stachys byzantina),* ›Silver Carpet‹ – überzieht rasch größere Flächen auf trockenen, mageren Böden mit weißfilzigen 30 cm hohen Blättern;
- Quendel oder Feldthymian *(Thymus serpyllum),* ›Albus‹ – bildet dichte Rasen 5 cm hoch mit weißen Blüten, ›Coccineus‹ – karmesinrot und ›Coccineus Major‹ – tief karminrot, 5 cm über dichten Rasen;
- Ehrenpreis *(Veronica prostrata)* deckt den Boden 10 cm hoch mit leuchtendblauen Blüten, ›Alba‹ – blüht weiß, ›Mrs. Holt‹ – leuchtendrosa 15 cm;
- Schwingel *(Festuca cinerea)* – schön blau und 20 cm am Boden.

In halbschattigen bis schattigen Lagen pflanzt man:

- Günsel *(Ajuga reptans)* mit der lilablauen Sorte ›Atropurpurea‹ 15 cm über rotbraunen Blättern;
- Haselwurz *(Asarum europaeum)* mit lederartigen, frischgrünen Blättern, unter denen kleine 10 cm hoch braune Blüten hängen;
- Laugenblume *(Cotula squalida),* die man in Pflanzlisten Fiederpolster nennt, weil die fiederteiligen, grünbraunen Blätter 5 cm dicke Teppiche bilden, unter denen Blumenzwiebeln hervorragend gedeihen;
- Waldmeister *(Galium odoratum)* – in den Pflanzlisten noch *Asperula,* 15 cm hoch und aromatisch duftend die Blätter;
- Johanniskraut *(Hypericum polyphyllum)* – 15 cm, schuppenförmig mit gelben Trugdolden im Mai und Juni;
- *Pachysandra terminalis,* in Katalogen Dickmännchen oder -anthere getauft, wächst auf nicht zu trockenen, kalkarmen Böden lederartig dunkelgrün bis 30 cm hoch;

- Schaumblüte *(Tiarella cordifolia)* – zierlich weiße Blüten, 20 cm hoch;
- Immergrün *(Vinca minor)* mit Sorten, 10 cm;
- Duftalpenveilchen *(Viola odorata)* und Sorten wie ›Rubra‹ – dunkelrot 12 cm hoch und die blauviolette ›Königin Charlotte‹.

Sie blühen nur einen Sommer

Einjährige Sommerblumen lassen sich in 2 Anzuchtgruppen einteilen: die mit Vorkultur im Haus oder unter Glas (Beispiel: Astern, Levkojen, Löwenmäulchen, Studentenblumen, Zinnien) und die gleich ins Freiland, an Ort und Stelle gesät werden (Beispiel: Clarkien, Eschscholzien, Godetien, Kapuzinerkresse, einjähriger Rittersporn, Ringelblumen, Flockenblume, Sommermohn). Einige Vorkultur ist sinnvoll, wenn man sich Sortenwünsche nur aus der Samentüte erfüllen kann, die im Erwerbsbetrieb selten zu haben sind.

Vorziehen

Für die Vorkultur besorgt man sich preiswerte Pikierkisten aus Plastik, die dauerhaft und leicht sauberzuhalten sind. Leere Obstkisten tun es auch. Alles, was mit der Aussaat zu tun hat, wird mit heißem Wasser abgebürstet. Über die Abzugslöcher kommen Topfscherben, darüber eine Lage Kies und erst darauf eine Schicht feingesiebte Erde, die aus Komposterde, Sand und Torf im Verhältnis 2 : 1 : 1 besteht, oder ein Torfkultursubstrat (TKS).
Die Erde wird bis 2 cm unter die Oberkante eingefüllt, geglättet und mit einem Brettchen leicht angedrückt. Wer mehrere Arten unterbringen will, sät in Reihen und steckt Stäbchen mit kleinen Plastiketiketten dazwischen, die beschriftet sind.
Sehr feine Samen, wie von Löwenmäulchen, werden mit trockenem Sand vermischt. Nach dem Ausstreuen siebt man feine Erde oder Sand über die Samenkörner (ausgenommen Lichtkeimer, die nicht abgedeckt werden dürfen). Sie sollen nicht höher mit Erde bedeckt werden, als sie selbst dick sind. Zum Schluß drückt man mit dem Brettchen ganz leicht an und sprüht mit feiner Brause.

Die fertigen Saatkisten stellt man an einen nicht zu warmen, hellen Platz, der vor Sonne geschützt ist. Über die Kisten deckt man Glasscheiben, die mit untergelegten Hölzchen etwas Luft hereinlassen, oder gelochte Klarsichtfolie.
Ist das 2. Keimblatt sichtbar, werden Scheiben oder Folien abgenommen. Pikiert, also vereinzelt, wird spätestens, wenn sich die Jungpflanzen berühren. Das heißt, man hebt sie vorsichtig mit einem gespaltenen Hölzchen aus der Erde und pflanzt sie mit etwas größerem Abstand in eine Pikierkiste, in Multitöpfe oder Torftöpfe.

Freilandsaat

Die Freilandsaaten von gröberen Arten wachsen nicht weniger schnell. Das einjährige Steinkraut zum Beispiel braucht gerade 6 Wochen von der Aussaat bis zur Blüte. Man sät es gern unmittelbar an Wegränder oder wo Blumenzwiebeln verblühen. Die Auswahl reicht von den flachen Bodendeckern bis hinauf zu Rhizinusbüschen, wahrhaft gewaltigen Blätterbergen, und 3 Meter hohen Riesensonnenblumen. Das Sommerblumen-Sortiment bietet nicht weniger als alles für jeden Gartenplatz.

März:

Adonis annua (noch einmal im August)
Waldmeister bis April
Ringelblume (und August)
Sommeraster bis Mai
Centaurea-Arten bis April
Kornblume (auch im September)
Wachsblume *(Cerinthe major)*
die Saatwucherblume *(Chrysanthemum segetum)* (auch im Oktober)
Collinsia heterophylla (früher *bicolor*) bis August
Collomia cavanillesii (früher *coccinea)*
Mädchenaugen bis Mai
Hundszunge bis April
Fingerhut bis Mai
Schöterich *(Erysimum perovskianum)* bis April und im September

Goldmohn *(Eschscholzia)* bis Mai und im September

Hornmohn *(Glaucium corniculatum)*

Godetia (auch im September)

Schleierkraut bis Juni

die Spornblume *(Centranthus macrosiphon)* bis April

Sumpfblume *(Limnanthes douglasii)* bis Mai und im September

Lein bis Mai und im September

Malcolmia maritima

die Levkoje *(Matthiola incana)* und *M. longipetala (bicornis)*

Mentzelia lindleyi bis Mai

Hainblume *(Nemophila menziesii)*, mit einigen Sorten bis April

Schwarzkümmel *(Nigella)* bis Mai

Platystemon bis Juni

Reseda *(Saponaria)* bis April und im September

Leinkraut (im August), Mariendistel *(Silybum)* bis Mai und im Oktober

Venusspiegel *(Legousia speculum-veneris)* bis Juli und im Oktober

Husarenknopf *(Spilanthes oleracea)*

Tolpis barbata

Papierblume *(Xeranthemum)*

April:

Sommerblutströpfchen *(Adonis aestivalis)*

Campanula macrostyla

Färberdistel *(Carthamus tinctorius)*

<table>
<tr><td>Charieis heterophylla</td><td rowspan="11">} bis Mai</td></tr>
<tr><td>Gänsefuß (Ähriger Erdbeerspinat) (Chenopodium capitatum)</td></tr>
<tr><td>Chrysanthemum carinatum und Ch. coronarium</td></tr>
<tr><td>Clarkia</td></tr>
<tr><td>die Winde</td></tr>
<tr><td>Köcherblümchen (Cuphea)</td></tr>
<tr><td>Kapkörbchen</td></tr>
<tr><td>Drachenkopf</td></tr>
<tr><td>Natternkopf</td></tr>
<tr><td>Clarkia breweri und C. concinna</td></tr>
</table>

Coreopsis platyglossa

Felicia
Gaillardia
Gamolepis
Gilia, Helipterum
Hibiscus esculentus (heute Abelmoschus)
Wicke
Lavatera trimestris
Duftsteinreich *(Lobularia maritima)* bis Juni
Layia
Malva verticillata
Nemesia
Oxalis rosea
Palafoxia
Papaver dubium und *P. rhoeas*
Sphaeralcea bonariensis
Trifolium resupinatum
Venidium.

Mai:

Brachyscome
Calandrinia
Dolichos
Helichrysum
Lonas
Portulaca
Rudbeckia
Salpiglossis
Sanvitalia
Scabiosa
Tropaeolum
Ursinia

Die Einjährigen sind anspruchslos. Sonne brauchen sie bis auf wenige Ausnahmen. Schon in leicht schattiger Lage fühlen sich die meisten nicht wohl. wachsen spillrig und blühen spärlich. Hier setzt man besser Stauden. Wichtig ist weiter, daß die Aussaaten

nicht austrocknen, bis die Oberfläche hart wird. Eine leichte Humusdecke sorgt für Feuchtigkeit und langsamen Nährstofffluß zugleich.
Der richtige Zeitpunkt für das Vereinzeln darf nicht verpaßt werden (meist wird zu dicht gesät), damit sich die Pflanzen nicht gegenseitig behindern. Sobald die Keimlinge 5 cm hoch geworden sind, zieht man bei bedecktem Himmel und feuchtem Boden allzu eng stehende Pflanzen heraus und läßt nur die stärksten stehen. Wartet man zu lange, lockert das die Wurzeln der Nachbarpflanzen. Anschließend wird durchdringend gegossen, damit die Erde wieder an die Wurzeln gespült wird.

Zweijährige Sommerblumen

Zweijährige keimen im Sommer des Vorjahres, blühen jedoch erst im nächsten Frühjahr. Die Anzucht sieht in der Praxis so aus, daß die zweijährigen Zierpflanzen im Juni oder Juli ausgesät werden. Im September sind sie so weit herangewachsen, daß sie an ihren endgültigen Standort gesetzt werden können. Dort brauchen sie einige Wochen, um vor dem Frost einen ausreichenden Wurzelballen zu bilden.
Herbstliche Pflanzung ist vorteilhafter als im Frühjahr. Außerdem lassen sich einige sogar verpflanzen, während sie blühen. Aber die meisten anderen bringen dann weniger und schwächere Blüten.
Auf dem Anzuchtbeet sind die Jungpflanzen ab August nicht mehr gedüngt worden, damit sie nicht im Trieb vom Frost überrascht werden. Am endgültigen Standort unterbleibt die Düngung ebenfalls; wer eine Torfdecke als Winterschutz darüberzieht, nimmt feinen Floratorf. Ein lockere Schicht Fichtenreisig schützt die Pflanzen an einem sonnigen Gartenplatz vor Erwärmung. Hebt der Bodenfrost nicht fest genug verwurzelte Jungpflanzen hoch, drückt man sie wieder zurück, sonst vertrocknen sie, und es sieht aus, als seien sie erfroren. Einige müssen vor Niederwild geschützt werden, Nelken und Goldlack vor allem.
Hohe Zweijahrsblüher wie Stockrosen (Malven) brauchen zum

festen Stand ein wenig Anlehnung an Zäune, Hecken oder Mauern; sie eignen sich vor allem für die einfarbige Gruppenpflanzung, damit es nicht zu bunt wird. Es gibt einige Malvenarten, die sich als Stauden kultivieren lassen. Sie und alle anderen hohen Pracht-Sommerblüher werden im Garten genauso wie Stauden eingesetzt, stets in kleineren Gruppen als Hintergrund niedriger und halbhoher Rabatten.
Im Gegensatz dazu stehen die Massen von Stiefmütterchen und Tausendschön. Sie blühen ebenso willig in Balkonkästen und Pflanzschalen, sogar am Nordfenster. Tausendschön wächst in feuchten Sommern nach dem Abblühen weiter und bildet eine sehr kräftige Rosette. Es lohnt sich gleichwohl nicht; denn ihre Blüte fällt im 3. Jahr kümmerlich aus. Stiefmütterchen vermehren sich reichlich aus Samen, allerdings blühen die Jungpflanzen aus Samen kleinblumig, meist mischfarbig und schwächer als ihre Eltern. Ähnlich verhält es sich mit Vergißmeinnicht.

Stauden auf Rabatten

Krautige Pflanzen unterscheiden sich von den Gehölzen in einem Punkt: Gehölze tragen die zum Überdauern notwendigen Reservestoffe und Erneuerungsknospen im Sproßsystem über der Erde, alle anderen mehrjährigen Pflanzen in Wurzeln, Knollen, Rüben, Zwiebeln und Rhizomen (Wurzelstock) unter der Erde.
Von den ein- und zweijährigen Pflanzen unterscheiden sie sich dadurch, daß sie öfter blühen können, und ihr Leben nicht mit der Samenbildung beendet ist. Die Lebensdauer der Stauden läßt sich verlängern, indem sie aufgenommen werden, sobald sie in die Jahre kommen. Das heißt, sie werden geteilt und neu gepflanzt und sind dadurch verjüngt.
Viele Staudenzüchtungen sind nur durch Stecklinge oder *vegetativ* (ungeschlechtlich, aus Teilen des pflanzlichen Gewebes) vermehrbar. Daß sich gefüllte Blumen wie die Edelweißmargerite nicht aus Samen ziehen lassen, liegt auf der Hand. Viele andere, die leicht und gleichmäßig keimen, wie die Bunte Margerite *(Chrysanthemum)*, die Goldgarbe *(Achillea)* und der Sonnenhut *(Rudbeckia)*, Primeln,

Schleifenblumen, Phlox, Christrosen, Enzian, Fingerhut und Rittersporn, sie können in den Monaten Juli und August ausgesät werden.

Dazu nimmt man flache Saatschalen oder Kistchen, die mit einem Torf-Sand-Gemisch gefüllt sind, dem etwas gut verrotteter Kompost zugefügt wird. Das Substrat muß nährstoffarm, locker und durchlässig sein, es darf nicht schimmeln und faulen.

Das Saatgut wird gleichmäßig verteilt und eine hauchdünne Schicht reiner Sand darüber gesiebt, das Gefäß mit einer Glasscheibe oder Plastikfolie abgedeckt und warm, aber nicht sonnig aufgestellt. Die Erde bleibt darunter gleichmäßig feucht oder wird angefeuchtet. Manche Staudensamen liegen wochenlang unbeweglich oder keimen erst im kommenden Frühjahr; also Geduld. Die meisten Pflänzchen sind jedoch bis zum Herbst groß genug, um erst in Töpfe oder direkt ins Freiland gepflanzt zu werden.

Die meisten Stauden sind anspruchslos und blühen am selben Platz immer wieder; Pfingst- und Christrosen sogar schöner, je länger sie ungestört wachsen. Die meisten anderen lassen mit der Zeit nach und müssen ausgegraben, geteilt und verjüngt auf einen neuen Pflanzplatz umgesetzt werden.

Da die meisten Stauden ziemlich tief wurzeln, sollte der Boden bis zu einer Tiefe von 60 cm gelockert und verbessert werden. Diese Arbeit besorgt man am besten vor dem Austrieb im zeitigen Frühjahr.

Die alten Stauden sind oft ziemliche Brocken. Wachsen sie in lockeren Büscheln, löst man sie vorsichtig mit der Hand voneinander, kürzt das Wurzelwerk und lange Triebe etwas ein, und die Setzlinge sind pflanzfertig. Die Teilpflanzen nimmt man vom Rande des alten Wurzelballens, innen ist er oft abgestorben.

Stauden, die eine gemeinsame Hauptwurzel haben und deshalb Klumpen bilden, sticht man mit dem Spaten von oben in so viele Einzelstücke, daß jedes eine brauchbare Jungpflanze ergibt. Kleinere Teile wachsen besser an als größere. Eingepflanzt werden sie genauso tief wie sie vorher standen.

Rosettenblätter dürfen nicht mit Erde bedeckt werden. Wurzeln im Pflanzloch nicht knicken oder umbiegen, daher vorsichtig angießen, besser vorher durchdringend wässern. Muß man sie

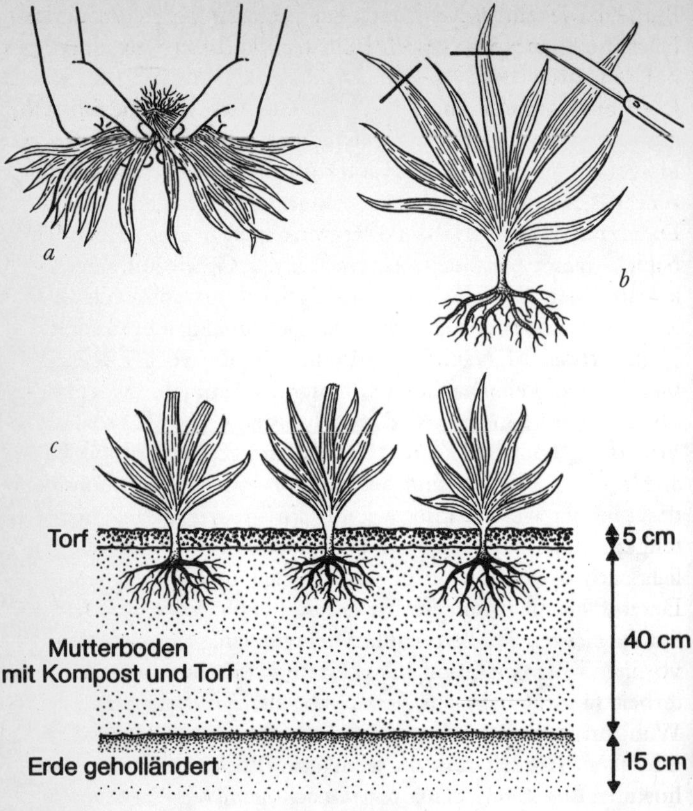

Zunächst werden die Bündel gelöst (a), dann kürzt man zu lange Triebe (b), bevor die Pflanzen in die Erde kommen (c).

liegen lassen, dann mit feuchtem Sackleinen abdecken. Die Einzelstücke bringen im 1. Jahr schon voll blühfähige Stauden.
Die Arten mit Pfahlwurzeln sind auf diese Weise nicht zu vermehren. Von ihnen trennt man Abrisse, also Nebenbüschel, mit scharfem Ruck von der Hauptwurzel ab oder zerschneidet die Wurzel zu Stecklingen. Sie behalten so viel eigenes Wurzelwerk, daß sie sich gut entwickeln. Die Pflanzabstände liegen im Mittel zwischen 40 und 50 cm. Damit es anfangs nicht zu kahl aussieht, legt man

Blumenzwiebeln dazwischen oder setzt Einjahrsblumen dazu. Nach der Pflanzung überzieht man die Pflanzfläche mit einer 5 cm hohen Torfschicht.
Ein verständnisvoll angelegter Blumengarten bereitet sich selbst auf den Winter vor. Auf die Bodendecke legt sich das trockene Herbstlaub, dazu die Triebe und Blätter der sommerlichen Pflanzenfülle. Die meisten Stauden haben damit genug Winterschutz. Die exotischen Gäste aus wärmeren Ländern packt man mit Stroh, Nadelholzzweigen und Jutegewebe ein (nicht in Folie, darunter kommen sie ins Schwitzen und erfrieren anschließend um so leichter). Auch bei diesen läßt man im Herbst welke Blätter und Halme stehen, insbesondere bei hohen Ziergräsern (Pampasgras), bindet alles mit ein und läßt nur die silbernen Ährenfahnen darüber hinwegschauen.
Wo Frostschutz unerläßlich ist, legt man Material dafür bereit, aber nicht gleich über die Pflanzen. Sie verweichlichen und werden damit noch frostanfälliger. Oberirdisch wachsende Staudenteile läßt man nicht unter der Torfdecke verschwinden, die reichlich Feuchtigkeit festhält.
Der eigentliche Winterschutz gilt nicht der Kälte, sondern der Sonne. Fichtenreisig, locker und luftig aufgelegt, soll die Pflanzen vor vorzeitiger Erwärmung bewahren, vor allem im späten Winter, wenn es mittags warm wird, während es nachts friert. In tiefer Winterruhe macht das nicht viel aus, treiben die Pflanzen bereits, müssen sie erfrieren. Wo der Bodenfrost flach wurzelnde Pflanzen hochdrückte, drückt man sie in das ursprüngliche Niveau zurück.
Das Staudenbeet muß im Winter nicht kahl wirken. Die winterharten Gräser läßt man bis zum Frühjahr stehen, sie entfalten im Rauhreif eigene Reize. Sehr dekorativ sind eine Reihe von Kleinstauden, die, solange es friert zwar keine Blüten tragen, doch moosartige Polster bilden.
Unerwartet groß ist auch die Auswahl höher wachsender Stauden, die das ganze Jahr über ihren Zierwert behalten. Schließlich gibt es eine Reihe bekannter Winterblüher, die im späten Herbst blühen, in längeren Tauwetterwochen um Weihnachten herum und bei anhaltend warmfeuchten Wetterlagen im Februar. Der Winter besteht ja nicht nur aus Frost und Schnee.

Ordnet man die Stauden nach der Blütezeit, so erhält man 5 deutlich voneinander getrennte Gruppen: Vorfrühling (März und vorher), Frühling, Vorsommer, Hochsommer, Herbst (Oktober und später). Bei der Pflanzung ist weiter zu unterscheiden: niedrig, mittel und hoch; nach Licht und Schatten, nach Bodenart, nach dem Reaktionszustand (basisch oder sauer).
Es gibt Sortimente für jeden Gartenplatz, angefangen von den Steinritzen zwischen Trockenmauern bis hin zu Wasserläufen und -flächen. Außerdem gibt es Stauden für Blütenschmuck und buntblättrige, farbig austreibende, mit auffälligem Fruchtbehang und solche, die überhaupt nicht blühen, alle Farne beispielsweise. Schließlich wilde und zum Verwildern neigende Ranker und Wucherer.

Wohin mit den Zwiebelblumen?

Es gibt 2 große Gruppen von Zwiebel- und Knollengewächsen: Die einen sind nicht winterhart, müssen also vor den ersten Frösten ins Haus geholt werden. Die anderen müssen nach der Blütezeit im Frühjahr wegen der Feuchtigkeit ausgegraben und im Haus trocken gelagert werden. Blumenzwiebeln können in 3 Jahreszeiten gepflanzt werden:

im Herbst von Anfang September bis in den November hinein (in längeren Tauwetterzeiten sogar noch später) die winterharten Frühjahrsblüher,

im Frühjahr von März bis April, Mitte Mai die ganz frostempfindlichen,

im Sommer, etwa August einige Lilien und Schwertlilien.

Die meisten Zwiebelblumen bilden ein unterirdisches Lebenserhaltungssystem aus, um Dürrezeiten zu überstehen und weil es fix gehen muß, sobald die kurzen Regenfälle das Land überschwemmen. Deshalb sind sie einen Teil des Jahres empfindlich gegen Feuchtigkeit, so Tulpen im Sommer, Lilien im Winter; dann wieder brauchen sie Wasser im Überfluß, um ohne zu stocken schnell blühen zu können. Das kann bei derselben Gattung teils im Herbst, teils im Frühjahr sein, etwa bei Anemonen und Alpenveilchen, Krokussen und Zeitlosen.

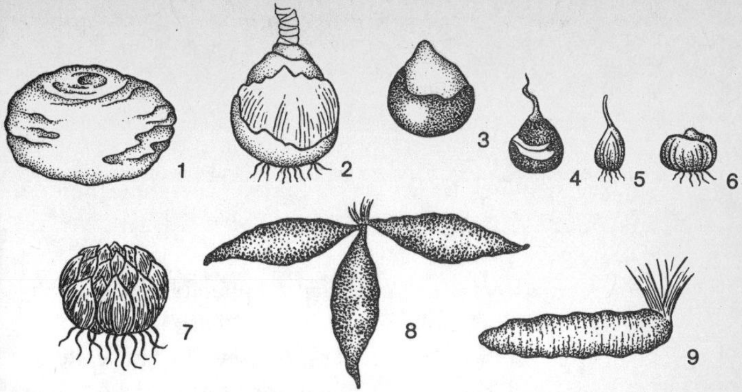

1 Kaiserkrone, 2 Narzisse, 3 Tulpe, 4 Botanische Tulpe, 5 Schneeglöckchen, 6 Krokus, 7 Lilie, 8 Dahlie, 9 Iris

Mindestens ebenso wichtig ist, wann Blumenzwiebeln gedüngt werden müssen. Sie bringen außer Wasser alles in der Zwiebel mit. Wer zu früh düngt, kann die Blühdauer erheblich verkürzen. Bei der Empfindlichkeit mancher Blumenzwiebeln gegen eine zu hohe Salzkonzentration im Bodenwasser, nimmt man besser langsam wirkende, schwachdosierte Gaben von Mineraldünger.

Es gibt sogar Spezial-Blumenzwiebeldünger. Damit düngt man alle winterharten Frühblüher nach der Blüte, solange das Laub wächst und Vorräte in Zwiebeln und Knollen eingelagert werden.

Die im Frühjahr gepflanzten Sommerblüher haben wegen des Frostes nach der Blüte wenig Zeit, Vorräte zu sammeln. Sie müssen deshalb laufend mit der Entwicklung gedüngt werden.

Die häufigen Fragen nach der Pflanztiefe lassen einen wichtigen Punkt außer acht: Wie tief darunter der Boden mit Humus und Nährstoffen angereichert, gelockert und verbessert werden sollte. Die Dahlien mit ihren 3–5 cm Pflanztiefe brauchen 60 cm Bodenvorbereitung unter den Knollen, insgesamt bis 65 cm.

Bei Hyazinthen auf Wassergläsern sieht man, welche massiven Wurzelstränge vom Zwiebelboden aus in die Tiefe gehen. Denselben Platz müssen sie im Boden haben. Sie wachsen im Freien nicht bloß senkrecht hinunter, sondern als Büschel verbreitert. Stehen die Pflanzen zu eng in der Gruppe, können sie sich unterirdisch gegenseitig schaden. Wo Blumenzwiebeln ohne tiefe Bodenvorbereitung gepflanzt werden, müßten die Wurzeln nach oben wachsen. Abgesehen von Stengelwurzeln, wie bei manchen Lilien, braucht die Pflanzstelle für Blumenzwiebeln oberhalb der Zwiebel nicht verbessert zu sein.

Vor allem im Frühling bringt keine andere Blumengruppe so leuchtende, kräftige und reine Farben in den Garten wie die Zwiebelblumen. Sie werden gern in großen Mengen im Garten verteilt, vor allem im Vorgarten mit seiner hohen Nachbarschaftswirkung. Einzelne Zwiebelblumen wirken wie verloren, sie sollten immer in Gruppen stehen, die um so größer sein dürfen, je kleiner die Blüten sind. Doch sie sollten nicht als bloße Farbflächen eingesetzt werden.

Blumenzwiebeln verführen dazu, sie mehr oder minder für sich allein stehen und wirken zu lassen, jedenfalls die Frühblüher unter ihnen. In der naturnahen Pflanzengemeinschaft des modernen Gartens kommt es jedoch viel mehr darauf an, sie mit den vielen anderen Frühjahrsblühern gemeinsam blühen zu lassen.

Könner legen bodendeckende Pflanzenteppiche aus, mit Stauden, die flach wurzeln, flächenhaft polstern und schön blühen: *Achillea ageratifolia,* Aubrieta ›Schloß Eckberg‹ und *Armeria maritima* ›Rosea Compacta‹, dazu einige Leimkräuter *(Silene maritima)* ›Weißkehlchen‹ und vielleicht noch *Sedum album* ›Muralo‹.

Damit es früh im Jahr losgeht, pflanzt man dazwischen einige Zwergschwertlilien *(Iris pumila)*. Für die sommerlichen Tage steht dabei das Federgras *(Stipa pennata)* wehend im Wind, neben Montbretien, die noch nicht züchterisch verzärtelt wurden, und zu ihren Füßen die schöne Edeldistel *(Eryngium planum)*. In diesen Pflanzenteppich fügt der Kenner seine Tulpenarten ein.

Die Gruppenpflanzung von Blumenzwiebeln führt zwangsläufig immer wieder zu denselben Mustern, fast geometrischen Figuren mit dem vorschriftsmäßig eingehaltenen allseitigem Abstand. Man sollte die Pflanzabstände nicht allzu genau nehmen. Es muß nicht gleich so weit gehen, daß man Kleinzwiebeln hinwirft wie verschüttete Erbsen und genau da einpflanzt, wo sie hingefallen sind. Obwohl, bei den kleineren Arten ist diese Idee sicherlich besser als Reihen, Ovale, Kreise, Drei-, Vier- und Vielecke.

Selbstverständlich legt man die größeren Zwiebelblumen nach hinten, die kleineren davor und stimmt Farben aufeinander ab. Hyazinthen und andere kompakte, etwas steife Blütenformen stehen besser in dichtgeschlossenen Gruppen in der Nähe von Sitzplätzen, Terrassen, Gartenmauern, Treppen, den Plattenweg entlang, dort, wo Natur und Architektur sich begegnen. Deshalb findet man sie selbst im Freien oft in Pflanzgefäßen, Balkonkästen, Schalen und großen Töpfen.
Blumenzwiebeln sollten ungestört verblühen, welken, einziehen und dabei ihre unterirdischen Vorratskammern auffüllen. Entweder gräbt man sie vorsichtig aus und läßt sie versteckt eingeschlagen in Ruhe einziehen. Oder man bepflanzt seinen Ziergarten so gekonnt, daß nach der Zwiebelblüte im Frühjahr keine Pause eintritt, sondern inzwischen Sommerblumen und Stauden herangewachsen sind, die das unordentliche Bild verdecken.

Blühende Polsterkissen

Polsterstauden wachsen im Garten als Wegeinfassung, Unterpflanzung zu höheren Stauden und Gehölzen, als bunte Kissen im Steingarten. Sie quellen aus den Fugen der Trockenmauer und nehmen mit kargem Boden vorlieb. Die Pflanzliste ist so lang, daß für jeden Gartenplatz die passende Auswahl zu finden ist, selbst im Schatten. Bei geschickter Auswahl ist es möglich, auf engstem Raum vom zeitigen Frühjahr bis zum Sommer reichblühende Staudenpolster zu haben.
Im Steingarten und auf Beeten, die dicht zuwachsen sollen, wird alle 15–25 cm eine Pflanze gesetzt, 3 oder 4 Pflanzen einer Art und Sorte beisammen. Sonnenröschen bieten farbliche Vielfalt, decken aber den Boden nicht so dicht. Seifenkraut *(Saponaria)* darf ebensowenig fehlen wie der Phlox, von dem es schöne Namenssorten gibt. Eine Anzahl kissenbildender Stauden setzt man in die Fugen der Plattenwege:
Stermoos, Fiederpolster, Stachelnüßchen kommen dort gut zur Geltung und vertragen einen Tritt. Schattenplätze bedeckt man mit Waldmeister, kleinen Leberblümchen, Dickmännchen *(Pa-*

chysandra) und *Saxifraga hirsuta,* mit Immergrün und Schaumblüte *(Tiarella).* Polsterstauden vertragen sich mit höheren Gartenpflanzen und lassen neben sich niedrigbleibende Kleinblumenzwiebeln, botanische Tulpen und zierliche Narzissenarten gelten.
In diesem Kreis dürfen die horstbildenden niedrigen Ziergräser nicht fehlen. Mit ihren zarten Filigranpolstern werden sie Jahr für Jahr schöner, größer und reizvoller. Sie wachsen am Wasserrand, im Heide-, Stein- oder Vorgarten, in der Staudenrabatte, ebenso im Rosenbeet, wo der leuchtend stahlblaue, niedrige Blauschwingel *(Festuca cinerea, F. glauca)* besonders wirkungsvoll ist.
Gräser tragen zwar selten auffallende, farbenprächtige Blüten zur Schau, ihre Schönheit liegt vielmehr in eleganter Linienführung, stimmungsvoller, malerischer Wirkung, die den Winter überdauert und sich steigert im Rauhreif und Neuschnee, wie eine verzauberte 2. Blüte.
Schon deshalb dürften die Halme im Herbst nicht abgeschnitten werden, aber es hat einen weiteren Grund: Während des Winters dringt Wasser in die abgeschnittenen Halmenden und läßt den Wurzelstock faulen. Unter den tropischen Importen gibt es einige, die in ungünstigen Lagen leichten Winterschutz brauchen. Der trockene Blätterbusch hält, locker zugebunden und ebenso bedeckt, die Kälte ab. Alle Gräser brauchen humosen, feuchten, nährstoffreichen Boden.

Rund ums Wasserbecken

Wasser ist für Pflanzen kein fremdes Element, sondern ein Standort neben anderen. Über und unter Wasser gedeihen am Wasserrand ebensoviele prachtvoll blühende, fruchttragende, nützliche Pflanzen.
Am bekanntesten sind die mehrjährigen Sumpfpflanzen, die in flachem Wasser oder am feuchten Beckenrand stehen. Das beginnt bei der Butterblume *(Caltha palustris)*, die jeder kennt, unabhängig von Sonne und Schatten; davon gibt es weiße Formen, niedriger wachsende, früher und länger blühende mit gefüllten Blüten von stattlicher Größe, geht weiter mit der Sumpfiris *(Iris*

laevigata), die im Winter weniger feucht stehen soll. Als kriechender Bodendecker paßt dazu das Pfennigkraut *(Lysimachia nummularia),* weil es die Wasserränder gut bedeckt, besonders bei Folienbecken.
In der nächsten Gruppe finden sich Wasserpflanzen, die in knietiefem Wasser wachsen, Blüten und Blätter jedoch über den Wasserspiegel hinaus treiben. Hier beginnt es wieder mit einer Sumpfdotterblume, der wuchtigsten aus der großen Sippe, mit tellerförmigen Blumen.
Tieferes Wasser ist Standort größerer Gewächse, die kleine Bekken überwuchern würden. Dazu gehören einige Teichrosen, die in voller Sonne und tiefem Schatten gleich gut gedeihen. Seerosen pflanzt man nicht ins Wasserbecken selbst, sondern in Draht-, Weiden- oder Plastikkörben (25 cm hoch, 30 cm oberer Durchmesser), die in der richtigen Tiefe ins Wasser gestellt werden. So können sie jeden Herbst in den Keller getragen werden und bei 15–19° C eingeschlagen werden.
Seerosenfreunde senken im Frühjahr die Körbe im Wasser in dem Maße ab, wie die Blatttriebe treiben. Als Pflanzsubstrat dient lehmhaltige Erde ohne Torf oder verrottende Bestandteile. Horn-

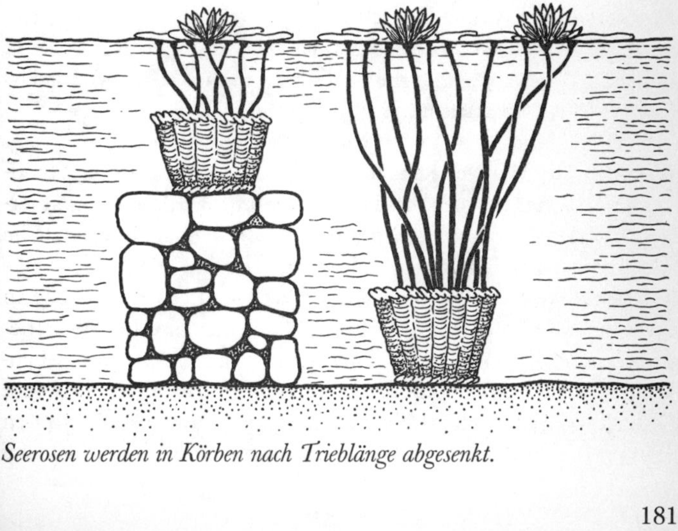

Seerosen werden in Körben nach Trieblänge abgesenkt.

späne als Vorratsdünger sind nützlich. Die Wurzeln brechen leicht, vorsichtig also beim Einpflanzen.
Ein Drahtbügel hält die Pflanzen in der Erde, so daß sie nach dem Einsetzen nicht frei schwimmen. Die Erde wird mit grobem Kies 2 cm dick abgedeckt. Wer es eilig hat, kann den Korb für die ersten Stunden mit Steinen beschweren, bis er auf Tauchstation bleibt. 15° C Wassertemperatur sind das mindeste, bevor die Pflanzen ausgesetzt werden. Sie brauchen stilles, warmes Wasser. Ein Springbrunnen hindert Seerosen daran zu blühen.
Schließlich gibt es eine Gruppe reiner Schwimmpflanzen, die frei schwimmen, wie eine Tillandsia, oder die im Bodengrund wurzeln. Im schwimmenden Laichkraut laichen Gartenteichfische gern. Ein Hahnenfuß hat die angenehme Eigenschaft, das Wasser sauberzuhalten, ist allerdings sehr wuchsfreudig. Schwimmpflanzen nehmen ihre Nahrung aus dem Wasser, das klärt und vermindert Algenbildung.
Da gibt es eßbare Früchte wie die Wassernuß *(Trapa natans)* mit ihren aufgeblasenen Schwimmwesten an den Blattstielen. Ganz untergetaucht bleibt der Gemeine Wasserschlauch *(Utricularia vulgaris)*, der sich von kleinen Wassertieren ernährt, vor allem von Stechmückenlarven. Einige Triebe dieser wurzellosen Pflanze halten ein kleines Becken insektenfrei.
Die Wasserpflanzen halten sich in einer Handbreit lehmiger Erde auf dem Beckenboden. Sie darf keine organischen Rückstände enthalten. Die meisten werden im Frühsommer zu Wasser gelassen, nur einige können im Herbst den Standort wechseln.
Die im Versand bezogenen Jungpflanzen müssen sofort ausgepackt und in Wasser gestellt werden. Kann das Wasser nicht abgelassen oder erst anschließend eingefüllt werden, müssen die Pflanzen ebenfalls mit Steinen am Boden festgehalten werden.
Gedüngt wird mäßig, im Frühjahr mit normalem Volldünger, aber höchstens bis zum August. Der Wasserstand wird auf gleicher Höhe gehalten. Im Herbst ziehen die winterharten Arten ein (Blätter ziehen sich in den Wurzelstock zurück), so daß sie die Eiszeit ohne Schaden überstehen. Sie sind darauf angewiesen, daß Wasser im Becken bleibt. Die neuen Folienbauweisen machen es möglich.

Sonne, Wind und Trockenheit werden empfindlicheren Schwimmpflanzen gefährlich, die im Halbschatten angesiedelt sind. Hier hilft nichts als Wasser. Algen sind dann unvermeidlich, doch werden sie nicht zur Plage, wenn das biologische Gleichgewicht im Becken stimmt. Krankheiten treten selten auf, tierische Schädiger nicht öfter. Wasserflöhe, kleine Krebse und Asseln, Wasserläufer und Libellen sind nützlich und beleben den kleinen, natürlich wirkenden Gartenteich.

Gehölze sind der Höhepunkt

Ein schöner Baumbestand macht das Kleinklima in stadtnahen Gebieten erträglich. Die Mittagshitze ist darunter nie so hoch und trocken. Der gesundheitsschädliche Lärm wird von dichten Baumkronen verschluckt. Schließlich verdanken viele deutsche Landschaften ihren Hauptreiz altem Baumbestand.
Deshalb: Pflanzt mehr langsam wachsende Laubgehölze in Einzelstellung. Es ist nicht wahr, daß sie den kleinen Garten zu sehr belasten. Sie bedecken keineswegs den Bodenraum unter sich im vollen Kronenumfang, sondern nicht viel mehr als eine Rundbank, die um den Stamm gebaut wird. Ein dichtes Laubdach ist der schönste Sonnenschirm.

Pflanzregeln für Gehölze

Die Gehölzpflanzung beginnt einige Zeit vor der erwarteten Ankunft oder dem Einkauf der Gehölze. Sie richtet sich danach, ob es Ballenware, Containerpflanzen oder Pflanzen mit nackten Wurzeln sind.
Begonnen wird mit der Baumgrube. Dafür lockert man den Boden rings um die Pflanzstelle in jeder Richtung 2 Handspannen (20 cm) weiter als der Ballen groß ist und verbessert den Aushub mit Düngetorf, in Ausnahmefällen (bei den Moorbeetpflanzen) mit

Torfzusatz. Im Höchstfall gibt man 1/4 der Aushubmenge als Torf zurück ins Pflanzloch.
Gedüngt wird zunächst gar nicht, auch eine Vorratsdüngung hat für ein langes Baumleben nicht viel Sinn. Natürlich ist gegen eine Handvoll Hornspäne nichts einzuwenden und einzelne, nicht zu große Steine in der Pflanzerde, haben noch keinem Gehölz geschadet.
Der frischgepflanzte Baum sollte mit Pfahl oder Seilverspannung gesichert werden, bis er die nötige Standfestigkeit gewonnen hat. Ballenpflanzen, meist schwerer als andere, drehen sich in der aufgeweichten Pflanzgrube wie in einem Kugelgelenk, besonders dann, wenn zu heftig angegossen wird, so daß in der ganzen Grube ein dünnflüssiger Erdbrei schwappt.
Soweit ist die Vorbereitung bei Ballen-, Container- und erdeloser Pflanzware gleich. Wurzelnackte (erdelose) Gehölze wachsen besser an, wenn man sie nach dem Eintreffen einige Stunden in eine wassergefüllte Wanne stellt. Ihre Pflanzzeiten beschränken sich auf die Monate, in denen zwischen Laubfall und Austrieb der Boden offen ist.
Gut durchwurzelte Ballen stellt man ebenfalls einige Stunden in Wasser, wenn sie auf dem Transport ballentrocken geworden sind; das Ballenleinen wird erst in der Grube gelöst und bleibt darin. Jute, erkennbar an der grauen Ockerfarbe und den groben Maschen, verrottet in wenigen Monaten vollständig und braucht nicht unter dem Ballen weggezogen zu werden, nachdem er in der Grube steht.
Anders das grün-braune Acryl- und Balledurgewebe mit eingefärbten Seiten- und Mittelfasern in Rot oder Gelb; es übersteht je nach Bodenart und Feuchtigkeit ohne weiteres 5, 6 Jahre und könnte sich nachteilig auswirken. Die Verknotung am Wurzelhals öffnet man, wenn der Ballen in der Pflanzgrube steht.
Container sind vorsichtig aufzuschneiden und abzuziehen, so daß der Ballen möglichst wenig Erde verliert. Der Vorteil von Containern ist, daß die Pflanzen für Versand und Selbstbedienung im Garten-Center sauber verpackt sind. Wichtiger ist, daß die Anwachsverluste gering sind. Für den neuen Gartenbesitzer ist es leichter, daß er nicht auf Bilder oder Pflanzlisten mit botanischen

Querschnitt durch die Pflanzgrube: links richtig, rechts falsch

Namen angewiesen ist, die ihm wenig sagen. Er kann durch die belaubten, wachsenden Pflanzenbestände gehen und sich das schönste Gehölz aussuchen. Container-Gehölze können sogar während der Blütezeit mitgenommen und eingepflanzt werden. Die beste Pflanzzeit kommt in der Wachstumsruhe, solange vor dem neuen Austrieb, daß bis dahin einige Saugwurzeln entstanden sind. Auch die Immergrünen wachsen im Winter nicht, aber sie verdunsten in trocken-kalten Wochen oft mehr als im feuchtwarmen Sommer. Sie brauchen viel Wurzeln, bevor es kalt wird. Manche Fachleute sagen: Im frühen Herbst pflanzen, andere bevorzugen den späten Frühling. Den Baumschulen ist es lieber, wenn nicht alle Käufer auf einmal im Frühjahr kommen, sobald die ersten Schneeglöckchen blühen. Sie loben deshalb die Vorteile der Herbstpflanzung, notfalls früh im Herbst. Die Bestände sind dann noch nicht gelichtet, die Auswahl ist größer. Die meisten Gehölze wachsen ebensogut nach der Frühjahrspflanzung weiter, brauchen dann aber mehr Wasser, Schatten und Pflege.

Dauert es bis zum Einpflanzen noch einige Wochen, schüttet man die verbesserte Aushuberde wieder in die Pflanzlöcher, damit sie in der Wartezeit nicht austrocknet. Beim Pflanzen wird nur soviel ausgehoben, wie der Ballen groß ist.
Der Baumpfahl wird auf der Wetterseite vorher in die Grube geschlagen. Die Länge und Zopfstärke wählt man großzügig, schlägt ihn tief ein. Ein Baumpfahl hält die junge Krone bei starkem Wind.
Schwere Gehölze muß man mit Drähten oder Leinen im Boden verankern. Wichtig ist dabei, daß die Befestigungsstellen auf der Rinde gut geschützt sind.
Die Wurzeln müssen nicht geschnitten werden. Es genügt, lange Wurzelstränge zu stutzen und verletzte oder geknickte Wurzeln einzukürzen. Die Torfzugabe im Wurzelbereich sorgt für lockeren Boden und alle damit verbundenen Vorteile, außerdem hilft er bei der Wurzelbildung. Die Torfdecke auf der Pflanzstelle hält die Verdunstung gering, so daß man in mehreren kleineren Gaben gießen kann. Mit dem Antreten der Wurzeln sollte man vorsichtig sein, besser nur mit dem ganzen Fuß mittelstark andrücken, wobei die Schuhspitze zum Stamm zeigt.
Den ersten Sommer nach der Pflanzung brauchen die jungen Gehölze aufmerksame Pflege, vor allem die im Frühjahr gepflanzten Bäume, die bald nach der Pflanzung austreiben. Je größer die Gehölze beim Pflanzen waren, desto mehr muß man sich um sie kümmern. Einjährige Gehölze zu kaufen, ist vorteilhaft, auch wenn man bei Sämlingen, Heistern (junge, 5–10jährige Laubholzpflanze) oder einmal verpflanzter Ware länger warten muß, bis sie die gewünschte Größe haben.
Was ältere Baumschulgewächse an Größe mitbringen, holen jüngere oft leicht ein, weil sie weniger Anwachsschwierigkeiten haben. Nach dem Pflanzen muß die Wasserversorgung gesichert sein. Oberflächliches Benetzen der Pflanzstelle genügt nicht. Deshalb zieht man um größere Gehölze einen Ringgraben, der regelmäßig mit Schlauch oder Gießkanne gefüllt wird. Das kann wöchentlich ausreichen, in Trockenzeiten aber alle 2 Tage nützlich sein. Ein Schlammbad ist allerdings zu vermeiden, das würde Wurzelfäule geben.

In der prallen Sonne kann die Pflanze nach wenigen trockenen Wochen in Südhanglage welken. Im ersten Standjahr brauchen deshalb viele Gehölze, die sonst einen sonnigen Standort schätzen, erst einmal Schatten. Da die Zweige nicht mit Säcken, Planen und Leinen belastet werden dürfen, wird ein Schattiergestell aufgebaut, ein Holzrahmen, ähnlich wie ein Kiessieb auf 1 oder 2 Stangen abgestützt. Ist das Gewebe großmaschig, kann es den Sommer lang stehenbleiben. Leichter Sonnenschutz ist gleichzeitig Verdunstungsschutz.
Gedüngt wird erst im 2. Jahr; denn die gerade entstehenden Wurzeln sind noch empfindlich. Obgleich fast jedes Gehölz aus eigenen Nahrungsreserven austreibt, kann es geschehen, daß es lange kahl dasteht. Es ist vorgekommen, daß neu gepflanzte Walnußbäume 2 Jahre ohne Blattaustrieb dagestanden haben, erst im 3. Jahr setzte die normale Entwicklung ein.
Also nicht gleich verzweifeln, wenn der frischgepflanzte Baum im Sommer blattlos bleibt. Bei guter Pflege wird er im folgenden Frühjahr neue Triebe und Blätter bilden. Nadelgehölze dagegen zeigen manchmal erst 1 Jahr nach der Pflanzung, daß sie nicht angewachsen sind.
Jeder Gartenbaum hat seine Schattenseiten. Weil es gegen Schatteneinfall keine rechtliche Handhabe gibt, sofern die Grenzabstände eingehalten werden, ergibt sich daraus leicht Streit.
Schatten hat auch seine guten Seiten. Viele Blumen vertragen, obwohl sie in volle Sonne gepflanzt werden sollen, grelle Mittagssonne schlecht. Auf dem Sitzplatz im Freien kann die Hochsommersonne ebenfalls allzu drückend werden. Der Garten lebt auf, wenn der Wipfelschatten wie der Zeiger einer großen Sonnenuhr über das Land wandert und zur Mittagszeit ein Stündchen Sonnenruhe schafft.

Laubbäume

Schnell wachsende Bäume haben sich stark in den Vordergrund gedrängt. Da der Essigbaum *(Rhus typhina)* rasch wächst, wählte man ihn als Sichtschutz für frisches Mauerwerk, so daß eine Art

Modebaum daraus wurde. Die Pracht des herbstlich aufglühenden Laubes entfaltet sich besonders an *Rhus glabra,* in jedem normalen Gartenboden am warmen, trockenen Standort. Sein lichter Schatten ist angenehm.
In Kanada kann man sich das Leben ohne Ahorn gar nicht vorstellen. 34 Arten stehen bei uns in den Katalogen. Sie gedeihen in jedem Boden, in beinahe extremen Wasserverhältnissen. Kein anderes Laubgehölz bietet ein solches Farbenspiel vom hellgrünen Austrieb bis zu flammendem Orange und dunklem Rot im Wechsel der Jahreszeiten.
Unter den Ahornarten gibt es Gartenzwerge, die kaum 1 m hoch werden, andere gehen 10- bis 20mal höher. Als Wind- und Sichtschutz ist der Feldahorn *(Acer campestre)* mit 10 m Höhe zu empfehlen. Wo gar nichts mehr wachsen will, steht die Feldahornhecke in wenigen Jahren und sieht immer gut aus, wenn sie auch trotz regelmäßigen Schnitten recht viel Platz erfordert.
Die Birke ist ein Bestseller geworden. Zahlreiche Arten und Sorten bieten sich an, die robust sind. Im Garten lassen sie in ihrem Wurzelbereich nicht viel gedeihen; deshalb empfehlen Gartengestalter mehrstämmige Birken, deren Fuß umpflanzt werden kann. Die grazile Gestalt der Birken ist ausgesprochen lichthungrig und, was nicht unterschätzt werden darf, sehr wasserdurstig.

Koniferen

Nadelgehölze, die bis 30 m erreichen können, werfen wenig Schatten, weil sie meist schlank wachsen. Deshalb hat die Blautanne seit dem vorigen Jahrhundert nichts von ihrer Beliebtheit verloren. Alle Stechfichten sind anspruchslos an Boden und Lage; frosthart und windfest, unempfindlich gegen Stadtluft und Industrieabgase. Nur Schatten und seitlichen Druck vertragen die Bäume nicht, sie dürfen also nie zu eng oder in den Gehölzstreifen gepflanzt werden, sonst kahlen sie auf.
Die Serbische Fichte ist unter ihrem botanischen Namen Omorikafichte bekannt. Sie kann sehr hoch werden, doch bleibt sie steil säulenförmig. Ihre elegant überhängenden Zweige, die sich im

Alter leicht senken, werden höchstens 1 m lang. Das ist nicht ihr einziger Vorzug: Gegen Wind und Frost erweist sie sich als standfest, gegen Industrieluft und Ölheizungsrauch als unempfindlich. An den Boden stellt sie keine Ansprüche, und wo sie zu hoch wird, kann man neue, kleinwüchsige Gartenformen setzen. Ihre Nadeln zeigen stets die blauweiße Unterseite, während bei der großen Omorika darauf geachtet wird, daß die Oberseite mit weißen Streifen versehen ist.

Im Vorgarten sind Latschenkiefern seit langem beliebt, doch mehr und mehr stehen in den Gärten hochwachsende Stammkiefern wie die schöne Zirbelkiefer *(Pinus cembra)*. Sie wird bis 15 m hoch und wächst schmal pyramidal, auch an der Nordseite, am besten in tonigem oder lehmhaltigem, nicht zu schwerem Boden, der ausreichend feucht sein sollte.

Die Rinde, anfangs glatt und graugrün, verfärbt sich später graubraun und wird dekorativ rissig. Die jungen Sprosse sind filzig von rostgelber Farbe, die Nadeln gut fingerlang, oberseits lebhaft grün, unten weißlich. Die Zapfen stehen reif aufrecht, hellbraun, bis 8 cm lang, bis 5 cm dick.

Sträucher rings um den Garten

Pflanzung und erste Pflege der Sträucher unterscheidet sich nicht von denen der Bäume. Sträucher bilden mehrere, dünne Stämme aus Holz, die mehrjährig ausdauern. Ältere Sträucher kann man, im Gegensatz zu Bäumen, oft durch Teilung verjüngen, altes Holz wird regelmäßig herausgeschnitten, ausgelichtet.

Mit Sträuchern kann man Gehölzgruppen bilden, die den Garten aufteilen, das Grundstück abgrenzen und der Rasenfläche farbigen Rahmen geben. Sie bieten Schutz vor Einsicht und Wind, sind Schalldämpfer und Staubfänger. Die Auswahl richtet sich nach dem Standort, also Boden, Witterung, Sonne und Himmelsrichtung.

Damit der Laubwall rasch dicht wird, pflanzt man meist viel zu eng. Nach wenigen Jahren bleibt nichts anderes übrig, als die teuren Gehölze abzuholzen oder umzupflanzen.

Windschutz darf nicht zu dicht, sondern muß sogar winddurchlässig sein. Wer zu dicht pflanzt, erreicht das Gegenteil, nämlich unangenehme Wirbel hinter dem Hindernis.
Anders sind die Gehölze für eine Staubschutzpflanzung auszuwählen, wie sie in allen dichtbesiedelten Wohngebieten notwendig sind. Hier braucht man Gehölze, die Abgase, Benzindunst, Konverterstaub und Ölschwefel vertragen, die also industriefest sind. Lärm und Einsicht werden um so besser abgewehrt, je dichter die Pflanzung ist (geeignet sind: Buchsbaum, Haselnuß, Rosen, Weißdorn).
Für den Schallschutz kommt es nicht auf die Dicke an, sondern auf die Fähigkeiten der Blätter, Schall zu verschlucken. Lärmschutzgehölze brauchen große Blätter, die in sich gefestigt sind und möglichst quer zur Hauptlärmquelle aufeinanderliegen. Die Gehölze sollten dazu im Innern dicht mit Blatt- und Zweigwerk ausgepolstert sein, solange wie möglich voll belaubt, wenn nicht wintergrün. Immergrüne Nadelgehölze sind im allgemeinen keine guten Schallschlucker (geeignet sind: Berberitze, Ilex, Liguster, Mahonie, Pieris, Lorbeerkirsche, Rhododendron).
Für den Sichtschutz braucht man eine Art grünen Wandschirm, der so flach sein darf wie eine Efeuwand. Obwohl die Zaungucker im Winter nicht viel zu sehen kriegen, wird man doch für diesen Zweck gern Immergrüne pflanzen, die schnittfest sind und als schmale, hohe Hecke gezogen werden können. Auch an sonnigen Plätzen kommen dafür nur schattenverträgliche Gehölze in Frage, weil die Hecke auf der Innenseite sich selbst beschattet und deshalb allmählich kahl wird.

Schnitthecken

Hecken werden gepflanzt: wo der Platz für ein breites Gebüsch nicht ausreicht. Da hier viele Gehölze dicht nebeneinanderstehen, unterscheiden sich Pflanzung und Pflege von allen anderen. Man gräbt den Heckengehölzen einen Pflanzgraben, setzt 3–5 Pflanzen auf den laufenden Meter je nach Wuchsstärke der Art und gewünschter Dichte.

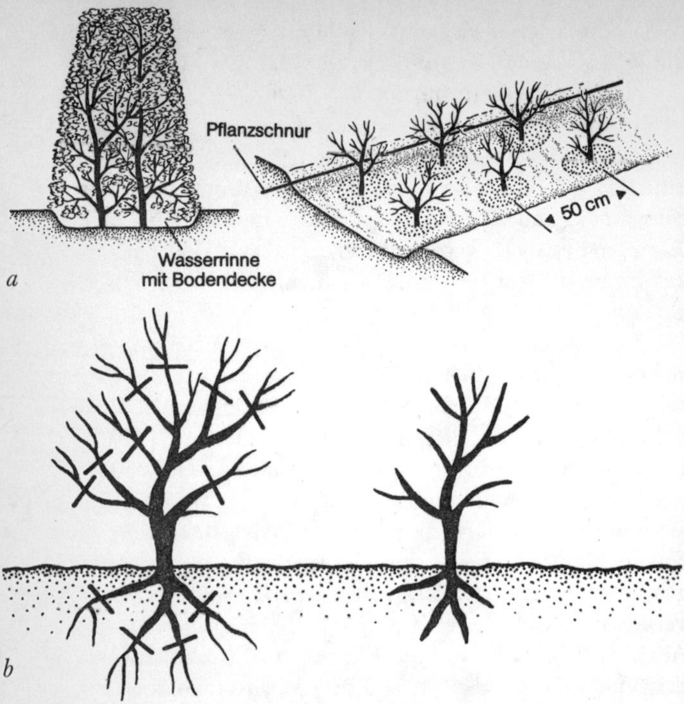

Eine Hecke richtig pflanzen (a) und beschneiden (b)

Noch wichtiger als sonst ist die gründliche Bodenvorbereitung. Je dichter die Hecke werden soll, um so tiefer schneidet man sie bei der Pflanzung zurück, normal bis zur Hälfte, soll sie dichter werden, noch tiefer. Die zahlreichen Seitentriebe, die daraufhin entstehen, kann man kreuzweise verflechten und zusammenbinden, so daß die Hecke ein Zweiggerüst ähnlich dem Jägerzaun erhält. Sind die Heckenpflanzen bestachelt oder bedornt, ist eine solche Einfriedung schwieriger zu übersteigen als ein normaler Zaun.
Heckenschnitt soll die grüne Wand von unten bis oben dauerhaft dicht und grün erhalten. In strenger Trapezform wird die Hecke deshalb unten breiter gehalten, etwa 10 cm auf 1 m. Frischgepflanzte Heckensträucher werden Schnitt für Schnitt 20–30 cm höher gelassen, bis sie ihre volle Höhe erreicht haben. Das ge-

schieht im zeitigen Frühjahr, während spätaustreibende Hecken 2mal, im Juni und August oder, wo Singvögel brüten, im August und nach dem nächsten Frühjahrstrieb geschnitten werden. Beim 1. Schnitt hält man die frischen Laubtriebe in den vorgeschriebenen Grenzen. Der 2. Schnitt im Jahr nimmt den diesjährigen Trieb zurück.

Streng einzuhalten ist der richtige Zeitpunkt für den Schnitt von Koniferen: in der kurzen Zeit im Herbst, zwischen Triebabschluß und den ersten Frostnächten, also Ende Juli bis Mitte September. Schneidet man vorher oder später, besteht die Gefahr, daß die Hecke im nächsten Jahr nur spärlich austreibt oder an den Schnittstellen verkahlt, und das kann bei manchen Koniferen endgültig sein. Es ist deshalb wichtig, jährlich jeweils so viel zu schneiden, wie als Neutrieb zugewachsen ist.

Höhe und Breite einer solchen Hecke bleiben mithin stets gleich, und zwar wegen des Lichteinfalls, oben etwa um die Hälfte schmaler als unten. Vor allem Fichten sind gegen Lichtmangel empfindlich und verkahlen, wenn auf der Sonnenseite bis unten senkrecht geschnitten wird. Wer sich bei diesen Hecken nicht auf Augenmaß verlassen möchte, spannt besser eine Schnur.

Am besten beginnt man mit dem waagerechten Oberkantenschnitt, danach folgen die Seitenwände von unten her. Früher brauchte man hierzu Richtungsschnüre. Mit den motorisierten Heckenscheren ist die Arbeit so leicht geworden, daß man beim Schwenken mit der freien Hand glatte Flächen schafft.

Eine Sonderform des Heckenschnitts ist bei laubabwerfenden Gehölzen der Form- und Verjüngungsschnitt von Dezember bis März, manchmal im Abstand weniger Jahre notwendig. Dabei setzt man zu stark gewordene Äste um 10–30 cm zurück, so daß sie neue Verzweigungen bilden. Je schwächer Heckengehölze treiben, um so eher ist dieser Formschnitt nötig. Schneidet man bis zur Hälfte oder 1/3 der ursprünglichen Höhe, wird daraus ein Verjüngungsschnitt, der sich für alle Hecken empfiehlt, die durchsichtig geworden sind. Die Gehölze treiben danach stark aus und sind bereits nach wenigen Jahren wieder in alter Höhe, dicht und grün aufgebaut.

Hecken brauchen für soviel Wuchsleistung auf engstem Raum

mehr Nährstoffe und Wasser als normale Ziergehölze. Ihnen bleibt meist nur ein schmaler Erdstreifen, so breit wie die Hecke selbst. Wenigstens dieser sollte regelmäßig mit Torf abgedeckt werden, zur Humusversorgung und als Verdunstungsschutz. Denn das Regenwasser läuft an dichten Heckenwänden außen herunter und dann seitlich weg.
Hier ist tief eindringende Bewässerung mit dem ausgelegten Schlauch in trockenen Sommerwochen ebenso wichtig wie bei den Immer- und Wintergrünen vor der kalten Jahreszeit.

Blühhecken

Hecken müssen nicht immer streng geschnitten sein. Wer ein wenig mehr Platz für sie übrig hat, kann sie als breiten, blühenden Pflanzenwall in das Gartengeschehen einbeziehen. Es gibt passende Gehölze für niedrige und höhere Blühhecken, die jeden Schnitt vertragen und dennoch reich blühen.
Forsythien eignen sich für normale Hecken von 1,5–2 m Höhe, wenn 3–5 Jungpflanzen auf 1 m gepflanzt und so gestutzt werden, daß sie 1 m breit wachsen. Geschnitten wird im Frühjahr kurz nach der Blütezeit. Sind die Pflanzen ausgewachsen, bringen sie Jahr für Jahr an kurzen Trieben ihre goldenen Blüten hervor.
Nur wenig später blühen die Zierquitten *(Choenomeles japonica)* und -Hybriden, die hervorragende Heckenpflanzen abgeben. Sie blühen im April und Mai ziegel- bis tiefscharlachrot 1–2 m hoch, um so reicher, wenn sie auf eigenen Wurzeln stehen und nicht veredelt sind. Selbst auf kargen, sandigen Böden blühen sie überreich und halten von September bis Dezember ihre apfelartigen Früchte. Sie vertragen jeden Schnitt und sind deshalb für hohe wie niedrige Blühhecken verwendbar.
Wunderschön werden Hecken aus Park- und Wildrosen:
Zentifolie *(Rosa centifolia)* mit Sorten wie ›Muscosa‹ und ›Parkjuwel‹, 1,5 m hohen, dichten, starken Büschen mit sehr großen, voll gefüllten Blüten.
Chinesische Goldrose *(R. hugonis)*, die früh und reich 2 m hoch blüht.

Fuchsrose *(R. foetida),* in Katalogen auch als Kapuzinerrose *(R. lutea),* mit Sorten wie ›Bicolor Atropurpurea‹ mit außen gelben, innen kapuzinerroten Blüten bis 1,5 m.
Mehrere Sorten von *R. moyesii* in 2–3 m mit einfachen Blüten, aber riesigen Hagebutten.
R. omeiensis f. pteracantha (Stacheldrahtrose) fällt mit den unheimlich dichten, großen, rot durchscheinenden Stacheln auf.
Schottische Zaunrose *(R. rubiginosa),* die auf magersten Böden und bei lang anhaltender Trockenheit ab Juni den ganzen Sommer einfach in leuchtend karminroten Farbtönen blüht.
Streng geschnittene Hecken können aus der Kartoffelrose *(R. rugosa)* gezogen werden. Ihre einfachen Schalenblüten erscheinen in roten Pastelltönen und Weiß von Mai bis in den Herbst; die Sorte ›C. F. Meyer‹, silbrigrosa, stark gefüllt und duftend. Besonderen Schmuckwert besitzen die großen, ziegelroten Früchte, die bis weit in den Herbst über dem vergilbenden Laub stehen und ein hervorragendes, wohlschmeckendes und vitaminreiches Fruchtmus liefern.
Die Zimt- oder Mairose *(R. majalis)* (früher *R. spinosissima*) mit Sorten wie ›Maigold‹ blüht in der Hecke ab Mai gefüllt lachsorangerosa und aprikosengelb schattiert oder leuchtend goldgelb und duftet stark bis zum Herbst. Die Sträucher wachsen aufrecht und gesund bis 2 m hoch.
Spiersträucher *(Spiraea)* mit mehreren Arten stehen besser in freiwachsenden Blühhecken, damit ihr eleganter Wuchs und große Blütenfülle voll zur Geltung kommen. Um nur einige der größeren zu nennen: *S. x arguta* ist eine der wertvollsten frühblühenden Arten, weil die dünnen, überhängenden Zweige dicht und voll mit 8 cm breiten, dichten Doldentrauben besetzt sind, bis 2 m hoch; und *S. x vanhouttei,* ebenso hoch mit langen, zierlich überhängenden Zweigen im Mai und Juni mit reinweißen, flachen Doldentrauben überquellend bedeckt.
Die Schneebeere *(Symphoricarpos x chenaultii)* und -Hybriden, *S. albus* (früher *racemosus*) und *S. orbiculatus,* (die Korallenbeere mit dunkelroten Früchten ab August bis Dezember) ist wüchsig und blühwillig, selbst auf trockenen, steinigen Gartenplätzen, im Vollschatten 1,5–2 m hoch.

Der Schneeball *(Viburnum)* bildet Blüten und Früchte über dem zum Teil immergrünen Laub ebenfalls in Sonne wie auf schattigen Stellen, *V. lantana* und *V. rhytidophyllum* sogar im Vollschatten. Die weißen und rosa Blüten erscheinen in riesigen Dolden bis 3 m und 4 m hoch, bei *V. x bodnantense* buchstäblich als Schneebälle von Dezember bis März bei frostfreiem Wetter.
Weigelien beenden den Reigen mit Sorten wie ›Eva Rathke‹, reich und oft im Herbst noch einmal nachblühend, meist über 2 m hoch, anspruchslos und zählebig.

Immergrüne Sträucher

Es müssen keineswegs immer nur Nadeln sein, die mitunter etwas steif und düster den Garten nach dem allgemeinen Laubfall beleben. Man lasse sich nicht davon beeinflussen, daß manche wintergrünen Blätter bei strengem Frost eingerollt werden (Rhododendron) oder etwas verfroren aussehen (Schneeball). Ebenso ergeht es vielen Zwergnadelgehölzen. Junge Baumriesen, wie Blaufichten, Omoriken, Tsugas (Hemlockstannen, Schierlingstannen, die Art *Tsuga canadensis* mit mehreren Sorten), stehen in jedem zweiten Vorgarten.
Unter den immergrünen Laubgehölzen sind Kleinformate eher normal, denken wir an die große Gruppe der Moorbeetpflanzen (Rhododendren, Azaleen), an die Stechpalme unserer Wälder *(Ilex)* und an den wiederentdeckten Buchsbaum.
Daneben haben einige weitverbreitete und bekannte Gehölzarten wintergrüne Verwandte. Bekannt ist der immergrüne Seidelbast *(Daphne cneorum)*. Ein Pflanztip: Die junge Pflanze mit Ballen an den endgültigen Standort bringen und nie wieder stören; nur dann wächst sie zur Bestform auf.
Absolut frosthart und stets glänzend grün wie glanzlackiert, geschmückt mit leuchtend gefärbten, beerenartigen Steinfrüchten, ist die hierzulande verbreitete Ilex-Art *I. aquifolium*. Sie wächst langsam und an einem windgeschützten Standort als Busch bis 3 m hoch, als kleinkroniger Baum sogar bis 6 m, regelmäßig kegelförmig aufgebaut.

Der Fruchtansatz ist nur sicher, wenn die weiblichen Blüten nicht allein bleiben. Zahllos sind die Gartenformen mit weiß- und gelbbunten Blättern. Ilex wächst auf allen Böden, schätzt feuchte, halbschattige Standorte ganz besonders und bietet dazu Schutz vor trockenen Winden und der Wintersonne.
Der immergrüne Buchsbaum *(Buxus sempervirens)* wird trotz des Namens selten ein Baum, selbst wenn man ihn wachsen läßt. Hier gedeiht er meist als schattenverträgliches Unterholz, wertvolle Heckenpflanze, ausnahmsweise in Solitärstellung an weniger bevorzugten Gartenplätzen im Schatten von Haus und Garage. Sein einheitliches, sicher manchmal etwas starres Grün braucht der moderne Garten als Gegensatz, Hintergrund und Abschirmung für die bunte Blütenfülle. Er eignet sich als Sicht- und Windschutz, als Deckstrauch für Mülltonnen, Komposthaufen, für die wenigen Nutzgartenbeete und was sonst verdeckt werden soll.

Schattensträucher

Schattenstellen im Garten müssen nicht zum Problem werden, denn es gibt schattenverträgliche Laub- und Nadelgehölze. Der Gartenbesitzer muß wissen, ob die Gehölze nur Schatten vertragen, ihn nur zeitweise und bis zu einem gewissen Grade hinnehmen, oder ob sie Schatten lieben, ihn also brauchen. Was zum Beispiel Rhododendren lieber haben, zeigt sich an verbranntem Laub, wenn der Schattenspender weggeholzt wurde.
Das gilt für eine ganze Reihe weiterer Gehölze. Auch wenn sie sich an eine sonnige Lage gewöhnt haben, entwickeln sie sich dort schwächer. Deshalb müssen die Schattenseiten in der Gartengestaltung genau geplant werden. Sonne ist nicht immer und für alles gut. Schatten ist kein Grund für kahlen Boden.
An der Spitze aller Bodendeckgehölze steht die Familie der Zwergmispeln, in öffentlichen Anlagen sieht man kaum anderes. Allen voran eine Sorte aus Schweden namens ›Skogholm‹ von *Cotoneaster dammeri*. 4 Pflanzen auf 1 m^2 reichen aus; denn der Jahrestrieb wird oft länger als 1 m. Wie alle Zwergmispeln bieten die bodennahen Arten reichen Blüten- und Beerenschmuck, lange nachdem die

Blätter abgefallen sind und das dürre, starre Gesträuch eine wirksame Fußbremse im öffentlichen Grün bildet.

Werkzeuge zur Gehölzpflege

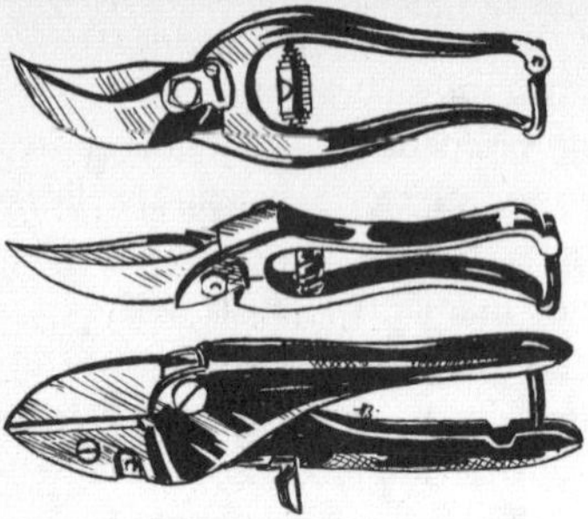

Von oben nach unten: Gartenschere, Rosen- und Traubenschere, Universalschere

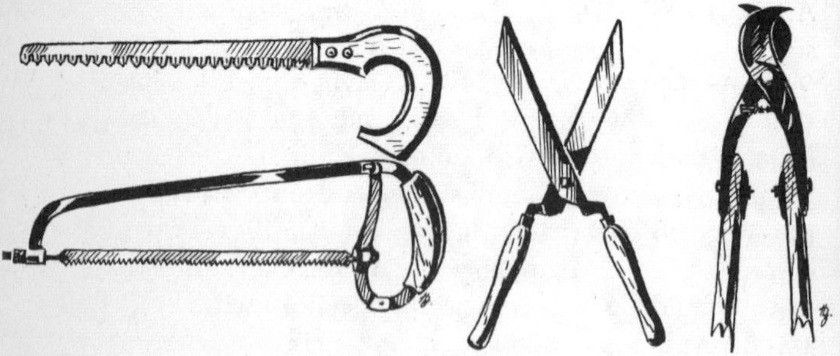

Links: o. Gärtnersäge, u. Baumsäge
Rechts: l. Heckenschere, r. Astschere

Vogelschutz und Bienen

Zur Vogelhege gehören Sträucher, die dicht genug verzweigt, bestachelt oder bedornt, möglichst lange grün, immer- oder wintergrün sind. In dieser Gruppe finden sich beerentragende, schützende Nistgelegenheiten. Davon gibt es eine ganze Liste, darunter

schöne Heckenpflanzen. Wo Vogelbeeren in späteren Monaten reifen, helfen sie Vögeln, während ringsherum alles abgegrast ist. Manche lassen sich als Hecken ziehen, die Schutz vor Katzen bieten. Das beginnt bei den Berberitzen-Arten, während *Amelanchier* mehr für hohe Hecken geeignet ist. *Cornus mas* und *C. sanguinea, Cotoneaster-* und *Crataegus*-Arten bringen ebenso wie der Sanddorn reichen, bunt gefärbten Fruchtschmuck in den Garten.
Ilex und *Ligustrum,* mehrere *Lonicera*-Arten, wilde Äpfel und Bocksdorn *(Lycium)* ernähren Vögel in der Hecke, auf normalem Boden, in Sonne oder Schatten, *Parthenocissus*-Arten bedecken Wände, *Prunus-* und *Rhamnus*-Arten bilden Hecken von stattlicher Höhe mit teils bedornten Zweigen, dicht genug für einen gefahrlosen Nestbau.
Ribes- wie *Robinia*-Arten sind Schutz, Schmuck und Futter zugleich. Wilde Rosen, Brombeeren, alle verwandten *Rubus*-Arten sind gut als Nahrung und Schutz zugleich.
Sambucus nigra und *S. racemosa,* die Vogelbeeren von den *Sorbus*-Arten und schließlich auch die Schneebälle liefern alle eine schmackhafte Mahlzeit. Einige Koniferen bieten Unterschlupf: *Juniperus-, Larix-, Picea-* und *Taxus*-Arten. Von diesen gibt es so viele Kleinformen für den Garten, daß man sie am besten an Ort und Stelle beim Handel anschaut und aussucht.
Nicht weniger wichtig für den Garten wie die Obsternte sind die Bienen. Erntemengen und Qualität des Obstes hängen von diesem einen Insekt ab. Außerhalb der Obstblüte muß der Gartenbesitzer versuchen, mit Bienennährpflanzen die bestäubenden Insekten anzulocken und an seinen Garten zu gewöhnen.
Es sollten Pflanzen sein, die Bienen- und Augenweide zugleich sind. Am wichtigsten sind sie in den sonst blütenarmen Frühjahrsmonaten. Daneben sollten einige stehen, die im September, Oktober, November und an warmen Dezembertagen blühen. Gerade die warmen Winter haben bewiesen, wie wichtig das ist.
Die Pflanzliste ist sehr lang und beginnt im Februar mit *Acer saccharinum, Alnus glutinosa, Corylus avellana, Salix x smithiana, Ulmus minor* und endet im Oktober bei *Potentilla fruticosa,* letzten Rosen wie *R. rubiginosa, Teucrium, Elsholtzia, Hedera, Polygonum* und *Sarcococca ruscifolia* bis in den Dezember hinein.

Ranker und Schlinger

Nackte Wände werden von Rank- und Schlingpflanzen begrünt. Kletterrosen bilden keine Ranken und winden sich nicht hoch. Wie Brombeeren und andere bilden sie lange Triebe, die sich mit Dornen hier und da festhaken, und wenn sie nichts finden, herunterhängen.
Richtige Rankgewächse bilden spezialisierte Greif- und Haftorgane aus. Manche haften flach, aber fest auf der Unterlage; sie verkleben förmlich mit der Mauer. Andere, wie Efeu und Wilder Wein, heften sich mit Haftwurzeln und kittenden Substanzen selbst auf glatten Mauern fest an.
An Gartenmauern und Hauswände pflanzen wir selbsthaftende Kletterpflanzen oder Selbstklimmer. Die anderen klimmen auch, doch brauchen sie entweder Spanndrähte, in etwa 15 cm Abstand mit Stahlhaken in der Wand befestigt, oder ein kunststoffummanteltes Maschendrahtgeflecht.
Für Zäune, Pergolen, Rankgerüste und kahle Baumstämme gibt es eine größere Auswahl; z. B. außer Gehölzen auch einjährige Ranker und Schlinger, weil sie zum Teil schneller klettern als die mehrjährigen, und sogar eßbare Früchte tragen, wie die Feuerbohnen.
Neben echten Rank- und Schlinggewächsen gibt es eine ganze Reihe, die mit ihren langen Trieben an Spalieren hochgebunden, ebenfalls Flächen begrünen, mit Blüten und Früchten schmücken. Das sind Kletterrosen, die Zierbrombeeren und schließlich das Spalierobst.
Alle kletternden Pflanzen wachsen unter erschwerten Bedingungen. Wo sich die Wurzeln nicht ausreichend ausbreiten können, muß die Pflanzstelle tief und gründlich vorbereitet, der Boden verbessert und angereichert werden. Später leiden sie oft unter Wassermangel, vorspringende Dächer, überragende Pergolateile oder das eigene Blätterkleid lassen den Fuß der Kletterpflanzen trocken stehen.
Unter den grünen Wänden von Wildem Wein und Efeu bleiben die Hausmauern trockener als oben ohne. Die Wurzeln sorgen für Wasserentzug an Kellermauern. Lediglich beim Efeu ist darauf zu achten, daß er nicht in Ritzen wurzelt und sie sprengt.

Die langblühenden, vielblütigen, anspruchslosen Rosen sind dennoch zu guten Pflanzennachbarn geworden. Meist soll eine Rabatte bepflanzt werden, die den ganzen Sommer über blüht. Ihre Farbe muß mit der Umgebung übereinstimmen, ebenso die Wuchshöhe, die um so niedriger sein sollte, je kleiner das Beet ist. Damit beschränkt sich die Auswahl auf vielblütige Beetrosen und auf eine bestimmte Sorte; denn Sorten-Mischpflanzungen bringen leicht Unruhe in das Gartenbild. Steht die Farbe fest, kann nicht mehr viel schiefgehen: Sorten, die sich preisgekrönt durchsetzen konnten, sind in jeder Hinsicht gründlich geprüft worden und dürften als gleichwertig gelten.

Anders sieht die Auswahl aus, wenn Schnittrosen für die Vase gewünscht werden. Dafür sind Edelrosen geeignet, die prachtvolle Einzelblüten hervorbringen. Sie werden auf ein abseits gelegenes Schnittblumenbeet gepflanzt. Die Sortenwahl ist durch das Handbuch des Bundes deutscher Baumschulen, Teil IV »Rosen« erleichtert. Lassen Sie sich dennoch nicht von einem märchenhaft schönen Blütenbild zu einer Rosensorte verführen, die dann im ganzen Jahr nicht mehr als 5, 6 Einzelblüten hervorbringt.

Eine Sonderstellung nehmen Rosen bei Pflanzung und Pflege ein. Rosenwurzeln sind lang und erschweren die Containerkultur. Das Pflanzloch muß entsprechend tief sein; denn die Wurzeln dürfen nicht geknickt oder umgelegt werden, sonst sprießen daraus Wildtriebe. Das geschieht ebenfalls, wenn man die Rosen zu hoch pflanzt. Die Veredelungsstelle am Wurzelhals soll dreifingerbreit unter der Erde liegen, setzt sich der Boden im Laufe des Winters, etwa noch 2.

Gepflanzt wird nach Möglichkeit im Herbst. Nach der Frühjahrspflanzung müssen alle Triebe auf 2 oder 3 Augen zurückgeschnitten werden. Im Herbst wie im Frühjahr wird jede Pflanze wie mit einem Maulwurfshügel angehäufelt, um Wurzelhals und Veredelungsstelle vor Frost und Trockenheit zu bewahren.

Die Rosenmüdigkeit des Bodens bedeutet, daß Rosen nicht an dieselbe Stelle gepflanzt werden dürfen, wo eine andere gestanden hat. Im Garten kann man sich helfen, indem man den Boden der

alten Pflanzstelle auswechselt. Anderen Pflanzen tut rosenmüder Boden gar nichts.
Wenn überhaupt, dann werden Rosen nach dem letzten Frost geschnitten, nachdem sicher erkennbar ist, wie die Triebe über den Winter gekommen sind. Starkwüchsige Sorten sind schwach, schwachwüchsige stark zu schneiden. Das schwankt bei Beetrosen etwa zwischen der Hälfte bis zu 1/3 der vorjährigen Triebe. Anders bei allen Rosen, die am zweijährigen Holz blühen und nicht am diesjährigen Neutrieb. Hier geht man nicht weiter als auf 2/3 des Zuwachses zurück.
Wer sich über die weitere Rosenpflege genau informieren will, findet alle wichtigen Tips im ECON-Taschenbuch 20173 »Rosen im Garten«.

Artenregister

Sachregister

Autogenes Training zum Wohl der Gesundheit.

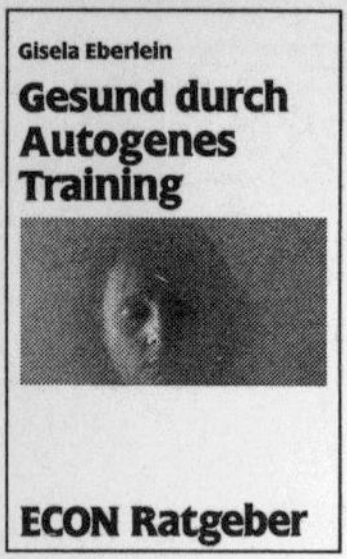

Eberlein, Gisela
Gesund durch Autogenes Training
132 Seiten
6 Zeichnungen
7,80 DM
ISBN 3-612-20141-7
ETB 20141

Das Buch
Alltagsstreß, nervöse Störungen an Herz, Kreislauf, Magen und Darm können durch Autogenes Training behoben werden.
Auch bei Schlafstörungen, depressiven Verstimmungen und Angstzuständen hilft Autogenes Training.
Die Autorin zeigt anhand von eindrucksvollen Beispielen aus ihrer Praxis, welche Erfolge sie mit Autogenem Training erzielte, und sie gibt konkrete Anleitungen, wie das Autogene Training von jedermann angewandt werden kann.
Dies ist ein Ratgeber für alle, die sich geistig und körperlich fit halten wollen.

Die Autorin
Dr. med. Gisela Eberlein unterrichtet in eigener Praxis Autogenes Training und leitet außerdem Kurse und Seminare an einer Volkshochschule sowie in Arbeitsgemeinschaften.

Die Wechseljahre: Keine Krankheit, sondern eine Lebensstufe.

van Keep, Pieter A./
Jaszmann, Laszlo
Die Wechseljahre der Frau
139 Seiten
6 Zeichnungen
6,80 DM
ISBN 3-612-20013-5
ETB 20013

Das Buch
Der Übergang von der fruchtbaren in die nächste Lebensperiode ist für Körper und Psyche der Frau mit einschneidenden Veränderungen verbunden. Neben den rein hormonellen Umstellungen des Körpers und Nebenerscheinungen, wie Hitzewallungen, verbunden mit akuten Schweißausbrüchen, Schilddrüsenstörungen, rheumatischen Gelenkveränderungen, hat die Frau häufig mit psychischen Beschwerden, wie Depressionen und starken Schwankungen im Gefühlsleben, zu kämpfen. Dieses Buch zeigt, wie jede Frau diese Beschwerden erfolgreich durch die bewußte Auseinandersetzung mit dieser Lebensphase angehen kann.

Die Autoren
P. A. van Keep und L. Jaszmann, Gynäkologen, haben in diesem Buch wissenschaftlich fundierte Erfahrungen aus der klinischen Arbeit mit Frauen im Klimakterium zusammengestellt.

Sich selbst massieren – kein Problem.

Stadtlaender, Chris
Selbstmassage
– Gesund und schön durch eigene Kraft –
Originalausgabe
160 Seiten
29 Zeichnungen
8,80 DM
ISBN 3-612-20067-4
ETB 20067

Das Buch
Schon die alten Griechen und Römer wußten um den gesundheits- und schönheitsfördernden Wert der Massage, der bis heute feststeht. Massagen sind teuer, auf Krankenschein kann man sich nur bei Krankheit und bei degenerativen Leiden massieren lassen. Um gesund und schön zu bleiben, kann man sich aber auch selbst massieren, wie, das zeigt die Autorin. Nach einer Einführung in die Geschichte der Massage, einer Erläuterung der Heil-, Sport- und Schönheitsmassagen, der Vorsichtsmaßnahmen bei Schmerzen, Entzündungen und Krampfadern beschreibt sie, wie man sich von Kopf bis Fuß selbst massieren kann, welche Griffe man kennen muß und welche selbst hergestellten Kräuteröle man verwenden kann.

Die Autorin
Chris Stadtlaender ist Fachjournalistin für Medizin und Kosmetik. Sie lebt in Wien.

Box dich fit!

Dunkel, C./Schulz,
Boxgymnastik für Frauen
Das neue Fitneßprogramm für den ganzen Körper
Originalausgabe
112 Seiten, 102 Fotos
8,80 DM
ISBN 3-612-20149-2
ETB 20149

Das Buch
Bei dieser neu
Gymnastikart kän
fen nicht Frauen
gen Frauen, sonde
es ist eine Sportart,
den Körper bess
trainiert als Aero
und Jogging zusa
men. Es ist außerd
ein Anti-Aggressio
Programm, das Str
und Ärger abbaut.
Autorin beschrei
welche Geräte u
Kleidung benöt
werden, wie hoch
finanzielle Aufwand
und gibt in ausfü
lichen Schritt-f
Schritt-Übungen za
reiche Hinweise
richtiges Training,
mit die ideale Figur
reicht werden kann

Die Autorin
Cornelia Dunkel
seit vielen Jahr
Gymnastik- und Spo
lehrerin und hat
Box-Training in
Lehrprogramm a
genommen.

Ξrste Hilfe
ür Kinder.

ıiagram
oforthilfe
ır mein Kind
ei Unfällen und
rankheiten
28 Seiten
00 Zeichnungen
80 DM
SBN 3-612-20115-8
TB 20115

as Buch
Vie wäscht man eine Vunde aus? Wie behandelt man Verbren-ıngen? Wie wird ein inger verbunden? Vas macht man bei nochenbrüchen? Vie entfernt man einen Splitter? Was gehört in den Erste-Hilfe-chrank? Was macht ıan bei Hautinfektio-en?
uf diese und viele an-ere Fragen gibt das ıch klare Antworten, rklärt durch über 200 eichnungen. Es sagt en Eltern, wie sie ch bei Kinderkrank-eiten und anderen ndlichen Proble-en verhalten sollen, ei Blinddarmreizung ıd Ohrinfektionen, ei Schock und in vie-n anderen Fällen.
ieses Buch wurde in ısammenarbeit mit em Deutschen Roten reuz erstellt und ist egleitbuch in einer DF-Fernsehreihe.

Mehr Spaß am Lernen – Mehr Zeit zum Spielen.

Beyer, Günther
So lernen Schüler leichter
– Gedächtnis- und Konzentrationstraining –
128 Seiten, 92 Zeichnungen, 49 Übungen
6,80 DM
ISBN 3-612-20001-1
ETB 20001

Das Buch
Mangelhafte Konzentrationsfähigkeit und schlechtes Gedächtnis sind oft die Ursachen für ungenügende Leistungen in der Schule. Dieses Buch schafft Abhilfe: Kinder zwischen 8 und 15 Jahren erfahren, wie sie mit einfachen Lerntechniken ihr Gedächtnis schulen und ihre Konzentrationsfähigkeit erhöhen können, um besser zu werden, Spaß am schnellen Lernen zu finden und damit mehr Zeit zum Spielen zu haben.
Übungen und Kontrolltests helfen, Können und Leistungen zu steigern.

Der Autor
Günther Beyer ist Gründer des Eltern-Schüler-Förderkreises Nordrhein-Westfalen.
Er leitet ein eigenes Institut für Creatives Lernen.
Im ECON-Verlag erschienen seine Ratgeber „Creatives Lernen", „Gedächtnis- und Konzentrationstraining" und „Superwissen durch Alpha-Training".

Die Ängste unserer Kinder.

Eberlein, Gisela
Ängste gesunder Kinder
– Praktische Hilfe bei Lernstörungen –
158 Seiten
7,80 DM
ISBN 3-612-20010-0
ETB 20010

Das Buch
Jedes Kind kämpft mit unbewußten Ängsten, die es in irgendeiner Form hindern, zwanglos fröhlich, aktiv und spontan zu sein. Nervosität, Schlafstörungen, Kontaktschwierigkeiten, ja sogar Asthma, Stottern, Bettnässen sind Folgen dieser Ängste, die durch gezielt angewendete psychologische und pädagogische Entspannungsübungen behoben werden können. Wie, das zeigt dies Buch.

Die Autorin
Dr. med. Gisela Eberlein lehrt in eigener Praxis, in Seminaren und Arbeitsgemeinschaften autogenes Training. Besonders bei Kindern erzielte sie über psychologisch und pädagogisch fundierte Entspannungsmethoden große Erfolge.

Damit der Kindergeburtstag wirklich gelingt.

Kiskalt, Isolde
Wir feiern eine Kinderparty
Spiele, Rezepte, Zaubereien für 4- bis 10jährige
Originalausgabe
128 Seiten
86 Zeichnungen
7,80 DM
ISBN 3-612-20102-6
ETB 20102

Das Buch
Wichtig für eine Kinderparty ist die richtige Vorbereitung. Essen und Trinken, Spiele und Gewinne müssen geplant werden. Dazu findet man in diesem Buch zahlreiche Anregungen und Vorschläge.

Aus dem Inhalt
Vorbereitungen zur Party · Rezepte für Kindergetänke, Gebäck und kleines kaltes Büfett · Bekannte und weniger bekannte Spiele (mit Altersangabe) · Kleine Zaubereien für die Erwachsenen · Zum Ausklang des Festes: eine Tombola.

Die Autorin
Isolde Kiskalt ist Schriftstellerin und bringt hier ihre Erfahrungen, die sie bei Festen für ihre Tochter gewonnen hat.

Naturheilmethoden und heimliche Krankmacher.

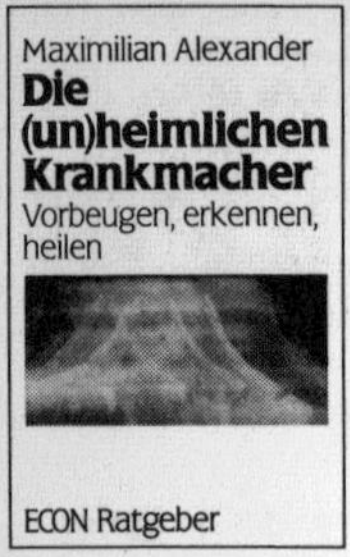

Alexander, Maximilian
Die (un)heimlichen Krankmacher
– Erkennen, Heilen, Vorbeugen –
Originalausgabe
144 Seiten
9,80 DM
ISBN 3-612-20039-9
ETB 20039

Das Buch
Die verborgenen Krankheitsursachen sind das große Handicap der konservativen Schulmedizin, die Krankheitssymptome werden mit höchst bedenklichen Mitteln der Chemie unterdrückt.
Die moderne Naturmedizin aber geht auf den Menschen als Ganzes ein und hilft, Störfelder, vergiftete Stoffwechsellagen, Wirbelsäulenveränderungen, nervale Blokkaden, Lymphstauungen, Psychotoxine, Blutdruck, Durchblutungsstörungen, Sauerstoffmangel, Allergien, Wetterfühligkeit und Therapieschäden zu normalisieren. Ein Krankheits- und Heilmittelregister schließt das Buch ab.

Der Autor
Maximilian Alexander arbeitet seit vielen Jahren als freier Journalist und Schriftsteller. Seine Spezialgebiete sind Medizin und Naturheilkunde.

Biomedizin – die natürliche Alternative.

Alexander, Maximilian/Zoubek, Eugen
Schmerzfrei durch Biomedizin
– Neue Naturheilmethoden –
143 Seiten
6,80 DM
ISBN 3-612-20000-3
ETB 20000

Das Buch
Akute und chronische Schmerzzustände sind das Schicksal vieler Menschen und können oft einen Lebensweg beeinflussen und prägen. Die Biomedizin bietet eine natürliche Alternative zu den herkömmlichen Schmerzmitteln.
Wirksame Präparate, auf rein biologischer Basis hergestellt, helfen Schmerzen ohne schädliche Nebenwirkungen überwinden, mobilisieren Eigenkräfte und setzen einen natürlichen Heilungsprozeß in Gang.
Anhand zahlreicher Praxisbeispiele zeigen die Autoren, mit welchen Mitteln der modernen Naturmedizin der Mensch Krankheiten und Schmerzen vorbeugen und sich selbst erfolgreich behandeln kann.

Die Autoren
Maximilian Alexander arbeitet seit vielen Jahren als freier Journalist und Schriftsteller. Seine Spezialgebiete sind Medizin und Naturheilkunde.
Eugen Zoubek ist Homöopath und Arzt.

Nie mehr Verstopfung.

Leibold, Gerhard
Gesund und fit durch Ballaststoffe
Originalausgabe
140 Seiten
5 Zeichnungen
7,80 DM
ISBN 3-612-20082-8
ETB 20082

Das Buch
Ballaststoffe sind wichtige Bestandteile der menschlichen Nahrung. Der Autor schildert die Notwendigkeit der Verwendung und die Gefahren für die Gesundheit bei Mangel an Ballaststoffen.

Aus dem Inhalt
Was sind Ballaststoffe? · Natürliche Ballaststoffquellen · Stuhlgang ohne Probleme · Regulierung der Blutfett- und Blutzuckerwerte · Vorbeugung von Krebskrankheiten · Krank durch Ballaststoffmangel · Richtige Ernährung · Rezepte für ballaststoffreiche Ernährung.

Der Autor
Gerhard Leibold ist erfahrener Heilpraktiker und Autor zahlreicher Sachbücher.

Krankheiten erkennen und selbst behandeln.

Bierach, Alfred
Reflexzonentherapie
– Krankheiten erkennen und selbst behandeln –
123 Seiten
89 Zeichnungen
46 Fotos
6,80 DM
ISBN 3-612-20002-X
ETB 20002

Das Buch
Geistige Anspannun[g] und körperliche Ve[r]krampfung führen o[ft] zu Verhärtung ode[r] Knötchen, da von de[n] inneren Organen Re[-] flexbahnen zur Kö[r]perdecke laufen, di[e] diese verändern. Durch Reflexzonen[-]massage kann ma[n] über bestimmte Ge[-]biete der Körpe[r]decke auf inner[e] Organe einwirken, Schmerz lindern ode[r] heilen.
Die exakte Bebilde[-]rung in diesem Buc[h] zeigt, welche Körpe[r]zonen bei welchen E[r]krankungen behan[-]delt werden sollen.

Der Autor
Alfred Bierach leit[et] eine eigene Praxis f[ür] Psychotherapie un[d] Naturheilkunde a[m] Bodensee. Seit Jahre[n] wendet er Refle[x]zonenmassage erfol[g]reich an.

'rimadonna,
'ie man
eben muß.

ilert-Overbeck, B.
Meine Katze
erhalten, Ernährung,
flege
riginalausgabe
40 Seiten
4 Zeichnungen
80 DM
SBN 3-612-20151-4
TB 20151

as Buch
atzen wollen den amilienanschluß, ja ogar die „Gleich-erechtigung" von rem menschlichen Vohngenossen. Sie önnen zärtliche chmusetiere sein, oer sie können auch as Erbe ihrer wilden erwandten nicht ugnen. In diesem uch erfährt man al-s, was für das Zusam-enleben und Ver-ändnis notwendig t.

us dem Inhalt
ie Katze – ein Tier it Persönlichkeit · rundvoraussetzun-en für die Katzenhal-ng · Eine Katze ommt in die Familie · Vohnungskatze oder Freiläufer" · Ernäh-ng und Pflege · Ge-ndheit und Geburt-nkontrolle · Welche tze soll es sein?

ie Autorin
igitte Eilert-Over-eck ist Journalistin d Autorin mehrerer atzenbücher.

as Buch erscheint als egleitbuch zur ZDF-rie „Mit Tieren le-en".

Das Rauhbein
mit der
zarten Seele.

Nimz, Arnt-Günter
Mein Hund
Verhalten, Erziehung, Pflege
Originalausgabe
128 Seiten
ca. 30 Zeichnungen
8,80 DM
ISBN 3-612-20150-6
ETB 20150

Das Buch
Hunde sind die treuesten Haustiere, ob es nun Rassehunde oder Mischlinge sind. In diesem Buch wird von einem kompetenten Autor alles das beschrieben, was wichtig ist für das Zusammenleben von Hund und Mensch, sowohl in der Stadt als auch auf dem Land.

Aus dem Inhalt
Welcher Hund ist der richtige? · Kleine Hundepsychologie · Erziehung des Hundes · Richtige Ernährung · Hund und Kind · Der vierbeinige Patient · Mit Hund auf Reisen · Leben mit Hunden.

Der Autor
Dr. med. vet. A.-G. Nimz ist Kleintierarzt mit eigener Praxis und hat jahrelange Erfahrung im Umgang mit Hunden.

Das Buch erscheint als Begleitbuch zur ZDF-Serie „Mit Tieren leben".

Mischlinge
haben die
besten
Charaktere.

Spangenberg, Rolf
Klassehunde ohne Rasse
Freundschaft, die nie enttäuscht
224 Seiten
30 Fotos
9,80 DM
ISBN 3-612-20109-3
ETB 20109

Das Buch
Eine „Promenadenmischung" werden sie oft abfällig genannt, die liebenswerten Hunde, die auf keinen makellosen Stammbaum zurückblicken können. Dabei sind sie besonders kraftvoll, widerstandsfähig und anhänglich.

Aus dem Inhalt
Erwerb · Rassenstolz · Hundeknigge · Körpersignale kultivieren · Stimmklang modulieren · Soziale Stellung betonen · Hundestrafen · Haltung und Pflege · Der erste Tag · Der Alltag · Hundeliebe · Tierquälerei · Tierschutzvereine und Tierheime

Der Autor
Dr. Rolf Spangenberg ist Tierarzt und Sachbuchautor.

Meine ersten
eigenen Fische.

Mayland, Hans J.
Aquarium für Anfänger
Beckenarten, Aquarientechnik, Bepflanzung, Fische
Originalausgabe
144 Seiten, 30 Farbfotos, 60 Zeichnungen
9,80 DM
ISBN 3-612-20100-X
ETB 20100

Das Buch
Fische sind nicht nur schön, sie stellen auch ein wahres Nervenelixier dar. Das Aquarium und seine Pflege sind ein Hobby für die ganze Familie. Kinder lernen das Wunder der Fortpflanzung sowie die Liebe zur Kreatur.

Aus dem Inhalt
Welchen Aquarientyp brauchen wir? · Wohin mit dem Aquarium? · Größe und Gewicht eines Aquariums · Keine Angst vor der Technik! · Einrichtung des Beckens · Das Wasser · Über die Bepflanzung · Die Fische · Fütterung · Aquarienmedizin

Der Autor
Hans J. Mayland ist der bekannteste deutsche Aquaristik-Autor.

Das Standardwerk der biologischen Küche.

Danner, Helma
Biologisch kochen und backen
– Das Rezeptbuch der natürlichen Ernährung –
288 Seiten, 8 Farbtafeln, 425 Rezepte
14,80 DM
ISBN 3-612-20003-8
ETB 20003

Das Buch
Natürliche Ernährung ist nicht nur gesund, sondern auch wohlschmeckend, durch sie können Krankheiten geheilt, gelindert und verhindert werden: Karies, Paradontose, Erkrankung des Bewegungsapparates, Zuckerkrankheit, Leber-, Gallen-, Nierenerkrankungen, Beschwerden der Verdauungsorgane, Gefäßerkrankungen u. v. a. m. Naturbelassene Ernährung bringt dem Menschen neuen Schwung, Elastizität, Ausdauer und hohe Konzentrationsfähigkeit, sie erhält ihn gesund und schlank.
Die Rezepte in diesem Buch sind praxiserprobt.

Die Autorin
Helma Danner ist Gesundheitsberaterin.
Sie beschäftigt sich seit vielen Jahren mit der wissenschaftlichen und Laienliteratur auf dem Ernährungssektor, mit neuesten und alten Gesundheits- und Kochbüchern.

Gesunde Ernährung für körperliches und seelisches Wohl.

Dörner, Ilse Sibylle
Das grüne Kochbuch
– Handbuch der naturbelassenen Küche –
270 Seiten
20 Zeichnungen
382 Rezepte
12,80 DM
ISBN 3-612-20026-7
ETB 20026

Das Buch
Das Handbuch der naturbelassenen Küche beweist mit über 380 Rezepten, daß man gesund leben und trotzdem köstlich essen kann.
Modernes Kochen mit frischen und gesunden Lebensmitteln, die schonend, selbst für schmackhafte Speisen, verarbeitet werden – unter dieser Maxime steht das grüne Kochbuch mit seinen vielen praxiserprobten Rezepten, Anleitungen, Tips und Ratschlägen zur naturbelassenen Küche. Es zeigt aber auch, daß Kochen nicht erst am Herd beginnt: Joghurt und Käse, Gemüse und Kräuter aus eigener Produktion bereichern jeden Tisch.

Die Autorin
Ilse Sibylle Dörner schreibt als freie Journalistin u. a. für die Zeitschrift „Feinschmecker". Sie ist Autorin mehrerer Kochbücher.

Endlich! Die Diät, die Spaß macht.

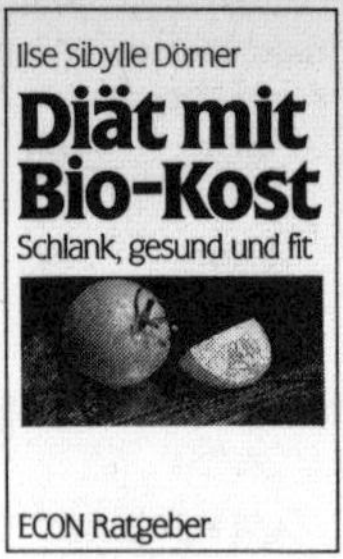

Dörner, Ilse Sibylle
Diät mit Bio-Kost
– Schlank, gesund und fit –
Originalausgabe
189 Seiten
16 Zeichnungen
232 Rezepte
9,80 DM
ISBN 3-612-20019-4
ETB 20019

Das Buch
Bio-Diät ist eine neue, gesunde Möglichkeit, schlank zu werden und schlank zu bleiben. Köstliche Rezepte, eine Einführung in die Kräuter- und Keimlingszucht, Bio-Kosmetik und Bio-Medizin verleiten den Leser, sofort anzufangen und ohne Qual und zeitliche Begrenzung seinem Körper etwas Gutes zu tun, ihn schlank und fit zu halten.

Die Autorin
Ilse Sibylle Dörner schreibt als freie Journalistin u. a. für die Zeitschrift „Feinschmecker". Sie ist Autorin mehrerer Kochbücher, u.a. „Das grüne Kochbuch", ein Standardwerk für die alternative Küche.

Schnäpse und Liköre – Auch ein Stück Gesundheit?

Buss, Katharina
Leib-u. Magenelixier
– Selbstgemachte Liköre u. Schnäpse –
Originalausgabe
144 Seiten
30 Zeichnungen
4 Farbtaf., 167 Rezept
8,80 DM
ISBN 3-612-20018-6
ETB 20018

Das Buch
Äbte, Padres und Nonnen durften keinen Alkohol zu sich nehmen und doch haben si die besten Rezepte fü die Zubereitung vo Kräuterlikören un Schnäpsen zusan mengestellt.
Viele der alten Klc stertränke sind hier i etwa 200 Rezepten au genommen. Für jede Geschmack und fü die Gesundheit obe drein ist etwas dabei Eine Tabelle über di Reifezeiten von Früch ten und Kräutern e leichtern die jährlich Planung der eigene Herstellung.

Die Autorin
Katharina Buss ist Le bensmitteljournalisti sie schreibt u. a. fü den „Feinschmecker Die Rezepte hat s selbst ausprobiert.

Gesundheit

Maximilian Alexander
Die (un)heimlichen Krankmacher
Vorbeugen, erkennen, heilen

ECON Ratgeber

ETB 20039 **DM 9,80**
Originalausgabe,
144 Seiten

Wolf Ulrich
Allergien sind heilbar
Hilfe bei Heuschnupfen und anderen allergischen Krankheiten

ECON Ratgeber

ETB 20023 **DM 8,80**
159 Seiten,
14 Zeichnungen

Maximilian Alexander
Rheuma ist heilbar
Neueste Naturheilmethoden

ECON Ratgeber

ETB 20017 **DM 7,80**
142 Seiten

Bernard A. Bäker
Gelenk-erkrankungen

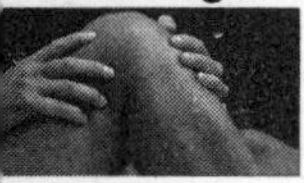

Arthritis, Arthrose, Gelenkrheuma

ECON Ratgeber

ETB 20080 **DM 8,80**
41 Seiten,
7 Zeichnungen,
2 Fotos

Gerhard Leibold
Das Kreuz mit dem Kreuz

Bandscheibenschäden vorbeugen und heilen

ECON Ratgeber

ETB 20133 **DM 7,80**
Originalausgabe,
ca. 144 Seiten,
15 Zeichnungen

Bernard A. Bäker
Migräne und Kopfschmerzen sind heilbar

ECON Ratgeber

ETB 20063 **DM 7,80**
115 Seiten,
6 Zeichnungen

Werner Zenker
Mit Asthma leben lernen

ECON Ratgeber

ETB 20049 **DM 7,80**
Originalausgabe,
173 Seiten

Werner Zenker
Mein Kind hat Asthma

ECON Ratgeber

ETB 20037 **DM 9,80**
Originalausgabe,
2 Seiten

Martin Schwartz
Stottern ist heilbar

Erfolgreiche Behandlungsmethoden

ECON Ratgeber

ETB 20057 **DM 7,80**
176 Seiten

Gerhard Leibold
Die Schilddrüse

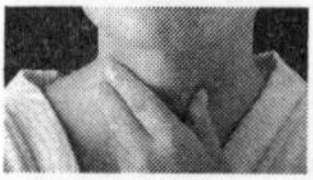

Krankheiten vorbeugen und behandeln

ECON Ratgeber

ETB 20106 **DM 7,80**
Originalausgabe,
ca. 128 Seiten,
4 Zeichnungen

Bernard A. Bäker
Brustkrebs

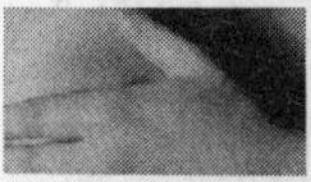

Vorbeugen, erkennen, handeln

ECON Ratgeber

ETB 20107 **DM 8,80**
Originalausgabe,
ca. 176 Seiten,
Zeichnungen

Gerhard Leibold
Risikofaktor Cholesterin

Erkennen und vorbeugen

ECON Ratgeber

ETB 20083 **DM 7,80**
Originalausgabe,
8 Seiten, 5 Zeichnungen

Michael Eisenberg
Magenkrank?

Behandlung und Heilung

ECON Ratgeber

ETB 20068 **DM 8,80**
159 Seiten,
14 Zeichnungen

Angela Kilmartin
Blasen-entzündung

Vorbeugen und selbst behandeln

ECON Ratgeber

ETB 20072 **DM 8,80**
164 Seiten,
18 Zeichnungen

Wolf Ulrich
Zellulitis ist heilbar
Orangenhaut – vorbeugen und selbst behandeln

ECON Ratgeber

ETB 20012 **DM 6,80**
128 Seiten,
51 Fotos

P. van Keep/L. Jaszmann
Die Wechseljahre der Frau

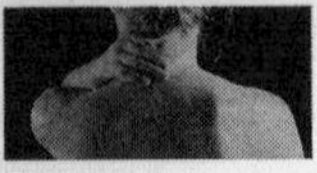

ECON Ratgeber

ETB 20013 **DM 6,80**
139 Seiten,
6 Zeichnungen

Karl Heinz Reger
Sibylle Reger-Nowy
Herpes

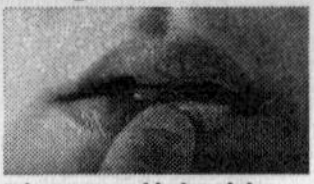

Erkennen und behandeln

ECON Ratgeber

ETB 20096 **DM 8,80**
Aktualisierte und erweiterte
Neuausgabe,
160 S., 16 Zeichnungen, 8 Fotos

Karl Heinz Reger
Petra Haimhausen
AIDS

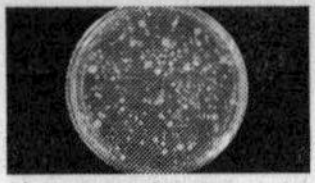

Die neue Seuche
des 20. Jahrhunderts

ECON Ratgeber

ETB 20084 **DM 8,80**
Aktualisierte und erweiterte
Neuausgabe,
134 Seiten

Rainer Haun
Der mündige Patient

Vom kritischen Umgang
mit Ärzten

ECON Ratgeber

ETB 20078 **DM 9,8**
222 Seiten

Donald Vickery
James F. Fries
Zum Arzt – oder nicht?
Krankheiten erkennen
und das Richtige tun

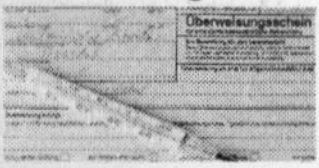

ECON Ratgeber

ETB 20007 **DM 12,80**
304 Seiten,
67 Graphiken

Diagram
Soforthilfe für mein Kind

Bei Unfällen
und Krankheiten

ECON Ratgeber

ETB 20115 **DM 7,80**
Deutsche Erstausgabe,
128 Seiten,
200 Zeichnungen

Maximilian Alexander
Eugen Zoubek
Schmerzfrei durch Biomedizin
Neue Naturheilmethoden

ECON Ratgeber

ETB 20000 **DM 6,80**
143 Seiten

Gerhard Jäger
Die beste Medizin
Möglichkeiten
der Naturheilmittel

ECON Ratgeber

ETB 20027 **DM 7,8**
142 Seiten,
9 Zeichnungen

Ulrich Rückert
Gesund ohne Pillen

Naturheilmittel
für jedermann

ECON Ratgeber

ETB 20071 **DM 9,80**
Originalausgabe,
207 Seiten,
23 Zeichnungen

Anton Stangl
Heilen aus geistiger Kraft
Zur Aktivierung
innerer Energien

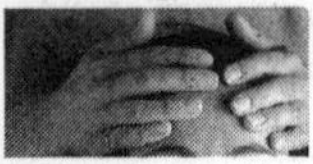

ECON Ratgeber

ETB 20029 **DM 6,80**
143 Seiten

Marie-Luise und
Anton Stangl
Hoffnung auf Heilung
Seelisches Gleich-
gewicht bei schwerer
Krankheit

ECON Ratgeber

ETB 20035 **DM 9,80**
Originalausgabe,
234 Seiten

Natalie Rogers
Schluß mit der Erschöpfung

ECON Ratgeber

ETB 20058 **DM 7,8**
Deutsche Erstausgabe,
141 Seiten

Gerhard Leibold
Gesund und fit durch Ballaststoffe

ECON Ratgeber

ETB 20082 **DM 7,80**
Originalausgabe,
140 Seiten,
5 Zeichnungen

Hans A. Bloss
Bewegung tut not

Ein Programm für
Sportmuffel

ECON Ratgeber

ETB 20145 **DM 9,80**
Originalausgabe,
ca. 160 Seiten,
20 Zeichnungen

Ute Busch
Karl-Gustav Gies
Nils Waegner
Heilschwimmen

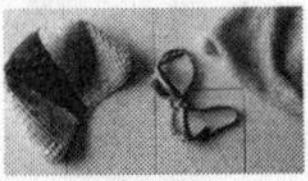

Gesundheitstraining
für Jung und alt

ECON Ratgeber

ETB 20097 **DM 9,80**
Originalausgabe,
ca. 208 Seiten

Gerhard Jäger
Wasser wirkt Wunder
Natürliche Heilmethoden

ECON Ratgeber

ETB 20006 **DM 6,**
159 Seiten,
26 Fotos

A. Werner
Wege weg vom Alkohol

ECON Ratgeber

TB 20075 DM 9,80
riginalausgabe,
5 Seiten

Hans Ewald
Akupressur für Jeden

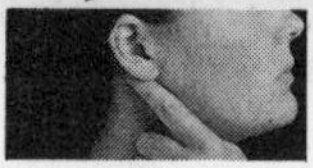

ECON Ratgeber

ETB 20020 DM 6,80
111 Seiten,
41 Zeichnungen,
55 Fotos

Hans Ewald
Akupunktur für Jeden
Eine Anleitung in Bildern

ECON Ratgeber

ETB 20005 DM 6,80
112 Seiten,
35 Zeichnungen,
43 Fotos

Alfred Bierach
Reflexzonen-therapie
Krankheiten erkennen und selbst behandeln

ECON Ratgeber

ETB 20002 DM 6,80
123 Seiten,
89 Zeichnungen,
46 Fotos

Chris Stadtlaender
Selbstmassage

;esund und schön
lurch eigene Kraft

ECON Ratgeber

TB 20067 DM 8,80
riginalausgabe,
0 Seiten,
Zeichnungen

Yukiko Irwin
Shiatzu

Mit 10 Fingern gegen 1000 Krankheiten

ECON Ratgeber

ETB 20140 DM 9,80
160 Seiten,
177 Zeichnungen

Hartmut Weiss
Yoga Meditation
Schulung zur Selbstverwirklichung

ECON Ratgeber

ETB 20030 DM 5,80
126 Seiten,
36 Zeichnungen

Stella Weller
Natürliche Geburt durch Yoga

ECON Ratgeber

ETB 20014 DM 7,80
160 Seiten,
64 Fotos

Gisela Eberlein
Gesund durch Autogenes Training

ECON Ratgeber

TB 20141 DM 7,80
2 Seiten,
Zeichnungen

Gisela Eberlein
Autogenes Training mit Kindern

ECON Ratgeber

ETB 20004 DM 6,80
112 Seiten

Gisela Eberlein
Autogenes Training mit Jugendlichen

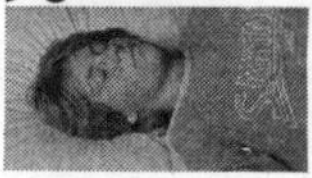

Ziel, Sinn, Praxis

ECON Ratgeber

ETB 20061 DM 7,80
126 Seiten

Gisela Eberlein
Autogenes Training für Fort-geschrittene

ECON Ratgeber

ETB 20098 DM 7,80
120 Seiten

Cornelia Dunkel
H. Schulz
Boxgymnastik für Frauen

as neue Fitneßprogramm
ir den ganzen Körper

CON Ratgeber

B 20149 DM 8,80
iginalausgabe,
Seiten,
Fotos

Frieder Anders
Tai Chi Chuan

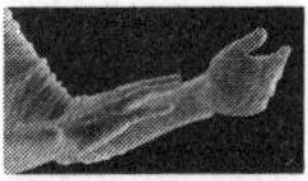

Meditation in Bewegung zur Steigerung des Körper-gefühls und zur Festigung der Gesundheit

ECON Ratgeber

ETB 20065 DM 9,80
155 Seiten,
217 Fotos,
5 Zeichnungen

Chris Stadtlaender
Natürlich schön durch Bio-Kosmetik

ECON Ratgeber

ETB 20025 DM 9,80
174 Seiten, 16 Zeichnungen,
5 Farbfotos,
253 Rezepte

Essen und Trinken

Ilse Sibylle Dörner
Das grüne Kochbuch
Handbuch der naturbelassenen Küche

ECON Ratgeber

ETB 20026 **DM 12,80**
270 Seiten,
20 Zeichnungen,
382 Rezepte

Helma Danner
Biologisch kochen und backen
Das Rezeptbuch der natürlichen Ernährung

ECON Ratgeber

ETB 20003 **DM 14,80**
288 Seiten,
8 Farbtafeln,
425 Rezepte

Ilse Sibylle Dörner
Diät mit Bio-Kost
Schlank, gesund und fit

ECON Ratgeber

ETB 20019 **DM 9,8**
Originalausgabe,
189 Seiten, 16 Zeichnungen,
232 Rezepte

Helma Danner
Bio-Kost für mein Kind

ECON Ratgeber

ETB 20050 **DM 8,80**
160 Seiten,
20 Zeichnungen

Anneliese und Gerhard Eckert
Selbst räuchern

Fische, Fleisch und Wurst ... Rezepte
ECON Ratgeber

ETB 20087 **DM 9,80**
Originalausgabe,
144 Seiten,
Zeichnungen

Veronika Müller
Käse und Joghurt selbst herstellen

Mit 100 Rezepten zum Kochen
Originalausgabe
ECON Ratgeber

ETB 20136 **DM 8,80**
Originalausgabe,
ca. 128 Seiten,
20 Zeichnungen

Heidemarie Freund
Marmeladen, Konfitüren und Gelees

150 Rezepte
Originalausgabe
ECON Ratgeber

ETB 20144 **DM 9,8**
Originalausgabe,
ca. 128 Seiten,
Zeichnungen

Ilse Sibylle Dörner
Kochen und heilen mit Honig

ECON Ratgeber

ETB 20070 **DM 9,80**
221 Seiten,
15 Zeichnungen,
516 Rezepte

Peter Espe
Tips für den Weinkauf
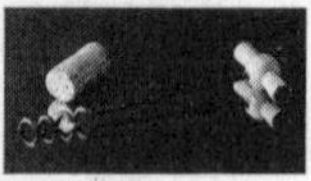
Band 1: Das Grundwissen
ECON Ratgeber

ETB 20148 **DM 8,80**
168 Seiten,
20 Zeichnungen

Katharina Buss
Leib- und Magenelixiere
Selbstgemachte Liköre und Schnäpse

ECON Ratgeber

ETB 20018 **DM 8,80**
Originalausgabe,
144 Seiten, 30 Zeichnungen,
4 Farbtafeln, 167 Rezepte

Peter C. Hubschmid
Tee – für Kenner und Genießer

Ein Brevier mit 40 Teerezepten
ECON Ratgeber

ETB 20073 **DM 8,8**
Originalausgabe,
144 Seiten,
20 Zeichnungen

Gini Rock
Aus der Bohne wird Kaffee
80 Rezepte zur Zubereitung eines klassischen Getränks

ECON Ratgeber

ETB 20048 **DM 8,80**
Originalausgabe,
168 Seiten,
37 Abbildungen

Natur

Heidrun und Friedrich Jantzen
Das Gartenjahr im Gemüsegarten

ECON Ratgeber

ETB 20108 **DM 9,80**
Originalausgabe,
ca. 128 Seiten,
ca. 100 Zeichnungen und Fotos

Ina Jung
Biologisch düngen

Gesunder Boden, weniger Schadstoffbelastung, mehr Ertrag
ECON Ratgeber

ETB 20134 **DM 9,**
Originalausgabe,
ca. 128 Seiten,
ca. 50 Zeichnungen

Hobby

Heidemarie Freund
Schöne Geschenke selbst gebastelt

Originalausgabe
ECON Ratgeber

ETB 20088 **DM 8,80**
Originalausgabe,
112 Seiten,
ca. 70 Zeichnungen

Heidemarie Freund
Basteln mit Kindern

Zauberhafte Ideen für 4- bis 10jährige
Originalausgabe
ECON Ratgeber

ETB 20101 **DM 8,80**
Originalausgabe,
112 Seiten,
ca. 70 Zeichnungen

Christel Keller
Seidenmalerei

ECON Ratgeber

ETB 20137 **DM 14,80**
Originalausgabe,
112 Seiten,
ca. 30 Fotos, 16 Farbtafeln

Eva Gabisch
Chinesische Malerei
Anleitung für ein schöpferisches Hobby

ECON Ratgeber

ETB 20011 **DM 5,80**
95 Seiten,
3 Farbtafeln,
70 Zeichnungen

Annette Arnold
Kerzen und Figuren aus Bienenwachs

Anleitung zum Selbermachen
ECON Ratgeber

ETB 20110 **DM 9,80**
Originalausgabe,
128 Seiten,
ca. 50 Fotos und Zeichnungen

Edda Biesterfeld
Kleine Kunst auf weißem Gold
Ein Kurs zum Erlernen der Porzellanmalerei
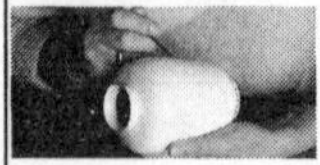
ECON Ratgeber

ETB 20009 **DM 8,80**
157 Seiten,
16 Farbfotos,
80 Zeichnungen

Dieter Heitmann
Holz – das natürlichste Spielzeug der Welt
Ideen zum Selbermachen

ECON Ratgeber

ETB 20034 **DM 12,80**
122 Seiten,
68 Fotos, 13 Farbfotos,
100 Zeichnungen

Klaus Oberbeil
Kaufen und verkaufen auf dem Flohmarkt

ECON Ratgeber

ETB 20079 **DM 8,80**
Originalausgabe,
160 Seiten

Heiner Vogelsang
Trödel sammeln und restaurieren
1000 Tips für den Umgang mit alten Stücken

ECON Ratgeber

ETB 20042 **DM 12,80**
Originalausgabe,
174 Seiten, 8 Farbtafeln,
36 Zeichnungen

Helmut-Maria Glogger
Kunst und Antiquitäten sachkundig kaufen

ECON Ratgeber

ETB 20089 **DM 14,80**
Originalausgabe,
ca. 180 Seiten,
ca. 40 Zeichnungen

Siegfried Sterner
Hausmusik
Vergnügen in Dur und Moll

ECON Ratgeber

ETB 20036 **DM 9,80**
187 Seiten,
31 Zeichnungen

Spiele und Unterhaltung

H. Otake
S. Futakuchi
Go

Das Einführungsbuch des Deutschen Go-Bundes
ECON Ratgeber

ETB 20103 **DM 9,80**
Deutsche Erstausgabe,
200 Seiten,
250 Diagramme

Alfred Schwarz
Backgammon

Das offizielle Regelbuch des Deutschen Backgammon-Bundes
ECON Ratgeber

ETB 20112 **DM 9,80**
Originalausgabe,
ca. 128 Seiten,
116 Zeichnungen

Ruth Dirx
Kinderspiele von Januar bis Dezember
Unterhaltung für Mädchen, Jungen und Eltern

ECON Ratgeber

ETB 20032 **DM 7,80**
175 Seiten,
55 Zeichnungen,
198 Spielideen

Isolde Kiskalt
Wir feiern eine Kinderparty

Spiele, Rezepte, Zaubereien für 4- bis 10jährige
ECON Ratgeber
TB 20102 **DM 7,80**
riginalausgabe,
28 Seiten,
6 Zeichnungen

Martin Weghorn
1000 Fragen zur Umwelt

Ein Quizbuch für Wissen und Unterhaltung
ECON Ratgeber
ETB 20090 **DM 7,80**
Originalausgabe,
128 Seiten,
ca. 100 Zeichnungen

Martin Weghorn
1000 Fragen zur Geographie

Ein Quizbuch für Wissen und Unterhaltung
ECON Ratgeber
ETB 20111 **DM 7,80**
Originalausgabe,
ca. 128 Seiten,
ca. 10 Zeichnungen

Martin Weghorn
1000 Fragen zur Geschichte

Ein Quizbuch für Wissen und Unterhaltung
ECON Ratgeber
ETB 20138 **DM 7,80**
Originalausgabe,
ca. 128 Seiten

Reden, Briefe, deutsche Sprache

Edith Hallwass
Gutes Deutsch in allen Lebenslagen

ECON Ratgeber
ETB 20139 **DM 14,80**
530 Seiten

Heidemarie Müller
Die schönsten Poesiealbumverse

ECON Ratgeber
ETB 20092 **DM 6,80**
Originalausgabe,
111 Seiten

Frank Hercher
Ansprachen, Reden, Toasts

Für alle Gelegenheiten
ECON Ratgeber
ETB 20093 **DM 9,80**
224 Seiten

Franz Bludau
Liebesbriefe

Musterbriefe für Verliebte
ECON Ratgeber
TB 20105 **DM 7,80**
riginalausgabe,
a. 128 Seiten

Brigitte Otto
Vornamen

Herkunft und Bedeutung
Von Abigail bis Zygmunt
Originalausgabe
ECON Ratgeber
ETB 20113 **DM 7,80**
Originalausgabe,
ca. 160 Seiten

Lebenshilfe

Peter Lauster
Lassen Sie sich nichts gefallen

Die Kunst, sich durchzusetzen
Mut zum Ich
ECON
ETB 20081 **DM 12,80**
285 Seiten,
33 Zeichnungen

Anton und Marie-Luise Stangl
Lebenskraft

Selbstverwirklichung durch Eutonie und Zen
ECON Ratgeber
TB 20094 **DM 12,80**
6 Seiten

Marie-Luise Stangl
Jede Minute sinnvoll leben
Vertrauen zu sich selbst gewinnen

ECON Ratgeber
ETB 20015 **DM 5,80**
123 Seiten

Marie-Luise Stangl
Die Welt der Chakren
Praktische Übungen zur Seins-Erfahrung

ECON Ratgeber
ETB 20022 **DM 5,80**
Originalausgabe,
107 Seiten,
49 Zeichnungen

Joseph Wolpe
Unsere sinnlosen Ängste
Wege zu ihrer Überwindung

ECON Ratgeber
ETB 20031 **DM 8,80**
204 Seiten

ETB 20021 **DM 7,80**
191 Seiten

ETB 20114 **DM 7,80**
Originalausgabe,
ca. 160 Seiten,
15 Zeichnungen

ETB 20055 **DM 7,80**
135 Seiten,
6 Abbildungen

ETB 20104 **DM 9,80**
204 Seiten,
25 Zeichnungen

ETB 20069 **DM 9,80**
Originalausgabe,
ca. 192 Seiten

ETB 20008 **DM 6,80**
144 Seiten,
1 Graphik

ETB 20062 **DM 8,80**
Originalausgabe,
139 Seiten

ETB 20028 **DM 7,80**
156 Seiten,
21 Graphiken

ETB 20066 **DM 8,80**
Deutsche Erstausgabe,
143 Seiten

ETB 20041 **DM 9,80**
287 Seiten

ETB 20120 **DM 9,80**
Originalausgabe,
ca. 200 Seiten

ETB 20119 **DM 8,80**
Originalausgabe,
ca. 144 Seiten,
10 Zeichnungen

ETB 20146 **DM 8,80**
Originalausgabe,
ca. 128 Seiten

ETB 20053 **DM 9,80**
205 Seiten

Kinder- und Schülerhilfen

ETB 20043 **DM 16,80**
Aktualisierte Neuausgabe,
534 Seiten,
111 Zeichnungen

Emil und Octavia Wieczorek
So fördere ich mein Kind
100 psychopädagogisch erprobte Spiele

ECON Ratgeber

TB 20054 DM 8,80
riginalausgabe,
32 Seiten

Hannes Lachenmair
Eltern-initiativen
Wir organisieren einen Kindergarten

ECON Ratgeber

ETB 20046 DM 9,80
Originalausgabe,
204 Seiten

Fitzhugh Dodson
Väter sind die besten Mütter

Kinder brauchen ihre Väter

ECON Ratgeber

ETB 20056 DM 9,80
280 Seiten

Günther Beyer
So lernen Schüler leichter
Gedächtnis- und Konzentrationstraining

ECON Ratgeber

ETB 20001 DM 6,80
128 Seiten,
92 Zeichnungen,
49 Übungen

Arnold Grömminger
Kinder wollen lesen
Über die sinnvolle Auswahl von Büchern

ECON Ratgeber

TB 20033 DM 7,80
2 Seiten

Uwe-Jörg Jopt
Schlechte Schüler – faule Schüler?
Wie Eltern helfen können

ECON Ratgeber

ETB 20045 DM 7,80
143 Seiten

Rudolf Meinert
Mein Kind in der Pubertät

ECON Ratgeber

ETB 20047 DM 7,80
136 Seiten

Gisela Eberlein
Ängste gesunder Kinder
Praktische Hilfe bei Lernstörungen

ECON Ratgeber

ETB 20010 DM 7,80
158 Seiten

Joan Freeman
Erziehung und Intelligenz
Natürliche Anlagen erkennen und fördern

ECON Ratgeber

TB 20044 DM 9,80
1 Seiten

Jerry Jacobs
Ich weiß keinen Ausweg mehr
Hilfe für selbstmordgefährdete Jugendliche

ECON Ratgeber

ETB 20040 DM 9,80
176 Seiten

Astrologie

Hanns-Manfred Heuer
Mein Kind ist Widder

Vom 21. März bis 20. April

ECON Ratgeber

ETB 20121 DM 6,80
112 Seiten,
10 Zeichnungen

Hanns-Manfred Heuer
Mein Kind ist Stier

Vom 21. April bis 20. Mai

ECON Ratgeber

TB 20122 DM 6,80
2 Seiten,
Zeichnungen

Hanns-Manfred Heuer
Mein Kind ist Zwilling

Vom 21. Mai bis 21. Juni

ECON Ratgeber

ETB 20123 DM 6,80
112 Seiten,
10 Zeichnungen

Hanns-Manfred Heuer
Mein Kind ist Krebs

Vom 22. Juni bis 22. Juli

ECON Ratgeber

ETB 20124 DM 6,80
112 Seiten,
10 Zeichnungen

Hanns-Manfred Heuer
Mein Kind ist Löwe

Vom 23. Juli bis 23. August

ECON Ratgeber

ETB 20125 DM 6,80
112 Seiten,
10 Zeichnungen

Hanns-Manfred Heuer
Mein Kind ist Jungfrau

Vom 24. August bis 23. September

ECON Ratgeber

ETB 20126 **DM 6,80**
112 Seiten,
10 Zeichnungen

Hanns-Manfred Heuer
Mein Kind ist Waage

Vom 24. September bis 23. Oktober

ECON Ratgeber

ETB 20127 **DM 6,80**
112 Seiten,
10 Zeichnungen

Hanns-Manfred Heuer
Mein Kind ist Skorpion

Vom 24. Oktober bis 22. November

ECON Ratgeber

ETB 20128 **DM 6,80**
112 Seiten,
10 Zeichnungen

Hanns-Manfred Heuer
Mein Kind ist Schütze

Vom 23. November bis 21. Dezember

ECON Ratgeber

ETB 20129 **DM 6,80**
112 Seiten,
10 Zeichnungen

Hanns-Manfred Heuer
Mein Kind ist Steinbock

Vom 22. Dezember bis 20. Januar

ECON Ratgeber

ETB 20130 **DM 6,80**
112 Seiten,
10 Zeichnungen

Hanns-Manfred Heuer
Mein Kind ist Wassermann

Vom 21. Januar bis 19. Februar

ECON Ratgeber

ETB 20131 **DM 6,80**
112 Seiten,
10 Zeichnungen

Hanns-Manfred Heuer
Mein Kind ist Fisch

Vom 20. Februar bis 20. März

ECON Ratgeber

ETB 20132 **DM 6,80**
112 Seiten,
10 Zeichnungen

Umwelt, Ökologie

Sabine Bahnemann
Alltagsökologie

Global denken – lokal handeln

ECON Ratgeber

ETB 20064 **DM 9,80**
Originalausgabe,
222 Seiten,
über 100 Zeichnungen

Robert Müller
Giftige Stoffe im Haushalt

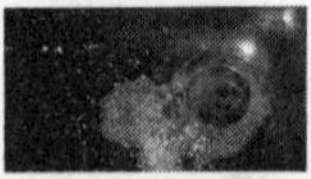

Verhaltensempfehlungen und Richtlinien

Originalausgabe

ECON Ratgeber

ETB 20095 **DM 8,80**
Originalausgabe,
160 Seiten,
ca. 10 Abbildungen

E. Dölle/W. Koch
Selbstversorgung – aber wie
Unabhängigkeit für Stadt- und Landbewohner

ECON Ratgeber

ETB 20051 **DM 9,8**
Originalausgabe,
191 Seiten,
68 Zeichnungen

Praxis

Edgar Forster
Sich selbständig machen – gewußt wie

ECON Praxis

ETB 21001 **DM 9,80**
Originalausgabe,
192 Seiten

Heiner Kurt Wülfrath
Sich erfolgreich bewerben und vorstellen

Ein praktischer Ratgeber für Stellensuchende

ECON Praxis

ETB 21004 **DM 5,80**
Originalausgabe,
90 Seiten

Manfred Lucas
Bewerbungsgespräche erfolgreich führen

ECON Praxis

ETB 21020 **DM 8,**
Originalausgabe,
ca. 128 Seiten

Manfred Lucas
Arbeitszeugnisse richtig deuten

ECON Praxis

TB 21016 **DM 8,80**
)riginalausgabe,
a. 128 Seiten

Manfred Bosse
Was tun bei Kündigung?

Rechte und Möglichkeiten des Arbeitnehmers

ECON Praxis

ETB 21014 **DM 9,80**
Originalausgabe,
298 Seiten

Axel Winterstein
Vorankommen durch Weiterbildung

ECON Praxis

ETB 21015 **DM 9,80**
Originalausgabe,
ca. 160 Seiten

Axel Winterstein
Abitur – was dann?

Berufschancen mit und ohne Studium

Mit Eignungstest

ECON Praxis

ETB 21018 **DM 9,80**
Originalausgabe,
ca. 176 Seiten

C.V. Rock
Berufsalternativen für arbeitslose Lehrerinnen und Lehrer

Möglichkeiten in selbständigen und nichtselbständigen Bereichen

ECON Praxis

TB 21006 **DM 9,80**
)riginalausgabe,
91 Seiten

Renate Gorges
Job-Sharing

Möglichkeiten für Arbeitsteilung und Arbeitszeitorganisation

ECON Praxis

ETB 21002 **DM 9,80**
Originalausgabe,
170 Seiten

Harry Holzheu
Gesprächspartner bewußt für sich gewinnen

Psychologie und Technik des partnerorientierten Verhaltens

ECON Praxis

ETB 21003 **DM 8,80**
Originalausgabe,
192 Seiten

Anton Stangl
Das Buch der Verhandlungskunst

Psychologisch richtig verkaufen

ECON Praxis

ETB 21008 **DM 12,80**
376 Seiten

Gerd Ammelburg
Die Rednerschule

Reden, verhandeln, überzeugen

ECON Praxis

TB 21010 **DM 12,80**
32 Seiten,
Fotos,
5 Zeichnungen

Wolfgang Zielke
Informiert sein ist alles

Die Papierflut sinnvoll nutzen

ECON Praxis

ETB 21007 **DM 8,80**
185 Seiten

Ullrich Sievert
Mehr Zeit für das Wichtige

Prinzipien, Methoden, Techniken

ECON Praxis

ETB 21013 **DM 9,80**
154 Seiten

Rolf W. Schirm
Kürzer, knapper, präziser

Erfolgreiche Kommunikation im Büro

ECON Praxis

ETB 21023 **DM 8,80**
112 Seiten

Jürgen Bleis
Hellmut W. Hofmann
Schach und Management

Wie man zum Zuge kommt

ECON Praxis

TB 21009 **DM 14,80**
8 Seiten,
Diagramme

Antony Jay
Management und Machiavelli

Von der Kunst, oben zu bleiben

ECON Praxis

ETB 21017 **DM 9,80**
264 Seiten

Anton Stangl
Verkaufen muß man können

Eine praktische Verkaufs- und Verhandlungsstrategie

ECON Praxis

ETB 21012 **DM 8,80**
127 Seiten

Klaus Oberbeil
Verkaufen mit Video

Möglichkeiten, Erfahrungen, Zukunftschancen

ECON Praxis

ETB 21005 **DM 12,80**
Originalausgabe,
171 Seiten